China Economist Forum
And China Economic Theory
Innovation Award 2015~2016

中国经济学家年度论坛暨中国经济理论创新奖

2015 ~ 2016

董辅礽经济科学发展基金会／编

中国财经出版传媒集团

经济科学出版社
Economic Science Press

总结过渡模式，明晰过渡目标

华　生

董辅礽经济科学发展基金会学术委员会主任

第七届中国经济理论创新奖最终花落过渡经济学理论。这是自整体配套改革理论以来，又一个研究经济体制总体改革方式方法的理论获奖。与国际上著名的经济学大奖类似，研究同一问题而且似乎是相互对立竞争的理论都同时或先后获奖，既反映了经济生活本身的复杂性多面性，也反映了评委们兼收并蓄的开放性学术态度。

过渡经济学或称转轨经济学研究，是 20 世纪 90 年代的热门话题。本次获奖的理论文献也大多是那个时期的成果。这里的一个重要原因是在 80 年代末苏东剧变、经济转轨之后，"休克疗法"产生的巨大经济震荡引发了人们对从计划经济向市场经济转轨过渡方式问题的极大兴趣和重新认识。对中国而言，在特定的政治和经济约束条件下，我们从 1978 年改革伊始就是走的一条如邓小平所说"走一步看一步""摸着石头过河"的道路。应当说，这样一种改革方式从一开始就受到普遍怀疑，在国内外都有很多批评乃至讥讽。同时，一部分中国经济学家在 80 年代就试图解释和说明这种过渡方式的必要性和合理性。1985 年 9 月 2 日至 7 日在从重庆到武汉的长江"巴山号"轮船上，中国社会科学院、中国经济体制改革研究会与世界银行联合举办了"宏观经济管理国际讨论会"，史称"巴山轮会议"。中国经济学家经过与世界前沿的经济学家的交流与碰撞，拉近了双方关于经济体制改革转轨应当是"一揽子"还是"渐进式"的距离。在刘国光、张卓元主持的关于这次会议成果的评述报告中指出，"过去许多研究东欧经济体制改革的外国学者都倾向于'一揽子'式的改革，而不赞成'渐进式'的改革。比如布鲁斯曾认为，世界上实行'渐进式'改革的国家几乎无一成功，

1

中国也应当采取'一揽子'转轨方式。科尔奈则说，渐进式改革会导致'交通规则'不统一的问题，引起经济运行的紊乱。""但是在这次会议上，外国学者通过与中国专家的讨论，认识有一定转变。"中国许多经济学家也进一步明晰了自己的判断："从中国地广人众、经济文化相对落后、发展极不平衡等基本国情出发，大家达成了比较一致的认识，就是中国的经济体制改革要走'渐进式'和'小配套'的道路，即整个改革的进程是渐进的、分阶段的，而每个阶段的改革则要在相互联系的方面配套进行。"我本人和几位同事也在稍后发表的《中国：进一步改革的问题和思路》报告中将价格双轨制拓展到整个体制改革转轨，强调双轨制增量渐进过渡是"中国经济运行模式转换的特殊形式"，认为"双轨制的理论意义在于，它表明中国的经济发展和经济体制改革由于特殊的历史背景，不会在自由竞争的一般均衡中找到归宿，而多半可能在非均衡的自稳定系统中实现。另一方面，经济发展和体制改革都同时依赖于企业挣脱行政隶属和等级类别的羁绊，这就需要一种形式和道路，使得在整个庞大的运行体制转换结束之前就能冲决企业的不平等'种姓制度'。双轨制提供了这种形式，这就是它的历史贡献。正是在这个意义上，双轨制是我国找到的风险较小，兼容性很大的特殊转换形式，是中国经济体制改革的伟大创造。"但是，由于实践本身还没有提供正反两方面的经验，在整个80年代，增量渐进的双轨转轨过渡方式还只是中国改革过渡的一种尝试，还没有得到时间的检验，在学术界影响也很有限。

　　时势造英雄，也造就理论。从20世纪90年代开始，过渡经济学的研究迎来了"井喷"。如本次获奖的林毅夫、蔡昉、李周研究组的三位教授，在1994年就出版了专著《中国的奇迹：发展战略与经济改革》。他们以要素禀赋结构为出发点，以政府的发展战略为分析的切入点，以企业的自生能力为分析的微观基础，充分肯定了从计划经济向市场经济转轨过程中中国的渐进双轨改革模式的合理性与优势，从而准确地预言了当初人们还很难想象的中国经济发展的奇迹。张军教授则几乎在整个90年代，围绕转轨过渡的模式问题连续发表了一系列有影响的论文，建立了计划经济向市场经济转型的制度分析框架，构造了双轨定价过渡方式对总量产出的理论模型，分析了中国的双轨制边际或增量过渡机制对于经济增长和全要素生产率的影响和作用机理。樊纲教授的过渡经济学研究则始于其1991年发表的《论改革过程——体制转轨的基本理论问题：改革及其阻力》一文，文中提出了改革很难是帕累托改进，指出在多数情况下改革一定是有的利益集团赞成而另一些利益集团反对。改革的核心问题是如何克服利益阻力，从一个效率较差的制度体系转到另一个效率较高的制度体系。在这种转轨过渡中，大力发展新制度的增量改革对于改变制度结构、减少利益阻力具有特别重要的意义。

当然，从事过渡经济理论研究并不局限于这几位获奖者。评委会同时肯定了盛洪、冒天启、胡汝银等众多经济学家对过渡经济学理论所做出的贡献。

中国从计划经济向市场经济的转轨已经快40年了。党的十八届三中全会更是首次提出了市场要在资源配置中发挥决定性作用。但是，我们不能不说，这个转轨过渡还远没有结束。正如过渡经济学理论研究中人们所指出的，计划经济体制是一个内部相互依赖和协调的制度。因此，新的市场经济制度的确定，不仅需要一个成功的克服和化解阻力的过渡模式，而且需要新制度内部和外部协调的有效运作。这是经济改革时至今日的主要挑战，不是单纯依靠经济改革本身就能完成的。由于社会主义市场经济又是前无古人的崭新尝试，这样就会有更多挑战和探索。本书收录的2015年和2016年中国经济学家年度论坛上的众多发言，充分体现了改革进入了深水区后的错综复杂性和经济学家们多维的视角，相信细心的读者会有所收益。

2018年我们将迎来改革开放40周年。40年过去了，现在恐怕已经没有人否认中国已经发生了翻天覆地的变化。世界上也很少有人能否定中国经济发展的惊人奇迹。但同样我们也清醒地看到，改革尚未成功，挑战还在前头。在改革开放40周年之际，总结和优化我们的过渡模式，更新和明晰我们的过渡目标，将是中国经济学界对改革开放40年的最好纪念。

中国经济理论创新奖暨中国经济学家年度论坛（2015~2016）活动纪实

董辅礽经济科学发展基金会秘书处

　　中国经济理论创新奖是一项旨在推动经济科学创新与进步，鼓励原始创新成果，促进中国经济改革和发展的理论研究的学术性、公益性专门奖项。中国经济理论创新奖每年或每两年评选一届，主要奖励经实践检验的关于中国经济的重大经济理论，奖金额为一百万元人民币，评选采取专家推荐、广泛参与、公开民主评选的方式进行，是国内目前参与评审经济学家最多、影响最广泛的社会科学类奖项。

　　中国经济理论创新奖于 2008 年正式推出，创办至今开创中国社科类奖项多个先例。

　　一是由民间机构组织的参与评奖专家最多的经济学奖项。每届参与评奖专家已逾 200 位，覆盖全国最权威经济研究机构及经济类院校，囊括 20 世纪 80 年代至今经济研究的中坚力量。

　　二是第一个采取专家推荐、广泛参与、公开评选的经济学奖项。七届评奖活动可谓是经济学界对影响中国经济发展进程重大理论的集体回顾与致敬。"农村家庭联产承包责任制理论""国有企业股份制改革理论""整体改革理论""价格双轨制理论""中国经济结构调整理论""财政信贷综合平衡理论""过渡经济理论"七届获奖理论代表经济学界对中国体制改革的重大贡献。

　　三是获得国家领导最多关怀与鼓励的民间经济学奖项。全国人大常委会副委员长蒋树声、全国人大常委会副委员长乌云其木格、全国政协副主席郑万通、国家发改委副主任孙志刚为获奖者颁奖。中共中央政治局委员、书记处书记、中央组织部部长李源潮在第二届中国经济理论创新奖颁奖典礼上发表了热情洋溢的讲话。他赞扬中国经济理论创新奖是"社科界最受重视、含金量最重的奖项"，充分肯定中国经济理论创新奖这一学术公益活动的社会价值和意义，指出中国在实现社会主义现代化的道路上，不仅需要更多的社会科学的理论创新，也非常需要由社会、政府、学术界对创新给予各种形式的鼓励，希望这个奖和充满创新精神的中国经济理论一样，是理论与实践的结合，使其生命之树常青。

四是最受媒体热捧的民间经济学奖项。全国 50 多家电视台、报纸杂志、网络媒体大量报道，其中包括权威媒体人民日报、新华社、光明日报、中央电视台、中央人民广播电台、凤凰卫视等，盛赞创新奖是"备受经济学界关注的奖项""中国的诺贝尔经济学奖"。

第七届中国经济理论创新奖（2015）由董辅礽经济科学发展基金会联合北京大学经济学院、中国人民大学经济学院、武汉大学经济与管理学院、上海交通大学安泰经济与管理学院、清华大学经济管理学院等机构（按参与先后排序）共同组织。

2015 年 6 月 15 日，中国经济理论创新奖（2015）组委会工作会议在北京召开。会议总结往年的经验，吸取各方面的意见和建议，修订了评奖实施细则，第七届评奖工作正式启动。

6 月 15 日至 8 月 20 日，组委会向经济学界公开征集参选理论，20 项符合评选推荐规则、材料齐备的候选理论进入投票表决程序。投票方式为记名通信投票。

8 月 21 日至 9 月 14 日，进行第一轮投票，共收到评审专家表决票 174 张。9 月 15 日，进行了第一轮投票计票，确认有效表决票 172 张，"过渡经济学理论"与"中国经济转型和发展中的收入分配理论"，分别以 89 票、59 票的赞成票得票数居参选理论的前两位，进入第二轮表决。

9 月 18 日至 10 月 10 日，进行第二轮投票，有关候选人回避本轮投票。第二轮投票共收到表决票 184 张。10 月 12 日进行唱票计票，确认有效票 182 张，"过渡经济学理论"获得赞成票 132 票，居第一位。林毅夫研究组（林毅夫、蔡昉、李周组成）获得赞成票 94 张，张军、樊纲（按姓氏笔画排序）获得赞成票数均为 86 票。林毅夫研究组、张军、樊纲为过渡经济学理论主要贡献人。

组委会、执委会和评审专家代表现场出席并监督两次计票，北京市方正公证处公证人员现场监督、公证了两次现场计票过程，确认两轮投票现场公开计票符合原定规则和程序，投票表决结果有效。

10 月底，组委会分别向"过渡经济学理论"主要贡献人林毅夫研究组、张军、樊纲送交投票表决结果通知，林毅夫研究组、张军、樊纲愉快地接受奖项并发表获奖感言。

林毅夫、蔡昉、李周表示，中国经济理论创新奖在学界被广泛认可，非常感谢学界对他们研究成果的肯定。中国经济转型与发展的理论，对解释中国过去的这20多年的成绩和问题，有一定的说服力。从改造世界的角度来看，希望他们提出的理论可以帮助中国实现中华民族伟大复兴，帮助其他发展中国家抓住他们的机遇，实现国家的繁荣。

张军表示，中国经济理论创新奖是中国经济研究领域的一个大奖，非常感谢对三组获奖者在中国经济研究领域坚持20多年的认可。这个奖项所强调的原创理论研究对中国经济学人来说特别重要。中国经济的理论研究，特别是基于经验的理论研究，将随着一代又一代中国新生代经济学家的成长，逐步进入世界经济学的主流，为将来中国经济学家摘取诺贝尔经济学奖做出更大的贡献。

樊纲表示，感谢中国经济理论创新奖组委会以及200多位评委，把"过渡经济学理论"评为这一届的获奖者。中国经济学者能够在经济理论近期做一些贡献，对经济学的知识大厦做一点贡献，过渡经济学是一个重要的领域，因为我们正在亲身经历这个过程，能够发现一些新的东西，为经济学，特别是制度经济学的发展，做出一些我们中国经济学家独特的贡献。希望通过这个奖，使更多的人了解"过渡经济学理论"，使更多的学者能够进一步在这个领域里面研究下去。

中国经济理论创新奖组委会代表华生、杨瑞龙、关敬如
向林毅夫研究组送交获奖通知书

中国经济理论创新奖组委会代表关敬如向张军送交获奖通知书

中国经济理论创新奖组委会代表陈东升、关敬如向樊纲送交获奖通知书

至此，以林毅夫研究组、张军、樊纲为作为主要贡献人的"过渡经济学理论"当选第七届中国经济理论创新奖（2015）。

"过渡经济学理论"作为一门新兴的经济学理论，不仅推进了理论经济学的发展，也对中国的改革实践发挥了重要的理论指导和政策推动作用。以林毅夫研究组和张军、樊纲为代表的经济学家对"过渡经济学理论"的形成和完善以及促进中国从计划经济向市场经济平稳过渡，减少经济转轨过程中的成本，保持经济社会的稳定，做出了重要贡献。

"过渡经济学理论"是由林毅夫研究组、张军、樊纲以及研究这一问题的众多学者的研究著作组成，是对中国改革具有很强指导意义的经济理论。"过渡经济学理论"的重点研究领域是社会主义经济体制变迁过程中的不同方式或路径对改革成本和绩效的影响，如何选择低成本的改革方式或路径，以及改革引发的利益矛盾和收益分配等问题，这也正是当前中国社会主义市场经济改革中面对的重大问题。"过渡经济学理论"必将对中国未来的改革起到指导作用，也将随着中国改革向纵深推进而获得进一步发展和完善。

参加第七届中国经济理论创新奖投票的评审专家共计208人，包括著名经济学家，著名经济院校的校长、院长，主要经济研究机构主要负责人，大陆主流媒体主要负责人，基本覆盖了中国经济学界最优秀、最有影响力的经济学家，具有广泛的代表性。

11月13日，第七届中国经济理论创新奖（2015）颁奖典礼在深圳大梅沙喜来登酒店隆重举行，来自经济学界、社会各界人士近500人出席了颁奖典礼。

中国经济理论创新奖执委会主席毛振华在颁奖典礼致词

　　中国经济理论创新奖执委会主席、董辅礽经济科学发展基金会理事长毛振华代表主办单位致词。首先，毛振华表示，中国经济理论创新奖旨在推动经济科学的创建和进步，鼓励原创成果的涌现，促进中国经济改革和发展的理论性研究的学术性、公益性的奖项，同时也为了更好地弘扬以董辅礽先生等老一辈经济学家为代表的，为民族的发展、国家的富强做出重大贡献的经济学家们的创新精神、奉献精神。这是一项具有深远意义的学术活动。

　　接下来，毛振华介绍中国经济理论创新奖的评选活动，得到了经济学家们的积极响应和参与，得到了媒体的重视和社会的关注，以其公平、民主的程序，得到了社会各界的好评。评选者公平参与，得奖者众望所归。这七届评出的获奖理论都是经过实践检验，证明对中国改革和发展起到积极作用的经济学理论，客观上反映了中国经济学家对中国经济的特殊贡献，也反映了中国经济学家群体的价值观和判断标准。

　　这七届的获奖理论都是十年前公开发表的经济学原创理论，是经过实践检验的理论，每一次评选都是一次对改革开放以来中国经济学史的梳理，也是一次对中国经济学做出贡献的经济学家的集体致敬。中国的经济改革和发展探索，对中国的改革和发展起到了重要的指导作用，为中国 20 世纪 90 年代最终确立市场经济体制起到了先锋开创作用，为中国改革之路起着积极的探索作用，中国的经济学家在中国改革的历史上作用巨大，功不可没。

　　毛振华代表组委会感谢为创新奖做出无私贡献的机构、专家及各界人士，包括全国 200 多位评审专家；感谢深圳创新发展研究院作为 2015 年论坛和颁奖典礼的承办单位之一所做的大量工作；感谢从首届就开始为奖项提供持续奖金支持的泰康人寿保险公司，他们表示还要继续、永远支持这个奖项；感谢此次活动的积极倡导者、经费的筹集者和具体工作的承担者董辅礽经济科学发展基金会；感谢董辅礽弟子和新闻界朋友的大力支持。还要特别感谢老一辈经济学家对创新奖的鼎力支持。在公益的平台上，大家摒弃学术门派之争，积极参与，弘扬经济学家对中国经济改革的贡献，对于我国经济学的繁荣起到了很好的表率作用。

　　毛振华表示，中国经济学理论创新会伴随着中国经济发展和社会进步结出更丰硕的果实，有这么多单位、领导、各界人士的热心支持，组委会将继续在更加公平、公开、民主的基础上，把中国经济理论创新奖办成中国最大、最有影响力的经济学奖项，推动中国经济理论的创新和发展，推动中国的改革与发展。

　　颁奖典礼上播放了 2015 年度评奖活动纪录片短片。

北京大学经济学院副院长章政代表组委会宣读颁奖词，随后播放了获奖理论及主要贡献人介绍短片。

中国经济理论创新奖组委会名誉主席厉以宁向获奖者代表颁发证书、奖牌

中国经济理论创新奖组委会名誉主席厉以宁向获奖者林毅夫研究组、张军、樊纲颁发奖励证书、奖牌，泰康人寿保险股份有限公司总裁刘经纶向获奖者颁发100万元奖金，特邀陪同颁奖嘉宾和主办单位代表高尚全、尹中卿、梁锦松、张曙光、海闻、毛振华、杨瑞龙、谢丹阳、章政、唐惠建、胡必亮、关敬如、林义相、刘挺军、马险峰、郭敏等陪同颁奖。

泰康人寿股份有限公司总裁刘经纶向获奖者颁发奖金

第七届中国经济理论创新奖（2015）颁奖典礼

评审专家代表和来自政府有关机关、学术界、经济界、新闻界及各界人士，王红领、伏润民、朱方明、宫晓冬、程志强、罗仲伟、沈晓冰、宋栋、汤炎非、徐忠平、杨继、张立文、陈东、冷国邦、沈彤、肖东华等 400 多人出席典礼，共同见证了 2015 年度这个公开、透明、民主评选的经济学大奖的诞生。

中国经济理论创新奖（2015）颁奖典礼举行之前，隆重召开了中国经济学家年度论坛（2015）。中国经济理论创新奖组委会名誉主席厉以宁致开幕词，邀请林毅夫、华生、樊纲、张军、毛振华、李周、谢丹阳、章政、杨瑞龙、胡必亮等著名经济学家和学者就"增长压力下的改革挑战"进行研讨。

中国经济学家年度论坛（2015）

　　董辅礽经济科学发展基金会会长陈东升、副会长杨云龙、理事长毛振华、副理事长关敬如为典礼筹备、成功举办进行了整体指导。基金会秘书处孙秋鹏、杨静怡、贺园，深圳现代创新发展研究院唐惠建、黄瑁等，为会议前期设计和联系、现场组织与实施开展了卓有成效的工作。基金会成员程志强、肖东华等，中诚信李青、杨蕾等，泰康人寿郑燕、赵丽文等为会议成功召开提供了大量的支持与帮助。前期承担大量筹备工作的组委会、执委会的部分领导因故未能出席，刘伟、孙祁祥、王忠明、杨再平等分别发来贺信、贺电预祝大会成功。

　　2016年11月4日，在深圳万科国际会议中心举行了中国经济学家年度论坛（2016）（2016年为中国经济理论创新奖评奖轮空年度）。会议邀请郑新立、卢中原、刘元春、陈东升、谢丹阳、胡必亮、王一江、田中直毅、布林克·林赛等著名经济学家和学者，以"改革创新与稳增长"为主题进行研讨。

中国经济学家年度论坛（2016）

　　中国经济理论创新奖暨中国经济学家年度论坛受到各主流媒体广泛关注，每届活动国内国际50多家媒体进行了大量报道，其中包括人民日报、新华社、光明日报、中央电视台、中央人民广播电台、经济参考报、中国证券报、金融时报、中国经济时报、新华网、人民网、新浪网、金融界网、凤凰网、网易网等媒体，以大篇幅对中国经济理论创新奖和论坛进行了深入报道。其中，中央电视台财经频道对颁奖典礼盛况进行播报，新浪财经显著位置对论坛暨颁奖典礼进行全程直播。评奖和论坛不仅在经济界，更在社会上产生了巨大影响力，并成为当年最有影响、最受关注的学术活动之一。

目　录

第三部分　中国经济理论创新奖（2015）获奖理论

第四部分　中国经济理论创新奖（2015）
获奖理论代表性文献选编

第五部分　评论

第六部分　中国经济理论创新奖

第一部分

中国经济学家年度论坛（2015）

厉以宁
中国经济理论创新奖组委会名誉主席

中国经济学家年度论坛（2015）开幕词

同志们，一年一度的"中国经济学家年度论坛暨中国经济理论创新奖"进入第八个年头，成功地举办了七次，我作为创新奖论坛的发起者，见证了论坛成长和成熟的过程，这个过程汇聚了经济学界同仁的支持、关怀和关注，使得创新奖年度论坛成为当前中国经济理论最重要的经济学奖和论坛。在这里，我要向2015年暨第七届中国经济理论创新奖的获得者林毅夫研究组、张军、樊纲等表示祝贺，获此殊荣也表明了他们对中国改革与发展，在改革理论的探讨中所做出的努力和贡献。

我们知道，过往六届创新奖理论包括了家庭联产承包责任制、国有企业股份制改革理论、整体改革理论、价格双轨制理论、中国经济结构调整理论、财政信贷综合平衡理论，这些理论传播并且实践了中国经济改革和发展的各个方面，获奖者都是这些理论的积极探索者和研究者，他们的智慧和勤勉、担当和责任、坚韧和执着使得他们的理论影响力很大。

如果说中国经济理论创新奖在回顾过去，那么我们中国经济学家年度论坛是关注未来，这是一个智慧和思想的平台，在这里，大家平等交流、思想汇聚，凝结了智慧、激发了创新精神，这也是这个平台大家都关心的事情，特别是关心国家、放眼天下，为中国的发展和未来贡献自己的学术成果与思想智慧，在这里也承载了中国经济学家应有的历史责任。而这成就和迈向成熟的中国经济理论创新奖，中国经济学家年度论坛，我衷心希望能够秉承公正、公平、公开的原则，坚守客观、科学、规范的学术要求，把创新奖和论坛办下去，使它真正成为鼓励经济学研究、探索和创新的重要的公益组织与有生力量，以创造、创新经济学理论研究和教学为本。

我在这里预祝大会成功，谢谢各位！

我再讲一点，中国搞经济学、搞发展经济学，跟其他亚洲国家、非洲国家是不一样的，因为他们是从传统经济社会，或者是前资本主义社会转到资本主义市场经济的道路，所以在他们那里改革是不可逆的，谁愿意回到过去的前资本主义社会去呢，谁愿意反对市场经济呢，所以是不可逆的。中国的转型是双重转型，从计划经济体制转到市场经济体制，这种转型是可逆的。为什么？如果不解决民生问题，如果在改革中出了大的差别，就会有人留恋过去计划经济，那吃"大锅饭"多好、"铁饭碗"多好，所以我们的改革依然是艰险，比其他所有发展国家难度都大，这就给我们经济学界更沉重的责任感，我们一定要把改革推向使双重转型能够成功地实现，谢谢大家！

华　生

东南大学经济管理学院名誉院长、教授

国资国企改革向何处去

国家明确指出，要想扭转我国经济困境，从根本上说要搞改革。中国经历三十多年的改革，我们作为亲历者深深感到今天改革开放的成果来之不易。通过从三十多年前还是人均收入只有一两百美元的，在第三世界也是非常贫穷的国家，做到现在能够在世界上成为第二大经济体，我们中国人走到什么地方都被刮目相看，受到别人的尊重，这是我们过去三十多年以邓小平同志开创的改革开放事业所取得的成果。但是，改革的成果也是可以丧失的，不是不可逆转的。党的十七大的时候，中央报告里面就提到共产党的执政地位不是一劳永逸的，那么改革开放的成果更不是一劳永逸。所以，在新的情况下面对着新的压力，怎么将改革进一步向前推进，就是我们当前所面临的最迫切的挑战。

讲到国企改革的问题，这三十多年来国企改革从最初开始就进行了各方面的探索，这个探索应该说是在两个极端之间进行摸索。就我个人的体验，有一种是认为我们的国有企业在原有的政治环境下管理，在那个框架下完全可以搞好，那就是对原来的体制做一些修补就可以；另外一种，国有企业完全没有前途，应该全盘私有化。中国过去三十多年就是在这两极当中进行探索，我们想追求更加公平、贫富差距比较小的这样一种社会主义怎么跟市场经济相结合，这是我们过去这三十多年的探索。到今天，中央还出台了关于新的国企改革的文件，就说明这个探索仍然没有完成。当然国资的改革对中国经济能够走出目前中国经济下行的压力和困境，它又异常关键。因为我们知道国有企业占了我们的半壁江山，而且关键性领域都是国有企业控制。那么国企能不能改好，决定了下一步经济有没有可能出现持续增长的这样一个比较好的前景。

目前我们所做的一些工作。比如说把一些国企进行合并、进行整合，这也是必要的，在资本市场上可能是炒作的题材，但是如果从改革的角度来看，这个不能算改革。我们知道在苏联十七八国有企业组成大型的托拉斯，这种做法非常多。以至于到现在经济当中大型企业大到不能老，甚至在美国这样的国家都造成了重大的问题。所以怎么探索国企改革的道路确实是我们当前面临的重大挑战。

这个题目我们研究得比较早，正好是三十年前，1985 年我们给中央写了一个报告——《就国企改国企是没有出路的》，因为国企不是最基本的元素，一个企业是由不同的生产要素组成的。因此，当时就提出来要建立国家国有资产管理制度，要建立国有企业出资人的制度，不是死守住国企阵地这个外壳。国有经济并不等同于国有企业，只有跳出国企来考虑国有企业的改革，才能够真正做到有所突破。

从今天来看，我们现在也面临着重要的方向选择，就是下一步国企国资改革究竟往什么方向走？我个人觉得最根本的一个问题还是要回答我们究竟是走政企分开的道路还是走政企合一的道路。包括最近的一些讨论我们都看出来，实际上这两种思路都存在，甚至在同一个文章里面、同一个文件里面你也可以看到这两种思路的不同表达。我讲我们选择任何一条路都是可以的，但是你不能选择自相矛盾的两个方向的路，这个路是没法走的。

因为现在，我们一方面强调的是坚持政企分开和政资分开，那么在国家控股的国有企业怎么实现政企分开和政资分开，这是我们迄今并没有解决的问题。而且这个问题根据我的研究，我觉得也很难解决。因为国家国有企业就是通过政府来管理的，国家是很空洞的概念，你必须通过政府来管理，或者政府设立的机构来管理。那么，当国家完全控股的企业搞政企分开，怎么分？我们到现在为止并没有找出好的办法来。我们改革了三十多年，之所以还在这继续谈国企改革，非常重要的是我们在政企分开，或者政企合一，或者在党、政、企合一，在这两个方向上来回徘徊、动摇、摇摆，这是我们国企改革不能深入的根本原因。

最新的国务院关于国企改革提出了以管资本为主来作为改革的方向，我个人认为这个提法是非常好，而且是非常大的突破，真正能够坚持以管资本为主推动我们的国资国企改革，这个路就可以走出来。但是以管资本为主跟我们目前国企的状态以及我们目前国有企业管理的状态都有非常大的距离，包括我们今天还在重复的很多观念、很多口号恐怕都要重新去审视。因为在资本形态上确实会实现就我们所希望的追求贫富差距跟社会的融合，在市场上他们是可以完全融合起来的，但是以管资本为主跟我们至今为止所习惯的以管人为主、管干部为主，这是两个完全不同的思路。如果坚持以管人为主和管干部为主，那就不可能以管资本为主。因为你如果是以管人为主的时候，他一定不是按照以管资本为主来做的，这个时候他一定是既当老板又要当"婆婆"，什么都要当，因为你管人嘛。但是直到今天，所有国企跟国资部门的现实全是以管人为主的，所以怎样实现从以管人为主、管干部为主，真正转到以管资本为主呢，我觉得这是我们面临的重大挑战，这个问题涉及我们大家，包括领导们都要去回答的，否则光一个口号，那最后可能不能实现。

以管资本为主，就意味着国家对一个企业，至少是代表着政府的那一个部门不要以绝对控股为主，他才能实现以管资本为主。因为如果有一个绝对控股的大股东，而且是由一个政府部门去代表的，那这时候不可能是以管资本为主，因为他一定是从头到脚全部管起来了，而且是以管人为主。那么我们现在的很多提法恐怕都要改革，从三中全会以来提出来的要发展混合经济、混合所有制的企业，到我们现在说的国有资产这个概念都要修改，因为混合所有制企业，即使是像中石油、中石化、工商银行这样的企业已经吸收了个人参股以及其他多种经济成分，但这样的资产已经不是国有资产，是所有出资人的资产。管国有资产已经不能管到那上面去了，不能管国有资产，因为那个资产不是叫国有资产，而是国有参股，或者是国有控股、国有资本在其中有权益的法人资产，这个概念是需要改变的。

比如像我们的国有资产管理监督委员会，我觉得也需要更名，根据以管资本为主的思路要更名为"国有资本监督管理委员会"，因为你的资产没有管，除了国有独资企业是国有资产外，所有混合制企业，不论参股到什么程度，它的资产都不是国有资产。就好像有私人参股的混合所有制股份制企业，不能说那个企业的资产是私人的资产，因为它只是混合所有制法人的资产。包括我们的国有企业这个概念，除了将来少数的在公益性和一些特殊领域需要国有独资企业以外，都不能称之为国有企业。因为既然有其他所有制经济成分在里面，这个企业的名称就不能叫国有企业。所以这样一些概念都要去改变。

在国有资本这个形态上，我们就看到在全球一体化的市场上，其他国家的一些国有主权的基金应该说也运转得非常好，也没有遇到任何的挑战，或者是对它的封锁。所以在资本形态上，对于中国的各类资本，包括国有资本"走出去"，对于打破别人对我们的封锁，都是有积极意义的。但是恐怕最大的挑战就是我刚才讲的，我们虽然说了以管资本为主，但我们的意识、我们的思想是不是转到以管资本为主上来了？所以，我们要回答的是走政企分开的道路还是走政企合一的道路，是以管资本为主还是以管人、管干部为主，我觉得这是国企国资改革最根本的一个挑战。而我们能不能够成功地回答这个挑战，关系到中国经济下一步的发展，关系到我们的经济能不能够渡过目前这样一个有可能是长期的经济下行的压力的时期。

所以，我觉得国企国资改革经过三十多年，现在确实是到了一个选择方向的时候。不是简单地把所有企业都私有化，不是那个意思。我以前就讲过，如果是中国银行、中国石油今天能变成私人家族的话，中国社会现在会更加混乱，贪腐会更加严重，但是我们一味坚持过去那一套党政体制，党政工团所有都搬到国企里面，这样的国企肯定搞不好、搞不活，也不可能适应全球一体化和市场化的这样一个环境。根本的问题还是在于我们需要深入地讨论和反思，究竟是走以管资本为主的道路，还是走以管人、管干部为主的道路。

我的发言就到这里，谢谢大家！

樊　纲
国民经济研究所所长

理论与政策：过渡经济学与改革的政策研究

今天经济学家们聚在一起，机会难得，我也非常想借这个机会讲点理论的内容，讲点理论和我们现实的关系问题。

刚才厉老师讲到一个问题，现在我们说过渡、说转轨是有特指的，特指的就是计划经济向市场经济转轨。如果说这个还是有点特定的话，那么它的一般意义在什么地方？它与历史上其他制度变化的差异在什么地方？这一点我们是需要搞清楚的，因为这一点搞不清楚我们就不知道我们在干什么。因此，经济学英文里边翻译的是两个词，一个词我们翻译成"制度变迁""制度变化"，而"过渡转轨"这个词，英文翻译过来的是一个词，我们用两个词，通用的，是讲过渡经济学也好、转轨经济学也好，反正都是指的一个东西。那么这个差别在什么地方？这是我们研究经济学要研究清楚的东西。我个人的理解差别在，历史上的那些转轨，特别从中世纪到现在，到市场经济，到资本主义，刚才厉以宁教授讲的其他国家正在经历那个事情，在历史上刚刚发生的时候人类是不自觉的，是不自觉的一种进化过程，他不知道未来在什么地方，他不知道最终的体制是什么，因此他就是在捕捉机会，就是看到机会了，他改一改。改一改，有人反对；有人反对，他就换个方法再改一改。反正视新的情况，一点一点改，法制、一个制度，再另一个制度。

刚才我们在一开始悼念杜润生老先生，杜老先生是 1 号文件的制定者，关于农村改革。每次一个文件，改一些东西，这不是我们的过程，但是这些过程在欧洲都发生过。关于农地怎么改革，关于农民跟林土什么关系，隔三五年改一个小制度，农户可以在 20 英里以内的地方打工，你出去，超了不行；过两年，50 英里。等等，逐步慢慢改。他不知道未来是什么，他不知道未来是大工业化、城市化，所以他是适应环境的一种进化过程。而我们首先经历一次当年公有制计划经济形成，它在历史上没有形成过。先说苏联，我们有一个苏联仿效搞计划经济，苏联在理论上先想清楚，然后搞计划经济。当然了我们就是学他了，我们跟他有共性，但是这不是一种渐进，而是一种理论上的，实现理论框架的理论过程，所以跟历史上的那个转轨也不太一样，我们那个时候叫过渡，50 年代经济阶段也叫过渡时期。

那么改革是什么情况？我们这一次的改革是什么呢？这次的特点又是什么呢？实际上是向一个制度转轨，自觉的向一个已经存在的、历史上形成的、别的国家正在实行的制度转轨。从我们过去的计划经济向市场经济转轨，而这个市场经济它不是一个理论的蓝图，它也不是一个未知的结果，它是一个已知的模型。一会儿大家说我们不知道，但是苏联是知道的，他们当时提一个口号，"回到欧洲去"，你就实行市场经济制度。我们呢，大家可以争论我们是知道还是不知道，但是就是那句话"摸着石头过河"，要过河，那彼岸是"知道"，怎么过却不知道。十一届三中全会之前，我们派出了十几个考察团到世界各国考察，回来的结论基本一致，虽然当时用语不那么说，但是大概我们要搞一个什么样的东西是知道的。因此，什么叫转轨、什么叫过渡？制度变革是两种：一种是叫制度变化；一种是从渐进的、进化式的、不知道前面最终结果的一种进化过程，那是一种变迁。还有就是计划经济形成的时候，按照一个蓝图设计的制度，都不一样。我们是向一个已知的、别人正在实行的一种制度转轨、过渡、变迁。

那么很多问题的独特性也在这儿，一方面你不是说完全不知道，另一方面你一时半会儿又实行不了那么完善的制度，那么在这个过程中就有很多摩擦和问题。特别是刚才厉教授讲到了如果我们没有改善民生，如果我们没有带来平等，社会上很多人就会怀念过去那些制度。我说这是非常现实的一种警告。当时公有制计划经济怎么来的？就是针对当时市场经济的问题设计出来的，两件事：一个是贫富差距，一个是经济周期。马克思三卷资本论，第一卷是贫富差距，第三卷是经济周期，既然搞市场经济，这两个东西都出现，你处理不好，为什么现在很多思潮产生，很多思潮现在很有市场，是跟我们现在转市场经济这些问题相关的。我是学思想史出身的，我现在更理解为什么当时出现了那些社会思潮、那些理论、那些蓝图，是有原因的。我说我现在理解得更清楚了，我们现在大概正在经历有点类似欧洲国家的第二次革命。你实行一种经济体制，这种经济体制的问题也会同时产生。你说我只要好的、不要坏的，这是不可能的。我们现在作为一个发展中国家，人家都是发达国家了，我们天天跟人家比，历史上他们走到1848年的时候没有别的国家比，他社会上没有那些问题。我们天天跟人家比，人家社会保障多好，体制发达成熟，法制健全，我们又有各种各样的问题，所以社会的反感情绪就会不一样。我们都是推动改革，都是想继续发展，但是在推动过程中一定要关注这个问题，然后怎么推动这个进程，使这个过渡、这个转轨能够不断地进行下去，而不是逆转。

我在2003年发表的一篇文章当中就讨论过逆转的情况，模型可以证明只要有一个系数出了问题，有一个系数发生了问题，就会逆转。这是第一方面的问题，今天我非常高兴厉教授把这个话题挑出来了，这正是我们研究转轨经济学所要研究的一般性的理论问题。

第二个转轨经济学讨论的问题，也是大家现在议论很多的，改革阻力太大。阻力在哪呢？既得利益。以前没什么既得利益，以前改革好改，现在都是既得利益，改革不好改了。我说从我们理论研究角度来讲，我不同意这种说法，不是不同意没有利益集团，是从来都有利益集团，我1991年发表的第一篇转轨经济学的文章，讲的就是利益冲突，讲的就是怎么打破改革的阻力，阻力来自哪？就是利益集团。非常遗憾，这篇文章当时发表在上海人民出版社出的一个论文集里面，没有发表在杂志上，所以很多人不知道。我那篇文章就是分析利益冲突的问题，任何改革都涉及原来体制下的既得利益集团，原来体制再不好，原来体制再每况愈下，总有一些既得利益集团。就像当年我们的联产承包责任制改革，村里面都还至少有一两个人反对，有些既得利益。当年的改革，我们取消粮票，多少人就靠那粮票吃饭的，你一下子取消粮票，不搞当时的双轨制过渡，多少人就陷入赤贫，那个既得利益多大，所以我们的粮票到1992年才逐步取消，这都是既得利益的问题。所以在这个意义上，改革没有"一致同意"，经济学里面说"一致同意"是不存在的，改革永远有反对者，永远有既得利益的阻碍，改革理论和政策的制定就是怎么找一个办法克服掉这个阻碍，使改革能够推进。这是根本问题。因此，改革从来不是"一致同意"，从来不是帕累托改进，经济学的判断标准很弱，他只能判断是不是帕累托改进。反垄断，别人都受益，就是那个垄断者是受损失的。改革永远有阻力，改革就是怎么找到一种方法。当年的双轨制价格改革是这种方法，而且从一般的意义来讲，在我看来，如果你改不动的话，双轨制慢慢就是把它变得像一点帕累托改进，包括给补贴，这样受损失的人就少了，可以改进了。很多改革都可以借鉴中国经验，中国改革经验是什么？"新人新办法、老人老办法"。这就是房地产税，我说不用别的，就是新人新办法、老人老办法，肯定改得动。然后用到国企改革这件事上，我记得 1992 年，当年大家也在讨论国企改革的问题，当时我想不通为什么那么改，当时各种制度情况下想该怎么改，那要推进整个制度改革的变迁，发展新制度，当你旧体制改不动的时候，你去发展新制度，让新制度的发展改革、改变制度的结构。而且你仔细研究，会发现其实真正重要的不是改革旧的原有制度，真正重要的是发展出新的制度。我在 2003 年《论改革》那篇文章中已经证明了的，因为新制度比旧制度增长快一点，只要你大力发展新制度，旧制度最后可以趋向于无穷小，新制度变得无穷大，所以慢慢就淘汰了。至少新制度发展能为旧制度改革创造条件，其实我们 20 世纪 90 年代改革抓大放小，很大程度是因为民营经济发展了、市场发展了，改革的条件把旧业接下来了，把失业工人能够有新的就业接下来了，它就形成了新的制度。

我不是说当前很多改革改不了，但是我想来想去有些改革还是比较难的，因此我非常同意现在正在做的其他的事情，"大众创业，万众创新"、大力发展民营经济，为民营金融、民营经济的发展创造条件，改变制度结构，同时改变整个经济的资本结构，国有资本还是大嘛，然后逐步发展民营资本。资本条件变化了，现在那些大的国企改起来也很难，真正有意义的产权结构的变化到治理结构的变化也很难。那么怎么能够发展呢？我们要创造其他条件，通过改变整个制度结构的方法来改变旧制度改革的条件，首先着眼于新制度的发展，然后为改革旧制度创造更好的条件，我们的改革才能够逐步推向前进。也许现在马上见不到什么成果，但是在逐步改的当中。我当时写了几篇文章，研究过渡过程，新制度慢慢发展了，旧制度就有改革的条件。

在这里也是通过这种方式跟大家介绍我研究的这些理论跟现实是密切相关的，我们对中国过去一些经验的分析，一些过去事实的分析，对我们回过头来思考现在的问题也是相关的，因此也希望大家更加关注我们这方面的研究。

谢谢大家！

张　军
复旦大学经济学院院长

中国货币政策的选择

尊敬的各位同仁，各位嘉宾，各位朋友，大家下午好！

我今天演讲的题目是一篇文章的题目，我大概分成三个小的问题，问题起因是10月9日在全球知名的一个思想网站上面发表了一篇文章——《中国货币政策的选择》，文章后来被新加坡《联合早报》翻译成中文，在中国大陆有很多的转载。但是这篇文章引起了很大的争议，我想这个核心就是在中国经济今天下行的时候，在我们要加快结构改革、推进结构改革的时候还要不要一个宽松的货币政策，我想这是我们现在讨论的非常重要的问题。但是现在形成了一个我认为是高度分化的看法，所以我想今天在这个场合就这个问题再谈一点我的看法。

第一个问题，为什么现在央行的货币政策表现得如此谨慎？

第二个问题，为什么中国的结构改革和结构转型需要宽松的货币政策支持？

第三个问题，中国的央行有没有手段来配合支持中国的结构转型和结构改革？

先说第一个，当前货币政策姿态是什么？现在看上去还是如此的谨慎、如此观望，我们开玩笑说，我们经济学者在内部对这个是截然相反的看法。从目前态势来看，更多经济学家认为中国现在需要加快结构的改革和结构的转型，过于宽松的货币政策只会加剧中国的结构问题，这是目前比较流行的看法，这个看法我个人认为已经对央行的货币政策带来了明显的影响。

我举一个例子，10天以前央行进行了逆回购100亿元人民币，但是我们看之前的两次逆回购，发现这100亿元的逆回购并没有增加，跟之前两次操作的规模是一样的，同时中标的利率没有明显的下降。这就表明央行看上去在实施量化宽松，实际上是希望它的政策更加的中性，而不是有偏好性的。

另外，我们再来看货币政策过于谨慎表现在我们现在由于PPI已经连续46个月保持负的增长，刚刚公布的上个月PPI依然是-5.9%。所以用PPI来做调整的话，中国现在实际的利率应该是两位数。所以在经济下行到今天这个状况的时候，融资的成本依然居高不下。因此我们不能说现在中国的货币政策是宽松的。再加上10月份美国公布的就业数字表现不错，所以现在市场上对美联储加息的预期又再次冲高，这个过程当中从8月份以来出现的资本外流趋势在不断的加强。在这种情况下，中国应该考虑的问题是由于经济持续下行，资金资本在中国的风险在加大。所以为了避险，大量的资金开始外流，这个对我们的流动性，对于我们国内的流动供给产生了非常严重的影响。

我个人看法是在当前中国经济从2012年以后持续的低于8%，到前不久公布的三季度只有6.9%，实际的数字也许更低，这样一个深度的下行，我想不能说完全是结构问题导致。2002年到2012年中国GDP增长依然是保持10.2%的这样一个水平，但2012年以后突然就下降到今天这个状况，所以人口红利消失等，所有结构性问题并不能解释经济断崖式的下降，我想在这个层面货币政策是要承担相当的责任的，因为我个人认为货币政策在目前的状况下依然保持所谓观望和中立的态度，已经严重影响了中国经济的总需求。现在不是说企业的问题，现在就算是中国好的企业依然面临生存的问题，这个就已经超越了流动性宽松的这样一个范畴，现在已经是流动性严重短缺。中国经济现在的状况很像我曾经在文章里面提到过的债务通缩的问题，我觉得这是中国经济今天面临非常严重的通货紧缩的问题。

第二个问题，我想谈一下为什么结构转型还是需要宽松的货币政策的支持和配合。因为现在经济学家之间可能更多的人觉得这是一个选择，就是要么我们是宽松的货币，但是会扭曲我们的结构，会恶化原有的结构问题；要么就是进行结构的改革和结构的转型。刚才华生教授也谈到，从根本上讲，中国经济未来的持续发展是需要推进结构改革，体制的改革是非常重要，但是结构的改革，短期里它是会产生紧缩效应的。当我们的经济下行到今天已经明显低于潜在增长力的时候，这种情况之下如果仅依赖结构改革，或者结构转型，我觉得不仅不能够把经济恢复到它潜在增长的轨道，而且会进一步加剧经济下行压力。

理论上说是不是可能在经济转型的过程当中我们需要宽松的货币来支撑呢，我觉得首先取决于什么是结构转型，我觉得结构转型最核心的机制是熊彼特先生讲的"创造性破坏"。也就是说，新兴的、更有活力的、更有效率的、更具生产力的产业和企业能够不断替代传统效率不断下降、失去活力的产业和企业，所以这是一个替换的过程。这个过程在经济学文献里面，我们会发现它也是经济周期产生的重要机制。所以中国经济今天面临的经济下行问题，本身也有一个周期的因素在里面，因为它的确需要有传统的产业不断用创造性破坏的这样一个过程转换到更有效率的产业和企业。

那么这个过程当中谁是主角呢？我认为首先是市场，是投资的主体，是具有企业家精神的这样一些企业经营者。这个非常重要。可是大家知道，如果企业家在这个过程当中有足够的激励去推进结构改革，去寻找新的投资机会，创造新的产业，他需要更低的融资成本，因为他需要更高的回报，这是非常核心的问题。那么在经济下行、流动性收缩的环境之下，它是不利于企业家从事创造性破坏的活动的。因此，从这个意义上讲，经济的结构转型，结构的转换，其实恰好需要比较宽松的货币环境，能够让很多企业家的投资活动在快速的结构转换过程当中获得足够高的回报，这是为什么我们需要在经济转型过程当中、结构转型过程当中依然保持宽松货币的主要原因。

再从另外一个方面讲，经济的转型过程当中我们有一个非常重要的方面，就是政府的公共资本开支。因为公共资本开支周期比较长，产生的回报比较低，但是它具有强烈的外溢效果，它可以支持创新创业活动。因此，在这个意义上讲我们也需要宽松的货币政策来让地方政府能够解除目前面临的财务约束。所以如果能够让地方政府在经济结构转型过程当中解除他的资金约束，能够获得更多的融资，那么我们在公共资本开支上面依然可以保持相对的扩张和增长，这对于中国经济的结构转型其实是非常有意义的。

所以从这两方面来讲，我想经济结构转型是需要宽松的货币环境来支持，而不是要用过于谨慎的、过于紧缩的流动性来所谓倒逼。因此从这个意义上来讲，我对目前央行采取的过于谨慎的货币政策是持保留意见的。

最后，我想谈一下现在我们的货币当局央行的工具箱里面有没有足够的工具来支持我们的结构转型。当然今天有很多经济学家不同意在目前经济下行和需要推进结构改革的阶段实施宽松货币政策。我想他们脑子里面的央行是十年二十年以前的央行，就是货币工具箱里面没有什么工具，但是在过去十多年以来，特别是最近五六年，我们都知道中国的央行其实已经掌握了许许多多很创新的工具。比如说不仅有短期的流动性管理的常规工具，还有我们经常在媒体上会听到或看到不知道什么意思的工具，如 SLF（常备借贷便利）、PSL（抵押补充贷款），等等，当然最近央行还在从事一件很重要的事情，就是做信贷资产抵押贷款。我们现在打开货币工具箱已经有很多的创新货币工具，所以不一定会像我们很多经济学家头脑中所理解的那种很传统的货币工具那样。大家担心所谓宽松就是大量放水，其实不见得，很多是盘活存量的货币政策工具。那么，中国的央行既然掌握这么多货币工具，而且现在的统计，应该说金融市场和货币领域里面的统计非常的完备，所以完全可以让央行有这个可能动用工具箱里面更创新的工具来精准地支持经济结构的转型和结构的改革，而不是闭着眼睛"放水"的传统做法。

在这个情况下，现在央行需要把所谓中性的货币政策调整到不仅对中长期结构转型有重要的积极影响，而且也有助于在短期内让中国经济能够走出再通缩的通道。在这一点上经济学家不一定要共识，事实上经济学家对这个问题的分歧非常严重，但是我觉得没有关系，最重要的是央行要知道货币中性在当前中国经济下行的阶段其实是有害的，而不是有利的。有这么多创新的货币工具，事实上应该不仅有短期的宏观稳定的目标，而且也很容易把短期的目标跟中长期的结构转型目标能够很好地衔接起来。

这就是我跟大家的分享，谢谢大家！

林毅夫
北京大学国家发展研究院名誉院长

对当前宏观经济的思考

经济学界的朋友，大家下午好！

我非常高兴过渡经济学这一次获奖，也感谢学界的支持，在投票上面比张军、樊纲的多了几票，但其实贡献是一样的，因为中国经济改革跟发展的转型有很多新现象，需要从各种不同的视角来提出理解。其实总体来看，我们三位得奖者对中国转型是从不同的侧重点理解的，那么这些都是一种理论上的贡献，所以不应该分高或是低，我们都是对中国转型的现象的理解试图提出我们的一点解释，很高兴我们的这些解释得到学界各位朋友的认同。

我想今天利用这个机会跟各位谈谈对当前宏观经济的一些个人的思考，也是一些反思，也抛出一些问题来让大家再思考。

宏观经济，从2015年第一季度开始，我们的经济增长率一个季度一个季度的下滑，到了2015年第三季度只有6.9%，而且下滑的压力还非常大，这是改革开放三十年来第一次持续这么长时间的经济下滑，而且这个情形继续下去的话，党的十八大提出的一个百年的两个翻一番的目标，全面建成小康社会的目标能不能实现，就会打上一个大的疑问。而且经济增长速度如果持续下滑，国内、国外对中国经济的信心，对中国道路的信心都可能会打上一个问号。那么，怎么样对这个问题进行理解以便采取有效的措施，我觉得是非常关键的，我们常讲对症下药，还要药到病除。

第一，我想跟各位谈一个看法，到底什么因素导致中国经济从 2010 年第一季度开始到现在持续这么长时间的下滑？当然仁者见仁、智者见智，但是我所看到的在国内有两个非常盛行的看法。第一个看法是因为 2008 年国际经济危机以后，我们践行了 4 万亿的投资措施，然后现在的问题都是那 4 万亿的后遗症；第二个看法是因为中国经济体制机制结构性增长方式造成的问题，是中国的内部造成的问题。那我想，首先 4 万亿肯定会有一些不周到的地方，肯定会有一些可以改进的地方。中国作为发展中国家、转型中国家，肯定会有一些体制的问题、机制的问题、结构的问题、增长方式的问题，这些问题肯定都存在，我们不能忽视。但是从 2010 年以来的经济增长速度下滑这些是不是主要原因？我个人抱着不完全同意的看法。因为我们可以看其他跟我们处于同一个发展阶段的新兴市场经济体，比如巴西 2010 年的增长速度是 7.5%，2014 年增长速度则剩下 0.4%，跟我们一样下滑，而且下滑的幅度比我们还大。印度跟我们同样是十几亿人口的大国，其 2010 年的增长速度是 10.3%，到 2014 年是 7.7%，跟我们一样下滑。有两个因素我们应该考虑，印度在 2014 年的时候改变了它的统计方法，因为统计方式的改变，它增加了 2 个百分点。要是统计方式不改变，那它实际上也不到 6%，也是同样下滑，而且下滑的幅度比我们大。不仅是这些新兴市场经济体，我们还可以看一些高收入、高表现，但出口比重占得比较多的经济体，比如说韩国，它在 2010 年的增长速度是 6.5%，2014 年的增长速度是 3.3%，同样下滑，下滑幅度比我们大。我们的台湾，2010 年的增长速度是 10.8%，2014 年的增长速度是 3.5%，也是下滑，下滑的幅度比我们大。再看新加坡，2010 年的增长速度是 15.2%，2014 年的增长速度是 2.9%，也同样下滑，下滑的幅度也比我们大。那总不能说是因为中国的体制机制问题造成经济增长速度下滑，跟我们同样发展的其他新兴经济体都往下拉，而且拉的比我们还深。同样那些没有体制机制问题的高收入经济体也在下滑，而且下去比我们还深。我印象里面不管是这些新兴市场经济体，还是出口比较大的经济体，有共同的经济表现一定是有共同的因素，一方面是外部性，一方面是周期性。外部性的原因，我们知道 2008 年的国际金融危机爆发以后，发达国家，包括美国到今天还没有真正完全地恢复，它的经济增长慢了，它的消费增长就慢了，那么对它的出口就慢了。我们改革开放以后，平均每年对外的出口增长率是 6.8%，2015 年大家知道前三季度的增长是 -1.8%，当然需求减少了，经济增长会慢。2008 年国际经济危机爆发，不管发达国家、发展中国家都采取了一些积极的财政政策支持，这些项目经过五六年都建成了，但是整个国际经济还没恢复，因此在这个情况之下，如果没有新的反周期稳增长的措施，经济增长就会掉下来。所以大家的经济增长是都下滑的，只剩下消费，中国的消费还比较正常，所以中国过去几年的增长还能够维持比较高。我觉得用这种方式来理解应该是比较客观的，也就是说我们确实是转型中国家，我们不能回避问题，我们有问题就要下决心去改，但是也不能把外部性、周期性的因素都说成是自己的问题，这样的话我们政策才会比较客观、比较理性。这是第一点看法。

第二，现在经济下行是事实，那我们有结构性的问题，当然要结构性改。我刚刚听了台上几位嘉宾都说了，但问题是不是有外部性和周期性问题的时候，是不是也应该有一些缓周期的措施来稳定增长。我个人的看法，如果没有必要的缓周期的措施，那在外部性跟周期性因素影响之下，经济增长率还会掉得相当多，继续往下滑，下滑压力非常大，那可能会出现什么问题我想大家清楚，一是失业问题可能会爆发。因为我们知道在7%、9%经济增长的时候，企业的增长很差的，那如果再往下掉的话，很多企业经营不下去，要关门了。二是我们知道在目前的金融安排下，我们大部分企业是靠贷款，如果有不少的企业在同一个时间里面临关门倒闭的话，会不会出现系统性的金融安全的问题。如果这两个问题出现的话，任何政府都要稳定社会，那很多措施都很难实行。这种情况下，我们要坚定结构性改革的认识，但是在面临共同的外部性跟周期性因素的影响之下，必要的稳增长的措施还是需要的。这样才能为结构性改革营造比较宽松的环境。而且结构性改革，也要很多改革短期跟长期都能增加需求，这样的结构性改革当然可以提前来做，比如对企业的减税，比如从一胎变成两胎的政策，这样短期都会增加投资和消费，长期来说对经济也会有增长，这个要确实加大力度来做。但是有些结构性的措施，短期是抑制消费，也可能增加风险，那我想那种结构性改革措施就应该审时度势，并不是说不应该改，但要做好准备再来改，而且要找比较好的时间点来改。这是我的第二点看法，供大家参考。

第三，如果说同意我前面的分析，我们现在经济下滑当中有相当多的是外部性跟周期性，那么既然是外部性跟周期性，就应该政府做好让市场在资源配置上起决定性作用，政府发挥好的作用。而政府发挥好的作用，当中一个就是稳定宏观经济，稳定经济增长，那么当然就必须有缓周期的措施。利用措施来启动投资和消费，那么在投资跟消费当中到底应该把着力点放在哪里呢，现在国内以及国际上有很多人讲说应该主要启动消费、不应该启动投资，应该刺激消费、不应该刺激投资，那我个人认为消费当然很重要，消费是我们经济增长的目标，但是消费增长是以收入增长为前提的，如果收入不增长的话，那么消费是不可能长期增长的。因为强调要刺激消费的人就讲减税非常好，减什么税，等等。但我们知道减税并不提高生产率，减税只是一次性的收入所得，可能对一次性的消费会有帮助作用，但对长期的消费增长并不能够起真正的推动作用。在这种情况之下，我认为不能只依赖减税来支撑消费，因为这是不可能长期增长的。这是我的第一个看法，因为减税不能够长期增加收入，不能够长期增加需求。第二个看法，我们目前过剩部门的产能主要在什么地方；我们国家目前过剩产能最厉害的部门恰恰是在国资品部门，像钢筋、水泥、电解铝、平板玻璃，这是目前过剩产能最厉害的。在这种情况之下即使消费增长我们认为是好的，然后用减税来给它支撑一下也不为过，但这种消费的增长并不能解决我们现在过剩产能部门的过剩产能问题，为什么呢？因为你不能直接消费钢筋，不能直接吃钢筋、不能直接吃水泥、不能直接吃电解铝，而那部分是必须靠投资才能够创造对它的有效需求。这是我第三点的看法，如果缓周期是需要稳增长，大家接受是不是应该主要以消费为主。

第四，如果从我当前的分析，大家会觉得我支持投资，认为在稳增长当中投资不能够忽略，但是在国内国外大家有一种看法，一讲投资就把它等同于过剩产能，如果你投资，那你就会过剩产能很多，这是在国内跟国外大家支持的观点。对这个看法，可能也不见得，如果说你把这些稳增长的投资的政策是用来增加对过剩产能部门的投资，像钢筋、水泥的投资，电解铝的投资，如果投资更大，那过剩产能就会更多。或者用来补贴钢筋、水泥、电解铝，他们效益差了，本来应该倒闭，那你用一些税收的部分来补贴它，那你就让这些企业过剩产能维持时间更长。所以这个观点，如果是那样做就是对的。但问题是我们国内现在可以进行有效投资的部门还非常多，刚才我们几位参加讨论的经济学家都谈了，比如说我们现在产品都在中低端，可以往中高端去升级，那我们就不谈出口，我们谈进口吧。我们2014年进口1.3万亿美元的制造业产品，在国内短缺我们才进口的。如果我们往那些产业去投资的话，就不会有过剩产能。而且我们也知道我们现在每年到国外去观光旅行消费是1300亿美元，那些都是高档消费品，如果我们国内去投资那方面的生产，怎么会增加过剩产能呢？另外，基础设施也还有缺口，城市里面的管网是严重不足的，那投资这些的话你产能怎么会过剩。更何况这方面的投资，不管是在产业升级的投资，或者是生产我们国内进口的，或是消费品的投资，或是基础设施的投资，其实都会减少我们的过剩产能，因为它正好是钢筋、水泥、电解铝、平板玻璃，正是我们的生产优势，所以我认为把投资等同于过剩产能这其实是一个似是而非的论述。

第五，投资会挤占消费，这也是2008年4万亿投资以后很盛行的说法。1982年至2014年我们的投资增长率每年是21.2%，确实从2009年到2011年的时候，在"4万亿"的时候，我们的投资增长率比这个高，2009年是30.3%，2010年是20.7%，2011年是23.8%，2012年是20.3%，2013年是19.5%，2014年是15.2%，确实在大家批评的那几年我们投资增长率是比长期平均投资增长率高。1979~2014年家庭消费平均增长率每年是8%，2009年是9.8%，固然那一年的投资增长率比长期的增长率高，但消费增长率也比长期增长率高。2010年的投资增长率比我们长期的投资增长率高，但消费增长率是9.6%，也比长期的消费增长率高。2011年投资增长率23.8%，比长期投资增长率高，但那一年的消费增长率是11%，比长期的消费增长率高。2012年我们消费增长率还高一点，9.1%，但是2013年投资增长率比长期平均增长率低19.1%，但是消费增长率只有7.3%。2014年投资增长降为15.2%，比长期增长低了6个百分点，但我们消费增长率是7.2%，比长期的消费增长率还低了0.8个百分点，所以从这个数字来看，我们投资不会挤占了消费，那为什么是这样？其实原因是，只要投资是有效的投资，那就会创造就业，并且提高劳动生产力。在这种情况之下，收入增长快，收入增长快了以后消费增长就快，消费的多少就是硬收入的增长。只有在收入增长的时候，消费才会增长得快。所以认为我们的投资挤占消费，除非那种投资都是无效投资，只要那些投资是有效投资，投资都是促进消费的。其实对家庭来讲，如果我是个人，我关心的是我的消费的增长，只有经济学家才会去关心消费占GDP的比重，而且那种经济学家所用的是不正确的模型，如果用正确的模型，投资是提高生产力的，其实投资跟消费不矛盾。

第六，政府应该以基础设施的建设为缓周期的措施。基础设施的投资，首先对于产业升级，技术方面的投资，当然更大的责任是在于民间的企业，这个我没有争议。所以政府稳增长的措施更多是要放在基础设施上。但是现在在国内和国外有很多人反对，政府在基础设施投资作为缓周期的政策。反对的理由有两个方面：第一个观点是说由于政府对基础设施的投资挤占了民间的投资；第二个观点是说政府在基础设施的投资上面回报率太低，比民间的回报率低。

那么对这个看法，说由于2008年以后政府缓周期基础设施投资挤占民间投资，我觉得这是不看事实。为什么2008年以后政府要去做缓周期的基础设施的投资，是因为民间的投资不足，因为民间的投资不足，所以政府才要去做缓周期的政策。在基础设施投资确实是比正常状况之下企业在产业升级上的投资回报率低，这是事实。但是即使这是事实，政府应不应该做基础设施投资？首先，我们来看看基础设施投资为什么回报率会低，因为基础设施投资是传统的投资，一个基础设施投资回报期至少三十年，长的可能四十年、五十年，而我们一般企业在产业上的投资，十年就必须折旧了。如果十年折旧完的话，每年回报率至少要

10%。如果基础设施的投资也是每年 10%，是四十年、五十年的话，那不就是暴利行业吗，那不可能，它必须要求回报率是低的，每年 2%、3% 就不错了。基础设施的投资有很多是所谓外部性，你把基础设施完善，企业成本就降低了。那么基础设施是不是应该社会来搞，20 世纪八九十年代说基础设施应该由企业来搞，但是推行了三十年，实际上只有一种基础设施民间企业的积极性最高，就是移动通信。移动通信容易收费，并且必然是有自然垄断，那是寡头垄断。那么其他的基础设施，像道路，除非给企业垄断地位，它可以收取垄断利润，让垄断利润能够高到足以跟其他投资一样，可是让基础设施有垄断地位是不合理的，那自然没有垄断地位，没有垄断利润就低，那这种情况下民间企业愿不愿意做，政府该不该做？如果民间企业不做，基础设施就会遇到"瓶颈"，所以基础设施应该由政府来做。如果由政府来做的话，到底什么时候做，到底是在经济正常发展的时候做好，还是在经济疲软的时候做好。答案当然是在经济疲软的时候做好，这个时候做可以稳增长，可以创造就业，可以减少失业，而且从长期来讲有利于经济增长，是一石二鸟。我个人在 2009 年世行提出的一个观点，开始的时候赞同的人非常少，但我很高兴看到现在国际上越来越多人支持这个观点，包括国际货币基金组织在 2014 年的《世界经济导报》上，就说经济下行的时候是政府做基础设施投资最好的时候。但是比较遗憾，我想我们国内很多人还是反对这个观点，在国际上已经变成主流观点了，国内还支持原来的观点。

最后一点，我觉得我们需要理论创新。面对当前的经济形势我们需要理论创新，而且我发现我们的实践老走在理论创新前面。比如 2015 年 10 月 4 日中央财经领导小组第 7 次会议，强调在适当扩大总需求的同时，我们应该加强供给侧结构性改革，着力提高供给体系质量和效益，增强经济持续增长的动力，推动我国社会生产力实现整体跃升。我们知道 20 世纪 80 年代、90 年代，里根是新自由主义的旗手，他反对政府对任何产业的干预，反对政府采用任何产业政策。但是我们现在中央提出的是什么？宏观政策上还是应该采取稳增长的措施。宏观政策要稳，产业政策要准，改革政策要实。这即不是凯恩斯主义，也不是供给学派，这是一个实事求是，解放思想的看法。我们是发展中国家，你要向发达国家中去，当然要不断提高生产力，要不断产业升级，所以我们要通过政策来支持产业升级，提高生产力。但是任何一个国家，不管发达国家、发展中家，都必然会受到一些外部的冲击，那这种冲击你要有缓周期的政策。但是在发达国家，如果你看凯恩斯主义，实际上他只有周期政策，没有跟增长联合在一起。那我们跟增长联合在一起，我们在缓周期的时候可以做一些解除增长"瓶颈"的政策，凯恩斯没有这么说。另外，因为我们在经济产业的升级当中，要有补偿外部性，要有一些协调的问题，那些由国家政府来做。这不是供给学派的政策。那我们现在政府提出的政策框架，实际上是实事求是根据中国经济发展提出的。如果简单说，这是凯恩斯主义转变为供给学派，我觉得没有真正抓住政策实践的内涵。我倒是觉得，我这几年强调的新结构经济学，它研究的是发展中国家产业升级转型，所需要的政府发挥有效作用的支持和措施。

今天很高兴用了比较多的时间提出这个命题，也是希望跟大家共同一起看中国的问题，提出中国的理论，而不是中国一有问题就到国外找个理论对号入座。只有这样，我们理论的发展才能跟社会的发展同步，也才能够实现十八届五中全会所强调的创新。现在强调的创新有四点：理论创新、制度创新、科技创新、文化创新。第一个是理论创新，我们是经济学家，我们最主要的责任就是理论创新。这是这个奖所倡导的、所鼓励的。谢谢各位！

院长对话：增长压力下的改革挑战 *

主 持 人　**毛振华**　中国经济理论创新奖执委会主席
研讨嘉宾（按姓氏笔画排序）
　　　　　李　周　中国社会科学院农村发展研究所所长
　　　　　杨瑞龙　中国人民大学经济学院教授
　　　　　胡必亮　北京师范大学新兴市场研究员、发展研究院院长
　　　　　章　政　北京大学经济学院党委书记兼副院长
　　　　　谢丹阳　武汉大学经济与管理学院院长

　　【**主持人：毛振华**】如果说前面的讲演者是讲了自己的观点，讲的是一篇文章，那么我们这些人讲的是同一篇文章。这也是经济学研究的特点，很多情况下是由完全独立的研究人员，在不同的角度对共同的问题来进行研究，形成了经济学习的共识，形成了对中国产生深远影响力的经济学理论，这是经济学的魅力。那么我们在论坛的这个环节讨论的话题——"增长压力下的改革挑战"，也是具有这样的特色。

　　第一个环节，我们紧扣增长和改革，请我们演讲人在 5 分钟之内表达清楚。

---

　　* 实录均为现场速记整理，未经演讲者审阅。

【李周】我讲两个观点：第一，面对中国经济下行压力，我认为要调整我们对增长的预期，中国经济能够保持7%左右的增长，那还是一个很不错的增长。因为我们高增长的背后产生了很多的资源和环境问题，在这种状态下，提高增长的质量也是很有意义的。

第二，中国改革条件大大改进，中国三十多年人员流动，中国的人力资本大大提升，这是推进中国改革发展非常大的潜在动力，同时我们也看到增长改革面临的压力和障碍也在增加。因为像最初的承包，所冲击的是生产队，到后来是中小国有企业，现在到了高度垄断部门，这可能是改革会更加困难的原因之一。现在的改革压力还是非常大，在这种情况下我们还继续采取渐进式改革的方式，通过发展民营经济的方式来加大国有企业改革。我们讲中国渐进式改革是填平计划经济和市场经济的鸿沟，现在我认为可以通过填沟，从民营经济的洼地来达到相似的高度，来对应国有企业的发展。

【杨瑞龙】增长下行的压力和改革到底有什么关系？有的人说经济下行到一定程度反而可能会给改革带来更大的动力，有的人说不是这样。但是我看当前的改革调性，改革为什么这么难？最终还是由于改革动力的问题。我们过去三十年为什么能取得改革成效，是因为我们为改革输入了很大的动力。一般经济学逻辑认为，在政府主导下导致市场化进程使得改革遇到障碍。当中国今天在谈改革的时候，我们常常有分歧观点，说过去三十年我们取得很好的增长；另一种观点就看到一盆脏水，包括腐败、污染等。比如财政分权导致地方政府与企业的合谋，这种合谋产生了动力。那么下一阶段的改革，我们怎么样在防腐败，在重构治理框架的时候，为改革注入动力是非常重要的。

所以在破除原来的政商关系下，如果市场机制作为决定性作用的话，那么毫无疑问改革还是跟原来的一条线走。另一条线是市场的完善，那么市场的完善是要素市场和文化性市场形成的问题。那么这两个都是要求为改革注入新的动力。就是说原来政府与企业之间相互形成的特殊政商关系打破之后，我们为改革注入什么动力尤为关键。如果我们想要一个市场经济起决定作用的话，我们要逐渐由地方政府主导改革向企业主导改革发展。

过去三十年的改革告诉我们，顶层设计如果没有主体创新动力的话，那么这个顶层设计只是墙上挂着的画。所以当前的改革，除了我们要有一个顶层设计方案，更为重要的是我们怎么样来重塑一个能够进一步分清市场化制度创新的机制，所以当前重塑改革动力是非常重要的。没有这个动力，尽管我们谈得很好，改革还是进行不下去。这就是我的观点。

【主持人：毛振华】谢谢杨院长，他谈到了改革的微观基础，重塑产权体系和市场体系构造，我觉得抓住了改革的要害，但是题目非常大，从改革来讲相当于改革一个新的篇章。

【胡必亮】我们今天是讨论经济增长和改革的关系，我们必须承认一个现实，现在中国经济增长压力很大，但是我们同时要看到另外一个现实，就是中国改革的潜力非常大。中国改革创新应该蕴藏着很大的机会。有一个现象大家都知道，城镇化是促进经济增长的一个很大动力，但是城镇化对大的国家，特别像中国这种农业占很大基础的国家，基本上它的主导力量都来自农村。那农村的因素促进城镇化实际上是两种方式，一种是通过流动方式，比如说劳动力转移、资本转移、乡镇企业现在都不在农村，在别的地方，相当多都移到城市来。但是别忘了，实际上我们还是有另外一种方式可以促进城镇化发展的，那就是农民的就地城镇化。比如说华西村，华西村一个村 GDP 500 亿元，很多地级市才五六百亿元。比如温州有一个燕田村，我跟踪了二十多年，看着它从典型的村庄变成 24 平方公里的城市。但是我们现在有很大的制度制约。第一，比如在北京市的村庄，即使整个村庄变成城市了，实际上还是小产权村，每一栋房都是小产权，所以土地制度对就地城镇化带来很大制约。第二，行政管理体制，不管你发展多大，比如中华第一村——华西村，永远都是村。那个燕田村，你带外国人去看，打死他也不相信这是村，他说这么漂亮怎么可能是村呢。但我们的体制就是它永远都是村，不可能把它改为城市。所以我们的城镇化实际上就是政府规划的城镇化，而不认可农民自己搞的城镇化，所以这个改进空间很大。因为时间限制，我就建议两点：第一，农村集体土地用地改革要加快改进，真正地实现同地同股权，这个说到了，但是没有做到；第二，要加快行政体制改革，村庄"长"到一定的规模，它的基础设施、管理水平达到一定阶段就要让它变成城市。还有一个好处，村庄过去是搞村民选举的，变成城市后你把这个城市变成自治式，自治式就有活力，让村庄选举的传统可以延续下来，对推进中国的民主政治改革是很有意义的，并且它们没有冲突。

我只是讲这一个例子，很多例子都说明通过制度的变迁、制度的创新，通过改革来促进经济增长发展的空间是非常大的。

【主持人：毛振华】胡教授讲的不仅是发展问题，其实也是改革的问题，这是他很重要的解读。

【章政】厉以宁教授谈了很重要的观点，改革的进步有两个方向，要么是往前走，可能还有一个就是往后走了。其实我觉得是不是还有另外一个方向，既不往前也不往后，可能就停在那儿了，也有可能就停在那儿了。为什么呢？有动力的时候他就可能往前和往后，现在的问题是没有动力了，那他不就停在那儿了。

这个问题就是很奇怪的问题，中国改革改了 37 年，刚才杨瑞龙教授也谈，我们注入强大的动力，但是现在你发现改革怎么改来改去就改不出动力来了呢，这是大问题。

今天咱们的题目是"增长压力下的改革挑战是什么"，我个人感觉增长压力下改革的挑战还是改革。那么怎么理解这个问题呢？其实有两个现象，我不知道在座的同志们、朋友们关注到没有，第一个现象就是两天前的"双 11"。我昨天在国务院网信办开会，他们告诉我一个数据，说是购买的金额大概是 920 亿元，这是个准确数据。那么这里面其实有一个非常有意思的现象，一天我们的消费达到了这样一个令人吃惊的数字。另外还有一个统计，这个统计也很有意思，是中国消费者协会发表在它的网站上一个数据，说所有的消费者投诉中投诉最高的是什么？就是网购。网购占消费者投诉的 42%。这里我们不妨做大胆的假设，如果两天前的"双 11"我们买的 42% 的商品都是假冒，那会是什么情景。但其实这个假设不成立。我两天前一直在关注中国消费者协会网站是否公布了新消息，到至今为止大部分消费者对"双 11"消费提供的服务是满意的，那就意味着中国有强大的消费动力，而这个消费动力需要在一个好的消费环境中释放。商家备战"双 11"，用了相当长的时间，各方面都准备好了，问题就少了。因此我们说中国的动力不是没有了，而是可能没有释放出来，那么这个释放出来的关键是什么？就是我们的消费环境在哪里。所以我说下一步的改革可能是市场环境，特别是消费环境的改革，往深里改。我们对消费者的尊重，我们对消费者商品信息的公开。这里面还有非常重要的东西就是对市场原则的尊重。市场原则就是两句话：公平竞争，等价交换。所以我说下一步的改革可能的一个重要方向，就是我们消费环境的改革，这是一个现象。

还有一个非常有意思的现象，咱们现在每年中国消费者到外国去疯狂的采购，10 月 23 日克强总理在中央党校的一个报告里面说了一个数字，说每年中国的消费者在外国的消费，是 1 万亿元。但这 1 万亿元到外面买的仍然是生活用品、消费品。我们北大有一个教授告诉我，他到日本去买了一大堆马桶盖，4 个电饭煲，又买了好几个微波炉。我说你买这个东西干什么？他说这个东西好用、耐用，而且有差异化、有个性。我们一直说我们的投资过剩，但是其实我们在这些产品的供给上是不足的。那证明什么？证明我们的产品结构有问题。在座的很多朋友都是研究经济学的，产品结构的问题就意味着生产结构的问题。生产结构的问题意味着投资结构的问题，投资结构意味着制度安排的问题。为什么制度安排会出问题，我认为可能是我们的思想环境还要改。

所以今天的题目"增长压力下的改革挑战"，我觉得是两个挑战：第一，思想环境的改善；第二，消费环境的改善。思想环境的改善是什么？进一步解放思想，中国还需要解放思想；消费环境的改善，怎么改善？尊重消费者，极大限度地尊重消费者。

这就是我的观点，谢谢。

【主持人：毛振华】 章教授的观点，增长压力下最大的挑战还是改革，这也是非常现实的。

【谢丹阳】 首先讲一下增长，7%，看上去好像是偏低了，但是跟我在2011年做出的判断基本上是吻合的，2011年我在深圳大学、中山大学分别做了一次演讲，演讲的题目就叫作"中国经济的全球定位"，那里面我就论述从2011年到2040年三十年的经济增长会逐步从8%、9%到6%、7%，一直到2040年的大约3%这个水平。换句话说，7%基本上在意料之中。那么这7%的原因是什么？当然我们可以说外因。外因的话，因为在百年不遇的这么一次大的经济金融危机之后，全球的那些经济体都在纷纷的去杠杆，外部的经济反弹都比较乏力，没有什么利益，这是第一个原因。第二个原因，今天樊纲教授也提到，就是在反腐的前提下政府有了非常大的储蓄，而没有找到合适的使用办法。这个其实我觉得是主要因为我们的反腐不是像我们平常的改革那样是渐进式的。我们过去三十年的经济改革基本上都是渐进式的，有别于东欧、苏联的那些办法。那么反腐它是掷地有声的、是立竿见影的，除了反腐，我们过去的、现在的或者将来的改革都是渐进的。甚至包括自贸区的改革也都是渐进的，自贸区的演进也是为了对外的资本流动，进一步的开放，所以它也是渐进的一个程序。

现在反腐造成短暂对经济的影响，但我认为将来我们可以收到很好的回报。同时我们也必须看到现在的官员确实有一种不作为的倾向。所以说我们现在号召政府官员学习焦裕禄，我们从小也是在学习焦裕禄的过程中长大的，但是从改革开放的经历来看，学习焦裕禄不是每个人都能做得到，而且如果依靠学习焦裕禄精神来搞好我们这么一个国家的话，那基本上是空想，因为我们绝大部分人也都还是趋利避害的。所以我们下一步必须对政府官员的激励机制做一定的考虑，否则你要政府官员承担风险、担当职责，同时又不计回报，这基本是做不到的。我觉得今后政府可以考虑的一件事，要精减官员的人数，同时提高绩效薪酬。但是这些提高必须是透明的，就是民众可以监督的，同时要捕捉特权，捕捉隐形看不见的特权，同时要我们官员各司其职，能够冒险、能够干成事。如果在这个前提下，我们下一阶段"十三五"规划6.5%的目标是可以超额实现的。

我就讲这些，谢谢！

【主持人：毛振华】 下一个环节就增长的问题，希望每一位嘉宾非常简短地发表自己的看法。

现在 GDP 增长率在 7% 左右，中央提出 6.5% 是底线。在我们面对经济下行的时候，也就是说 6.5% 也是要经过很大的努力才能够实现的。在这样一个时期，经济要维持增长，就要有新的动力机制，那应该怎样为我们的经济增长注入新的动力？从经济政策方面应该有什么样的政策能够满足增长率，能够确保 6.5% 的底线？请大家提一些经济政策建议。

【章政】我觉得经济增长不重要，为什么呢？增长其实就是增加生产，比增长更重要的就是循环。我曾经问过一个很有名的作曲家，我说你一辈子写了多少支曲子，他告诉我写了四五百首，可能还不止。我说大家能记得的有多少首？他说也就七八首，唱红的就是两三首。如果用经济增长来说，这个作曲家一天几十首曲没问题，但是写完放哪去呢？有可能在仓库里，在他的笔记本上，所以这个作曲家对社会没有贡献。但是问题是他要写出大家都能唱的曲子，大家唱了他就是下功夫了。我说经济增长是数量的问题，经济循环是质量的问题，所以下一步我们要抛开增长的观点。林毅夫老师今年在两会的报告里面也谈到了类似的观点。所以下一步如何让中国经济更好循环起来，把仓库里的东西变成老百姓家里的消费品，这才是中国经济要干的事。谢谢！

【李周】第一，我觉得搞一个底线可能对中国深化改革是一个必要条件。如果经济不增长的话，改革难度也是很大的。第二，就刚刚讲到，有地方官员在资源配置方面有不作为的这么一个倾向，我觉得这可能是个好现象，因为只有他们退出了资源配置的决策，才会出现新的，可能会做得更好。就是说地方政府在经济资源配置上的不作为对经济增长的影响是短期的，正是他们的退出会让更多的市场主体来作为，会更好地推动中国的经济增长。

【杨瑞龙】应该说当前中国经济下行压力还是非常大的。我们人民大学宏观经济论坛将在下周末发布我们的年度报告，这个报告的题目就是《探底中的中国宏观经济》，中国宏观经济底部到底在哪里还不是十分确认。面对这样的下行压力，从短期经济来讲毫无疑问。刚才张军教授也讲了，我们的前期研究也告诉我们，尽管当前中国货币政策有很多负效应，但是我们必须启动更为宽松的货币政策来应对当前的经济下行。那么从中长期来讲，我们也大可不必对中国经济非常悲观，我记得林毅夫教授发表过一篇文章谈对未来中国经济的看法，很多观点是我们认同的。因为中国经济的内生要素是足够支撑中国未来经济中长期增长的，未来中国二三十年继续维持 6%~7% 的增长也是可能的，问题在于中长期增长要素的激发和调动是要改革的，没有改革不可能有城镇化，因为城镇化背后就是土地制度的改革、保障性的重造等，结构的调整背后肯定是体制激励机制的重构问题，所以说中长期的增长对于中国是非常有希望的，但是这个希望寄托在改革。而改革的话，还是回到我前面讲的主题，当前在原来的改革衰减条件下，在废除原来政商条件下，我们怎样重塑新的改革动力，而这个改革动力在哪里呢？从微观主体和基层来看，我们完全可以迎来中国第二次改革高潮。这是我的看法。

【谢丹阳】刚才我已经说了，如果说政府官员的激励机制能够到位的话，那么我对下一阶段超过 6.5% 的增长是抱有很大信心的。实际上我仔细地阅读了中共中央关于"十三五"规划的建议，我觉得这还是非常好的一份文件，我估计在座的经济学家可能也都是参与了这份文件的草拟。这里面我看到了一点，就是对创新做了很大的强调，很大的篇幅在讨论创新。我觉得有点不足的地方是什么呢？就是对于创新的基础，也就是说知识产权的保护，这个文件里面只提到了一两句，我觉得这个是不够充分的，这一点我觉得需要我们再进一步的去改善、去提高。

刚才毛振华让大家提一点什么样的政策能够帮助我们在下一阶段能够很快地增长？我个人认为，应该是大力发展现代服务业的出口。为什么这么说呢？这是在"十三五"规划里面建议书谈得不够多的地方，虽然有提到，但是谈得不够多。我觉得这个非常重要，只有在现代服务业的出口市场上加大力度，敢于面对经济，我们才能在这个过程中向国际标准靠拢，这其实也是过去我们这三十年真正能够很快发展的精髓所在，所以面对国际竞争，只有这样才能实现中国从人才大国发展成人才强国。

【胡必亮】我提一点，就是实行更加开放的经济体制，让中国更多地融入世界。我们现在的问题大都是国内出现内部的问题，都是在中低端的问题，比如产能过剩的问题。我这几年跑了拉丁美洲等很多国家和地区，我们把产能输送到那些地方就可以了，这个空间很大，所以我们更多是 GMP，而不是 GDP，要有转型的思想准备。但是我们要注意一点，这不是政府通过运动的方式来实行，而是通过市场规则以企业作为主体来做一个促进。如果大家能走到这一步，民营企业能够大量的"走出去"，当然不是盲目的，有很多工作要做，那么我们的增长空间将是非常大的。我们现在谈的很多问题，通货紧缩，都是国内的问题，打开国门有很多机会，所以我们大家应该把思维打开一点，走远一点，问题就会少一些。谢谢大家！

【主持人：毛振华】我还问一个问题，当前中国面临很多改革的题目，那么有利于经济增长又切实可行的你认为可以采取的改革措施，提一个建议？

【章政】最简单的办法，三个字——生孩子。（众笑）

【主持人：毛振华】生孩子算改革吗？

【现场回答】算！（众笑）

【胡必亮】农村土地改革有很大的潜力。

【主持人：毛振华】说一个具体的政策，到底怎么改法，一个措施。

【胡必亮】宅基地也行，从土地开始，现在当然都在谈了，土地可以抵押、给贷款，也可行，做快一点就行了。还有户籍制度，把它放开，稍微加一点管理的方式，更多地依靠市场方式解决户籍制度，户籍制度现在不开放是没有任何道理的，因为户籍是市场决定的，不是经济决定的，我们这么多年搞错了。

【李周】我们赋予农村经营土地的问题，解决了中国农民短缺的问题，赋予农民离土归乡的权利，我们通过农民自由的打工，农民不仅是农业的主体，也是工业的主体。所以下一步让农民继续进城，通过土地制度的改革，当然同时要有很好的规划，在规划下面来进行，这可能是推动中国经济发展很重要的措施。

【杨瑞龙】如果我们确定市场化是我们改革目标的话，从改革这个角度来说我们可以有一系列想要改的东西。问题不在于我们想不想改，我们应该改什么，而在于大家认为改的地方为什么改不动。还是回到我们的核心——改革动力的问题，那么怎样重塑改革动力？我认为从大的方面来讲，可以从三重入手：第一，思想解放，思想要更解放一点；第二，我们还得要进一步通过对外开放，由开放来促进我们的改革；第三，我们还得要保护微观主体的自主创新能力。过去三十年极大部分的改革成就都是下面创造出来的，那么我们在一个新的阶段里面，对下面创造出来的新知识产权给予相当的保护，这样的改革动力释放出来的话，自动的改革就会出来了。这就是我的观点。

【谢丹阳】我做经管学院的院长两年多了，体会也是很深的。一个国家将来的发展和教育是息息相关的。如果说提一个建议的话，就是咱们政府应该下放教育方面的自主权。最近我们在做一个国际认证，国际认证的专家最后给我们的评价就是下面这几句话：第一，你的规模受到限制，受到国家的这些指标的限制；第二，你的定价，包括你的市场化 MBA、EMBA 项目的定价也都受到省物价局的限制。他说这样你们怎么能够发展得好呢。所以我的建议，要下放教育方面的自主权。谢谢！

【主持人：毛振华】谢谢各位院长！我觉得就像一篇命题作文一样《增长压力下的改革挑战》，我们前面讲了理论，后面讲了政策，而且每个人都讲了一条，我觉得加起来应该是当今我们中国经济学界对这个问题的一个回答，这也是一篇完整的文章，相信这篇文章大家都会满意。

第二部分

中国经济学家年度论坛（2016）

毛振华
董辅礽经济科学发展基金会理事长

经济学家对中国的贡献不可替代

每年中国经济学家年度论坛都由中国经济理论创新奖名誉主席厉以宁教授来致辞，他今天委托我来致辞。

中国经济学家年度论坛与中国经济理论创新奖颁奖典礼同期举行，已连续举办七年，每一届主题都非常鲜明。2015 年中国经济理论创新奖颁奖仪式就是在大梅沙论坛上举行的。这个经济理论创新奖由每年评选一次改为每两年一次，去年有一个大奖，明年会再次颁奖。两次颁奖仪式空隙的这一年我们都在大梅沙论坛举行一个经济学家分论坛。我代表中国经济理论创新奖组委会和深圳创新发展研究院向大家表示感谢，感谢大家在这样一个美好的季节出席今天的论坛。

首先我有必要跟大家介绍一下中国经济理论创新奖和中国经济学家年度论坛。中国经济理论创新奖是在董辅礽教授 2004 年去世后，由他的学生组建的董辅礽经济科学发展基金会联合北京大学、中国人民大学、武汉大学、清华大学以及复旦大学的经济学院、经管学院，于 2008 年共同发起设立的。这个奖项由中国 200 多位主要的经济学家、经济院校和研究机构负责人作为投票人，每人一票，评选出十年前公开发表，对中国改革开放和经济发展有重要影响的经济学理论成果。

在过去七届投票评选中，获奖理论第一届是杜润生及中国农村发展研究组的"农村家庭联产承包责任制理论"，第二届是厉以宁的"国有企业股份制改革理论"，第三届是吴敬琏、周小川、郭树清等人的"整体改革理论"，第四届是华生研究组、田源、张维迎的"价格双轨制理论"，第五届是马建堂、周叔莲、江小涓的"中国经济结构调整理论",第六届是黄达的"财政信贷综合平衡理论",第七届是林毅夫研究组、张军、樊纲的"过渡经济学理论"。这些经济理论都起源于中国 20 世纪 80 年代改革开放初期,也反映了中国的经济学家在那个年代对中国的特殊贡献。可以说,中国经济学家在中国改革开放的历史上有自己独特而重要的贡献。

20 世纪 80 年代,中国正是从经济体制改革出发,拉开了改革开放的序幕,中国的经济学家也成为中国学术界中最引人注目、最辉煌的一个群体。到了新的历史时期,中国经济学界依然担负着推动中国改革开放和经济发展的重任。由于种种原因,中国的经济学家没有获得诺贝尔经济学奖,也鲜有获得国际大奖者。而从国内的视角来看待中国经济学家这个群体的时候,他们对中国的贡献让我们充满敬意。他们的贡献有的是发展方面和技术方面的,更多则是体制方面的,他们对中国的进步起到了不可替代的作用。

设立中国经济理论创新奖这个奖项来肯定中国经济学家做出的历史贡献是非常必要的。我们的主旨就是鼓励中国经济学理论研究与创新,共同推动中国改革发展和社会进步。中国经济学家作为一个特殊群体,在改革开放以来一直坚持百花齐放、百家争鸣。不容否认,探求中国改革与实践的理论与政策就是在争论与争鸣中形成。中国经济理论创新奖就是想提供这样一个平台,在这个平台上呈现中国经济理论发展与创新的历史脉络和过程。中国经济学界过去各种充满争论的流派、观点汇集到一个共识中,就是弘扬经济学家对中国经济改革的贡献,因此得到经济学家们的鼎力支持、积极参与,展示了中国经济学界空前大团结的氛围。这也是我们这个奖项能够持续下来的重要原因。

按照惯例,我们大梅沙创新论坛经济学家分论坛每年都会邀请这一年里有影响的经济学家,紧扣当年的主题进行讲演。本届经济学家论坛的主题是"改革创新与稳增长"。当前,中国经济增长处于特殊时期,我们既面临经济增长下行的压力,又面临体制上攻坚克难的历史重任;我们既要保持经济的稳定增长,又要调整经济结构,对我们来讲这也是新的历史机遇。我们现在面临的环境是过去中国历史上从来没有遇到过的,一方面,经济快速发展,中国崛起为世界第二大经济体,并继续保持良好的增长势头;另一方面,改革开放三十多年来的高速发展,以及国际环境的变化,中国经济又面临一些新的困难和挑战。对我们来说,现在要找到一个单向的、一剂良方的良策并不容易,经济学家对经理论问题的讨论尤其珍贵。我们举办这次活动,希望引起经济学家群体和社会各界的关注与讨论。今天我们邀请了很多重量级嘉宾,希望这些讨论能给听众,并通过媒体给社会传递经济学家的集体认识。

卢中原

国务院发展研究中心原副主任

警惕行政化回潮和平庸化

我的演讲题目曾经还有点小插曲，主办方提醒说，安排你在经济学家年度论坛上发言，你这个题目谈的是"警惕行政化回潮和平庸化"，听起来不像是经济学家讨论的问题。其实这个题目正是在讨论改革和经济运行中遇到的难题或新情况，十分有必要引起大家的关注。

我们这个专题论坛的主题是"改革创新与稳增长"，而我的演讲题目是前不久在全国调查，包括在深圳的调查中提炼出来的。当前的中国经济，不管是稳增长也好，发展转型也好，鼓励创新也好，都有三个危险的倾向：一是行政化回潮；二是平庸化；三是保守化。我把今天的发言聚焦在行政化回潮和平庸化，因为我觉得平庸化也包含了保守化。

行政化回潮已在多方面凸显

党中央在十八届三中全会明确提出"使市场在资源配置中起决定性作用和更好发挥政府作用"，大家一定不要忘了，"使市场在资源配置中起决定性作用"是放在前面的。我要提醒的是，市场化和行政化是一对矛盾，现在我们的行政化回潮对"市场在资源配置中起决定性作用"起到一定的干扰。"更好发挥政府作用"是不是意味着偏好用行政力量去配置资源呢？回答是否定的。政府改革的方向应当是简政放权、放管结合、优化服务，而我们看到的却是行政权力干预市场配置资源的力度越来越大，行政化回潮似乎正在积聚势头，这令人十分担忧。

关于行政化回潮最突出的表现，可以从不同的角度来给大家提示。

第一，从宏观经济政策的角度来看，稳增长的目标靠行政干预的力量明显加强。宏观经济政策要达到稳增长的目标，除了必要的需求管理外，最根本的是依靠可持续的新动力。可持续的新动力依旧是要靠市场形成而不是靠行政的强力推动。大家都知道，我们面临着产能过剩、库存积压、负债率过高等突出问题，在"三去一降一补"（去产能、去库存、去杠杆、降成本、补短板）过程中，我们看到行政化强力推动的最新例子表现在去产能、去库存的领域。2016 年 6 月钢铁、煤炭去产能的规划只完成了 30% 左右，6 月当月中央政府派下去督查组，到 8 月迅速完成了 70% 到 80%，这一下全年的计划可以如期完成了。大家想想，这个到底是行政强力推动的过程还是市场配置资源的过程？

如果靠市场价格引导的话，钢煤等相关行业的产能过剩是很难去掉的，反而可能出现加产能的过程。据我观察，2016 年以来太原煤炭交易市场中心的煤炭价格指数和我国的内河航运价格指数都在不断上涨，大宗商品价格指数、基础价格指数普遍上涨意味着供给跟不上需求了，这种市场信号会引导企业增加生产。在这种情况下，用行政强力推动去产能，必然和价格高企、供求失衡的市场信号发生矛盾，企业在这个时候该遵从什么？

去产能和去库存有助于腾出市场份额，可以使供给、需求更好地衔接起来，这也是供给侧改革最根本的要义。常识告诉我们，供需衔接在市场上是靠价格信号体现的，供求不衔接，要么价格高企，要么价格急剧下跌。现在市场发出价格高企的信号，反映了供给不足而不是过剩，作为市场化配置资源的供给主体，企业遵从行政命令减产和压缩产能，有利于供求衔接和结构调整还是相反？这需要我们宏观调控当局认真总结、反思。这是第一个需要警惕的。

第二，需要警惕的是我们的老工业基地行政化倾向太重。直到现在，老工业基地的计划经济积习和行政化惯性积重难返，尾大不掉。不管是面对工业转型、招商引资、经济发展，还是处理国企改革、社会负担和历史遗留问题，按计划经济和行政化办事的思路与习惯几乎没有减轻。要解决一个难题，动不动就是成立政府的官僚架构，设一个局级、厅级或处级的行政单位，或者把事业单位变成行政系列里面的一个处级、厅级机构，这种陈旧落后的习惯势大力沉，现在还有回潮。已经进行改制的国有企业包括上市公司，虽然形式上改了，但是内部机制和思维方式仍然没有摆脱旧的计划经济习惯。

前不久我去黑龙江调研，一个大型老国企的上市公司显赫地展示了历代领导人的视察，"共和国长子"的贡献，介绍到企业绩效却比较粗放，只有工业总产值等几个陈旧指标。我当时提了一个问题，你们是上市公司，竟然还在展示计划经济时期看重的工业总产值等老指标，而国家早已不再统计工业总产值了。对上市公司来说，展板上没有工业增加值、上交国家的税收、给股东的回报、净资产利润率等这些最重要的新指标，是令人遗憾的，建议今后补上。当然，不能仅凭这一点就否定这家企业的绩效和贡献，但这个细节反映出计划经济、行政化观念的影响，在思维深处忽略市场化的判别标准，在行动上就容易接受行政化的评价和干预。

第三，改革开放先行地区也有行政化回潮的隐忧。我在深圳调研过关于如何鼓励科技创新的情况，整体上深圳的创业创新氛围在全国名列前茅，先行先试的改革开放精神令人非常钦佩，许多举措值得在全国复制和推广。同时，我也发现一些令人担忧的问题，例如，有的政府主管部门把过去废除的旧办法（如以政府资金直接入股）捡起来，试图用这个办法直接参与企业投资以鼓励科技创新。又如，对新型科研机构采取"一刀切"的行政化管理办法。新型科研机构是国务院根据大量调研尤其是深圳的成功实践而定的新概念，并且出台了支持政策。新型科研机构和现有科研院所、高校、企业是不大一样的，对后者兼而有之。但现在还是用行政化的思路和办法去巡视、审计这些新型科研机构，完全不顾当初设立的性质和章程规定，有碍它们的发展。在深圳这样的改革开放创新前沿、新的增长动力不断生成的地方，习惯于用行政性的办法去管理新兴事物，这是一种倒退。像东北那样的老工业基地和计划经济包袱沉重的地方，各种问题积重难返、尾大不掉，人们还容易理解行政化回潮的原因。然而在深圳竟然也碰到这样的问题，才更值得忧虑。

我本来希望在深圳决策咨询委员会上把这些问题毫不掩饰地向当政者提出来，前不久我在深圳交通论坛已谈了一些针对性看法，今天借这个大梅沙论坛再次谈谈我的忧虑，已经不局限在深圳。这次着眼的面得更广一点，呼吁大家一定要警惕退回到行政化、计划经济的思路里。

要避免平庸化销蚀改革的动力

前不久全国政协中国经济社会理事会在重庆举行了一个关于创新的论坛，我提出鲜明的论题是鼓励创新必须攻克行政化、平庸化、保守化三大最突出的障碍。会后他们告诉我，大家反响比较强烈，表示认同。今天我不展开那么多，我再讲讲平庸化。

平庸化对于新动力的培育和成长是非常有害的，它严重销蚀我们改革的动力。东北老工业基地的一个沉痛教训就是坐等国家的扶持，不停地等、争、要扶持政策和优惠政策，而放松努力，不思进取，在这样的过程中，加固了不创新、不突破的惰性。我们有些高新区的技术创新含量不如经开区，经开区的引资质量不如经开区之外的地方，这种情况比比皆是。深圳自己有人说要防止深圳的内地化和同质化，事实上，中西部很多内地省份大胆先行先试，改革开放的突破性和创新性在许多方面已经超过了深圳，大跨步地把深圳甩在后面。不如说，深圳作为改革开放先进地区，也有四平八稳、锐气不足的平庸化隐忧，这是深圳应当敢于破解的挑战。

我们要大力度地推进去行政化的改革，不仅是在教育、科研、卫生、文化领域，更重要的是在市场化配置资源最基础的企业领域，包括国企改革的领域，以及宏观调控领域等。这些方面的任务还非常繁重，需要鼓励大家敢于突破，敢于创新。我提出授权免责的观点，有些改革开放先行地区叫作建立容错机制。如果不授权就让人家先行先试，还要突破旧体制，还要从事颠覆性的技术创新，结果一来审计、来巡视，管你什么新型科研机构，什么先行先试，原来允许的体制创新都不算数，继续处分，党纪国法处理，我们还能有什么创新？在科学发现、发明创造和技术创新领域，国家已经提出宽容失败的理念，这个理念能不能也应适用在经济体制改革领域？我觉得，要授权免责，建立容错机制，这是深化改革开放非常重要的一条。

还有很重要的一条是，一定要引导我们的企业和创新者增强转型定力。中国经济的下行压力比较大，主要是供给面的三大要素——劳动力、资本的供给和效率提高发生了根本性的变化。前两个因素贡献已经逐步地削弱，其贡献率的增长明显放慢，经济增长不排除短期波动中的上行，但中长期经济增长曲线已经进入抛物线的下行通道。从需求角度说，中国的工业化、信息化、城市化和农业现代化进程远未完结，投资和消费两大内需潜力仍十分巨大，支撑未来增长的需求基本面没有根本削弱。即使经济增速放慢到6%～7%，在全世界仍然是最快的。稳增长和经济转型更重要的是转到主要依靠效率提升的因素上来。我们要引导微观的市场主体、创新主体、研究者、政府官员、舆论界增强转型定力，面对经济下行压力不要怕、不要慌、沉住气，才能敢突破，有创新，在改革中找到新的出路。

谢谢大家。

布林克·林塞（Brink Lindsey）
美国加图研究院研究副总裁

跨越增长面临的障碍[*]

　　我演讲的内容是关于缓增长以及妨碍增长的因素。缓增长是当前全球经济的主要挑战之一，很多国家都在经历这一问题。然而这是一个很严重的问题吗？世界经济在发展，各国比以往任何时候都更为富裕，与20年前相比，美国的富裕程度有显著提高，中国经济体量也有了巨大的提升，所以现今经济增长略微放缓，真的是严重的问题吗？我认为答案是肯定的，因为经济增长的影响不仅限于经济领域，也不仅限于物质生活标准，缓增长实际上也牵涉很多社会和政治问题。现代经济就像是骑自行车一样，当你突然停下来的时候，你不可能保持静止、维持平稳的状态，而是会有不好的事情发生，譬如摔倒受伤，像我这个年纪的人，甚至还会骨折。在现代经济中，当经济增速放缓，很多社会冲突与矛盾就会浮现，正如美国和欧洲当前的状况一样，民族主义、仇外情绪、贸易保护主义纷纷抬头，这些社会问题反过来再造成更大的经济问题，如此往复形成一种恶性循环。所以，今天我想和各位分享的是，妨碍发达国家和欠发达国家经济增长的结构性因素——尽管经济滞缓是个全球现象，但这两类国家面临的问题既有相同也有差异，我将分别对这两类情况进行讨论。

　　首先，发达国家和欠发达国家共同面临的阻碍经济发展的结构性因素是不断

　＊　本文根据现场同传速记整理而成，未经讲者审定。

减少的人口增长，其对 GDP 总量增长的影响是显著的：人口增长缓慢意味着劳动力增长缓慢。劳动力投入是构成 GDP 增长的主要元素，投入减少了，产出自然也会减少。虽然这一因素对人均 GDP 的影响还不清楚，但有证据表明人口老龄化、人口增长放缓和生产力增长放缓有关联，原因可能是创新需要承担风险，需要一定的冒险精神，而年长者往往趋于保守、规避风险，对改变有所迟疑和担忧，因此在一个年长者较多的社会中，经济的活力很可能远逊于在年轻人居多的社会。此外，庞大的市场也会刺激创新，毕竟在规模逐渐扩大的市场中比在日益萎缩的市场中能够获得更多的利润。人口增长促进市场规模的扩大，进而推动创新。因此，人口增长放缓甚至像日本出现逆增长，创新的驱动力也会减弱。

我再讲一下发达国家特有的问题，这些问题包罗万象。经济增长可以划分为四个组成部分：一是劳动力的增长，即人均工作时间；二是劳动力质量的提升，也就是技能；三是投资以及资本的累计；四是全要素生产率的增长，或者说单位劳动力资本产出的增长。

在这四个方面，美国、欧洲都出现负面消极发展、预警信号、增长放缓情况。首先，实际工作时间，即实际投入的劳动力方面的问题。美国的劳动力投入、人均工作时间在过去 25 年间持续下降，一定程度上就是人口原因造成的。随着人口老龄化，退休人口日益增多，劳动力参与下降，平均劳动人数的比率也在下跌。

除了人口因素，劳动力参与的下降还有别的原因。比如说更加年轻的人口参与的劳动比例和高技术人口参与劳动的比例都在下跌。年轻人劳动力下降的原因很复杂，但一定程度上与最低工资脱节有关。对于缺乏劳动技能的人口来说，数十年停滞甚至下跌的薪酬大幅降低了他们的工作积极性，以至于越来越多的将成为低劳动技能人口的劳动力直接选择放弃，依赖社会安全网或者其他非正式的途径为生。

其次，由于过去几年我们在教育水平和劳动人工的技能方面做出大量投资，劳动力的素质和技能有了显著的提高。1900 年，美国 18 岁的人口中只有 6% 的人高中毕业，只有极少数人大学毕业。至 1970 年，80% 的美国人口取得高中文凭。20 世纪下半叶，大学毕业率也有了明显提升。然而这一增长从 1980 年起开始停滞，80 年代以来的一些增长主要源于女性大学毕业率的提升，男性大学毕业率却再未有所变化。我们可以看到，在教育水平和劳工技能方面大量投资的红利已经耗尽枯竭，因此劳动力的技能水平进入停滞状态。提升劳动力技能够大幅增加劳动生产率，而现在这一增加劳动生产率的动因已收效甚微。

我们再看资本的聚集带来的经济增长。在美国，我们看到投资的增长有所放缓，产品的投资净额和储蓄率在过去十几年里日趋减少。像在发达国家人们去存钱的愿望是非常低的，这也削弱了我们介入生产性投资的实力。

最后是生产率的增长，不是增加投入，而是发掘更多途径以增加人力资本的产出，也就是我们所说的创新，在过去几十年里，发达国家的人力资本的投入也是越来越少，而且是趋缓的。比如说美国在 20 世纪 90 年代中期后的十年间生产效率蓬勃增长。欧洲并没有这样一个时期，日本同样也没有。然而即使是美国生产效率快速提升的红利也已经过去了，我们现在重回生产效率增长放缓的七八十年代，甚至近年来增速比七八十年代还低。所以，现在构成 GDP 增长的四项指标都处在平台期。

对欠发达经济体来说，我提两个增长的面向。一个是外部因素，即绝大多数发达国家经济增速都有所放缓，因此发展中国家的出口需求就会下降，特别是在中国。中国在过去几十年里的增长速度非常快，因为中国除了国内市场外，还拥有广阔的海外市场，可以依靠比较富裕的发达国家，出口需求增长非常快，比只依靠内需的拉动经济增长更为迅猛。因此当发达国家市场需求减少，出口对于经济增长的驱动红利也逐渐减少。发展中国家面临阻碍经济增长的另一个内因是所谓"中等收入陷阱"。这到底意味着什么？"中等收入陷阱"是指当 GDP 达到一定的程度和水平，我们就会看到增长速度有非常大幅的下滑，比如说之前很多国家可能在很长一段时间内维持 10%、7%、8% 的增长，达到人均 GDP 15000 美元的水平以后，GDP 的增速会急剧下滑。为什么会出现这种现象？这需要我们先了解经济增长的两个基本情况，即追赶式增长和技术前沿的增长。发展中国家通过学习发达国家的技术和商业模式，实现追赶式的增长，这样它们的增速反而比发达国家更快。发达国家是在创新，发展中国家或是欠发达国家只是在模仿、抄袭，根据本地的情况使用国外的技术和商业模式，这也是相对比较不公平的。当我们的技术达到比较先进的水平，就需要通过创新进一步驱动下一阶段的增长。比如说发达国家已经把路探好了，像在森林一样，发展中国家巡着人家探好的路走，非常快，一旦达到大家都差不多的水平，前面就没有人帮你探好路了，我们需要一起砍树，一起探索新的路，可能增长的速度就不会像以前那样快速。而且如果我们没有最优的政策和机制以维系我们立于前沿地位，我们的增幅可能会大大降低。实践证明，一些政策和机制对于帮助欠发达国家摆脱贫穷十分有效，然而却并不适用于科技达到前沿的国家。事实上，正是由于过去的这些政策和机制曾取得重大的成效，它们在这一过渡中也会成为改革最大的阻力。

那么，有什么办法可以解困呢？从 2007 年至 2009 年经济危机开始，美国已经开始讨论缓增长这一现象，对于未来增长的预测，大家的一个共识正如俗语所言，"树上低垂的果子我们已经摘完了"，也就是说我们可能已经把相对比较容易让经济增长速度快的方法耗尽了。同时大家也一致认为那些最富成效、最具变革性的科技进步已经全部在 19 世纪末、20 世纪初实现，未来将很难再有同样的历史契机轻易实现颠覆性的科技进步。我并不喜欢这个结论，但事实却是如此。从贫穷的农业经济到富有的工业经济，甚至后工业经济时代，我们已无法再复制那些变革。所以我同意欠发达国家是有优势的这一观点，且随着一个国家经济的持续发展，可以采摘的"低垂果子"日益减少，想要进一步取得经济增长也更加困难。

我认为政策方面的改革是为发达国家提供更多"低垂的果子"，为欠发达国家解决中等收入陷阱挑战的方法。我们可以看到很多国家的经济政策对经济增长来说并非是最优的，甚至有很多政策阻碍创新和经济活力。因此，如果我们想要恢复到过去几年比较稳健、强势的增长态势，那就需要在政策方面采取深度改革。像在发达国家，政策改革主要集中在社会政策、社会安全网以及影响劳动力参与度的劳动力市场规则三个方面。从整个世界来看，技能训练与教育切实提高了劳动力的质量，进而有望提高劳动力生产率。同时世界范围内也存在着很多障碍，市场准入的障碍、企业家精神的障碍、恶性竞争、市场垄断、创新精神减弱等都影响着生产率的增长。

如果存在解决方案，仍存在"低垂的果子"，我们能够摘得到这些果子吗？这些解决方案能够实现吗？我觉得还是有希望的。我们现在有经济放缓的趋势，从好的方面来看，就像光束透过乌云，这样的经济放缓刺激决策者进行促进经济增长的改革。在外部条件对经济增长十分有利的情况下，决策者们可能更多只想着怎么分蛋糕，而不用想怎么把蛋糕做大，但如果现在经济状况没那么好，如果推行的政策不能改善经济状况，民众将对决策者不满，进而影响下一届的选举，决策者们就会更加有压力，更加关注怎样让经济更加健康地增长。在美国，70 年代末 80 年代初由于经济状况低迷，曾进行过一些去调控、结构性的改革。在世界范围内来看，经济下行后就会迎来经济改革。因此我们有足够理由保持希望。然而我们也同样有理由对此担忧。经济增速放缓，我们有更大的压力要去改革，一旦我们做了变化，是不是结果一定更好，万一结果更差怎么办？这都是我们会担心的事情。事实上这种担忧都是有可能的。因此经济增速放缓可能导致我们采取目光短浅、具有危害性的政策。正如我们现在正看到的，美国和欧洲都出现了经济民粹主义、反移民、反全球贸易的政策，这些都很可能危害经济增长。

那么我是悲观的还是乐观的呢？作为一个美国人，这场令人沮丧的大选正酣，我恐怕担心更多。然而这只是我个人的观点，我也希望我是错误的，我希望别的国家能避免重蹈这些覆辙。

谢谢大家，我今天分享到这里。

郑新立
中国国际经济交流中心副理事长

实现"十三五"的最大新动能

女士们、先生们，大家下午好！

"十三五"是中国发展的关键阶段，因为我们正处在由中高收入国家向高收入国家跨越的爬坡阶段。如果能够实现"十三五"双倍增的发展目标，即GDP总量和城乡居民人均收入到2020年比2010年各翻一番，据我计算，到2022年我国人均GDP按照市场汇率计算，就可以达到1.2万美元这个高收入和中高收入的分界线，13亿人就能跨入高收入国家的行列。

当前我们的发展遇到一些新的矛盾和问题，经济下行已经经历了六年，2016年第二、第三季度增速下行已经停止，第一、第二、第三季度与上年同期相比都保持了6.7%的增长速度。经济运行中还有一些不正常的问题，突出的是投资结构出现了巨大反差。

一是国有投资和民间投资增长速度出现了巨大反差。国有投资增长20%以上，民间投资出现了负增长和2%的低增长。

二是房地产的投资和制造业的投资出现了巨大反差。最近几个月，银行新增贷款大部分流入房地产，制造业的投资在六七月份出现负增长，八月份回升到2%左右，处于低迷状态。

三是海外投资暴增，国内投资增速缓慢。上半年海外投资同比增长67%，国内投资增长速度只有8%。

我觉得投资结构上出现的这三个冰火两重天孕育着风险，所以必须采取有效措施。当前在宏观调控上需要把握好三个辩证关系：

第一，要把握好近期和长期的关系。长期发展目标不能够拿到年度计划里面实现。特别是结构调整目标，不能期望在一两年、两三年，甚至一个五年计划就能全部解决问题。比如说我们要实现产业结构由劳动密集型、资源密集型为主转变到技术密集型、知识密集型为主，没有十年、二十年以上的努力是不可能的。

第二，要把握好供给和需求的关系。一方面我们要推进供给侧结构改革；另一方面也要扩大内需，把经济增长的巨大潜力释放出来。

第三，要把握好内需和外需的关系。海外投资固然重要，但是国内投资才是我们经济发展的主要动力所在，只有扩大国内投资才能拉动内需，拉动国内经济的增长，增加就业，而且内需的扩大、国内增长的态势好了才有更多的力量到海外投资。

只有把握好这三个辩证关系，才能实现国民经济的持续稳定健康发展。

"十三五"还剩四年多的时间，我觉得最最重要的就是要通过深化改革，释放经济增长的新动能，现在看来，新动能大体有四个：

（1）通过投资体制改革推行 PPP 模式来增加公共产品供给。但我觉得基础设施的投资高峰期已经过去，我们已经建成了全世界最长的高速公路网、高铁网和信息网络，基础设施的投资也不能过度超前。

（2）通过税制改革继续鼓励发展第三产业。我国第三产业已经经历了连续多年的高速增长，第三产业增加值占 GDP 的比例已达 50.5%，仍有较大增长空间，但是第三产业的发展要以实体经济为基础，与第一、第二产业的发展相适应。

（3）通过改革科技、教育体制，提高自主创新能力，带动产业升级，进而形成新的经济增长动能。这个动能可以说是带有根本性的，但是我们必须清醒地看到，以自主创新带动产业升级，特别是创新能力的提高，需要人才的积累、知识的积累，不是一朝一夕就能实现的。目前以新技术带动的新经济，其比例仅占 GDP 的 10% 多一点，即使新经济以两位数增长，如果传统产业处于低迷状态，也不足以拉动整个经济的持续健康发展。对于自主创新带动产业升级也不能急于求成。

（4）通过建立城乡一体化发展新制度带动城乡协调发展，是实现"十三五"目标的最大新动能。主要通过城市带动农村、工业带动农业，加快农业现代化、新农村建设和农民工市民化的步伐。

一是加快农业现代化。现在我国农业效率很低，有 2.2 亿农业劳动力，2015

年农产品的进出口搞了 400 亿美元的逆差；荷兰只有 22 万农业劳动力，农业劳动力是中国的千分之一，2015 年农产品出口顺差 400 亿美元。通过农业的现代化释放农业富余劳动力，提高农业的国际竞争力，可以带来对农用生产资料和水利设施的巨大需求。

二是搞好新农村建设。中西部农村还处于比较落后的状态，通过新农村建设，改变农村基础设施和公共服务落后面貌，使农村成为比城市更吸引人居住的地方，可以拉动对建筑业和服务业的巨大需求。

三是加快农民工的市民化。全国现在有农民工 2.8 亿人，留守儿童 6000 万人，留守妇女 4300 万人，留守老人 4000 万人，共有 4 亿人口处于全家分离状态。对于这 4 亿家庭分离人口来讲，他们朝思暮想的是全家团聚。通过加快农民工市民化来圆 4 亿人民的全家团圆梦，可以带来对城市服务业和市政工程的巨大需求，拉动城市房地产业的持续发展。

搞好这三件事，需要加快改革的步伐，核心是改革农村土地管理制度，包括农村的承包地、宅基地、集体经营性建设用地制度改革。十八届三中全会已经提出改革农村土地制度的具体部署，就是要赋予农户对农村土地的法人财产权，所有权归村集体，法人财产权归农户，农户有了法人财产权，土地的使用权、经营权就可以抵押、担保、转让，土地就可以进入市场，就能够商品化了。我国农村发展滞后，根本原因在于农村市场化改革滞后。城市的市场体系已经非常发达了，各类生产要素都已经商品化了，而农村的生产要素还是半市场化或没有市场化，生产要素流动的规律是哪里能赚钱、哪里价格高就流向哪里。所以，改革 30 多年来，农村的劳动力、资本、土地源源不断流向城市，而城市的资本、技术、高素质劳动力流不到农村，城乡市场之间基本上是一个单向流动的市场。在城乡资本市场之间形成一个堰塞湖，城市的资本严重过剩，农村的资本极度短缺。现在就是要打破城乡资本市场之间的堰塞湖，通过架设土地这个平台，撬动银行贷款和社会投资进入农村。如果"十三五"期间能以农村三块地的用益物权为质押，撬动银行贷款和社会投资 20 万亿元，投入到农村现代化、新农村建设和农民工市民化，农村的面貌就能迅速改变，到 2020 年实现全面小康就有了可靠的保证。现在城乡居民收入比为 2.7:1，最低的是浙江，城乡居民收入比是 1.7:1。如果到 2020 年，全国能够达到浙江现在的水平，6 亿多农村人口的收入水平、生活水平将会有一个大幅度提高，城乡差距就能够大大缩小，由此将释放出巨大的增长潜力。

"十三五"这件事如果做好了，我们就不用发愁经济下行了，经济就会出现持续健康的增长局面，7% 到 8% 的增长速度可以保持到 2030 年。所以关键在于加快城乡一体化的改革。

2016 年 4 月 30 日，习近平总书记对城乡一体化问题有一个重要讲话，他提出"新五化"的概念，就是要努力实现城乡居民基本权益平等化、城乡公共服务均等化、城乡居民收入均衡化、城乡要素配置合理化、城乡产业发展融合化。这里最关键的是城乡居民基本权利平等化，现在有什么不平等呢？突出的是两个不平等：

一是财产权益不平等。城里人的房子、土地完全商品化了，特别是北、上、广、深的居民最近房价暴涨，财产性收入、财富效应都显现出来了，农民眼睁睁地看着城里人的财富迅速增加，而他们的房子、土地分享不到城市化过程中财富增值的效应，这是最大的不平等。

二是户籍上的不平等。农民工尽管为城市发展做出了巨大贡献，他在城里干了二十年、三十年，由于他的农村户口使他们分享不到城市户籍所附加的各种公共服务。只有加快改革，使城市的过剩资本不是流向房地产，也不是流向海外，而是流向农村，加快改变农村落后的面貌，这才是"十三五"要做好的大事。"十三五"如果能在缩小城乡发展差距上取得突破性进展，我们就能保持经济的持续稳定增长。

最近国家发改委、住建部和中财办联合在浙江召开了发展特色小镇的经验交流会。我认为发展特色小镇是城乡一体化的突破口，就是要在大城市、特大城市周边地区，在一小时生活圈的范围内，选择一些条件好的小镇，鼓励城市里的企业、大学、研究机构、医院迁到这些小镇，像德国一样打造一大批特色小镇。德国是城市化高度成熟的国家，城市化率已达到 90% 以上，然而有 70% 的人口住在小城镇。如果我们能建设一批特色小镇，作为城乡一体化的依托，就能带动城乡一体化的发展。

陈东升

董辅礽经济科学发展基金会会长

全面迎接创新效率时代

谈到创新确实是城市创新竞争力的重要表现，把深圳的市场培养起来，就把高端的社会群体培养起来。深圳还有一些好的动作，把武汉大学、中山大学引来，这也是一个城市竞争的高端方式，只有把人才留下来，你的产业才能兴起来。大家回头看一看，美国的硅谷就是因为斯坦福大学的建立，所以我对大梅沙论坛表示祝贺，培育这个思想市场也是深圳未来核心竞争能力的重要基础设施建设。

我来是向郑主任学习，我还是一个企业家，作为企业家有些思考是不系统、不深刻、不全面的，供院长们批评、批判。我也在思考，主要从企业家的角度看当前最核心的、党中央对于经济的判断和重要的战略部署，一个是新常态，一个是供给侧结构性改革。

其实新常态慢慢我们在研究的过程中，认识在逐步地深化。新常态就我的理解，就是社会经济的深刻转型，就是工业化社会向后工业化社会转型，就是从投资出口向内需和消费转型，更重要的是从制造业向服务业转型，这是我的学习。什么是新常态，实际上是社会经济大结构的大转型，而"十三五"规划讲的"城乡一体化"是社会转型最核心、最重要的一部分。

供给侧结构性改革有很多不同的观点，从我的角度来看，供给侧结构性改革就是过去我们国家35年经济取得成功，这是全世界没有的模式。比如说深圳，有一个老人在南海边画了一个圈，诞生了一个世界级的城市，土地不是共产党的、不是国家的，这就是中国特色。农民没有土地又怎么能形成 3 亿农民工，3 亿农民工就是现代产业工人，他们离乡不离土的来到沿海发展城市，3 亿农民工托起了中国的现代化，养活了过去我们所讲的美国 3 亿中产阶级，这个故事已经完了，这是过去我们的成长。

还有很重要的一点是，土地是国家的，我们的基础设施建设、高速公路、高速铁路，整个基础设施建设的成本是全世界无法比拟的，中国的成功是世界不可模仿的、不可学习的、不可复制的模式，这就是当年留下的高效中央集权体制，高效的政府加上土地公有，再加上农民工，大量的人口红利托起了我们的现代化。邓小平最重要的改革其实就是把计划经济变成市场经济、把公有制变成混合所有制，这个机制体制改革巨大的能量和我们留下高效的政府、土地的公有、产业工人、现代农民工巨大的人口红利构成了今天中国的梦或是中国的崛起，这是我一直以来的观点和看法。

正因为三十年政府主导经济，所以在投资与出口方面，大家都知道 20 世纪 80 年代我们讲的国际大循环理论，其实也是从陈云同志讲来料加工，最后形成国际大循环，构造了今天工业化的成就，这就是中国过去以出口为导向，形成以出口、投资拉动，投资、出口拉动的过程同时又带动城市化的过程。由此工业化的过程也是城市化的过程，也是以出口为导向的过程，这是我们过去三十年整个成功的模式。

长期以政府为导向，国有经济、民营经济、外资经济"三驾马车"在政府为导向下形成的惯性，到今天开始不适应这个社会了，也就是说重复的投资，没有适应今天这个社会。由于中产阶级形成了，甚至老龄化时代到来了，整个社会结构发生变化，消费的需求发生变化，但是我们投资的驱动，我们需要供给的驱动是以政府为主导的，需求结构、供给结构的变化严重没有跟上需求的变化，我讲的供给侧结构性改革其实就是市场化的改革，或是深化市场。

我不知道经济学家怎么解读，我的解读供给侧结构性改革就是市场的深化，就是要进行更深入的市场化改革，才能够适应人口结构变化、财富结构变化带来的需求结构变化的新的需求，不会再出现亿万人出国、亿万财富出国，比如大家都去日本买马桶盖，这就是我们的供给没有配上需求，所以供给侧结构性改革就是市场化改革。

回头再看中国三十多年的改革，我从企业家的角度来看，最早叫"万元户"，胆子大的要有勇气去拥抱市场，那个时候的人们观念没有转过来，所以第一波人叫"万元户"，叫胆子大的人。第二波就是我们所讲的"双轨制"的时代，进入一个"寻租"的时代，"寻租"的时代一直形成到习总书记的这次在中国历史上前所未有的反腐运动，终结了土豪时代的模式，终结了官商利益输送的纽带的模式，英国的工业化运动、美国的崛起运动都是血与火的过程，其实中国在工业化的过程中是世界上最文明、最温和、最成功的，但也伴随着这样的过程，也就是我说的"寻租"的过程。第三波就是"92派"，什么是"92派"？"92派"就是1992年邓小平南方谈话，其实我后来把这个都弄清楚了，在1986年就定下了关于股份公司和有限公司的文件，后来压下来了，邓小平南方谈话以后，朱镕基副总理把这两个文件找出来了，用体改委的名义在1992年颁发了《有限公司示范条例》《股份公司示范条例》，我们是拿着这两个文件像红宝书一样学习。我就是用这个文件抄我的章程，这个时候开始是模仿的阶段，我有一句话："创新就是率先模仿。"中国开始在第三波进入模仿和专业化的时代。今天又进入一个新的时代，这个新的时代就是马云讲得很多，慢慢我们总结和归纳的"生态链"，"生态链"就是整合，"生态链"就是打造辛迪加，辛迪加是一个大的联合集团，进行横向、纵向整合形成的阶段。今天的企业家要进入第四个阶段，也就是整合、创新、智慧的阶段。从勇气、寻租、模仿到今天真正地进入创新时代，这个时代是这样走过来的。

核心还是抓住主题，供给侧结构性改革和新常态，再回过头来看，中国企业四步走的过程，再看中国经济发展的过程，其实用八个字四个词就可以概括，深圳有一句话"时间就是生命，速度就是金钱"，过去是速度，速度就是跑马圈地的时代，跑马圈地结束了，今天要进入效率的时代，效率的时代就是整合的时代，就是收购兼并的时代，就是大企业的时代，就是出大企业家的时代。所以今天所提出的"大众创业、万众创新"，这是一个很伟大的思想，我们也要告诫年轻人，是不是大家都能从过去比尔·盖茨的时代到今天大企业的时代，大企业形成生态链，中小企业伴随大企业形成一个一个生态的时代。

同时从模仿进入创新的时代，比如说我创三个企业，其实最早是拍卖，包括毛总也是把穆迪的评级引到中国，包括快递，宅急送是最早引进中国来的，但现在做得最好的是顺丰，顺丰也是这次会议的赞助商。泰康保险也是把西方的模式拿到中国来进行创新。

走到今天，所有的模仿已经过去了，中国开始进入创新的时代，阿里巴巴、微信、高铁、核电站，所谓在创新的过程中学习、模仿，一个后发国家一定是通过模仿接近发达国家，还要在这个过程中进行创新。今天判断中国进入的状态，我认为是从速度进入效率、模仿进入创新，那么效率驱动、创新驱动会成为未来十年、未来二十年中国经济最核心、最高层次的判断，所以效率的时代就是整合的时代，就是收购兼并的时代，就是金融工具、金融彻底渗透经济的时代。

创新，个人创新、企业创新，包括城市之间的竞争也进入创新时代。十年前深圳大量的企业在外移，深圳经济第一季度出现了负增长，政府很忧虑。我说这很正常，中国的产业结构进行转移了，这是好事，中国进入产业结构转型时代，一个国家起来向另外一个国家转移，中国这个大国从沿海向中部，中部向西部，我们可以进行两次产业转移，这在全世界是没有的。

今天的创新，产业集群、人工智能时代是不是还有所谓的印度崛起、越南崛起呢？我看没戏了。因为产业集群加人工智能，纯粹的单向劳动力红利让经济崛起、让工业化形成的时代过去了，所以我不相信很多人说去印度、去越南，我不相信。这是和大家随便聊天，有这样一些认识和看法。

十年后的今天，已经有人说，说深圳超硅谷，还有这段时间一个媒体的名人秦朔发起的"上海到底比深圳差在哪里？"大家听到另外一个概念——中国的硅谷，向所有年轻人一问，他们都会毫不犹豫地说是中关村，但今天不是这样的了，问大家，大家说今天的硅谷是深圳。当年的深圳垂头丧气，十年后的深圳成了今天，包括大梅沙论坛，包括我的母校武汉大学，深圳给 100 个亿，给 1000亩地，校长问怎么样？我说不用犹豫的就去，深圳已经进入教育高端智能的竞争、人才的竞争，如果把科研院所、把一流大学、把大梅沙论坛这个思想种起来，深圳就会成为整个社会潮流的引领，一定是高端人群的聚集，一定是科学家的聚集，一定是最优秀年轻大学生的聚集，这个城市才能成为硅谷，才能成为洛杉矶或是加利福尼亚、旧金山，一定是这样的。我也去考察美国的生命科学，说到生命科学就属波士顿，波士顿有哈佛和麻省理工学院，同时也有麻省总医院，有癌症中心，没有一流的医院、没有一流的大学，生命科学中心是不可能的。第二个生命科学中心是硅谷，但你们谁都没想到第三个生命科学中心在圣地亚哥，圣地亚哥就是因为气候好，过去了几个风投家，风投在沿海边，其实就是私人企业，但是用研究所的方式研究，研究一个新药，新药可能 30 亿美元、100 亿美元。真正的华人首富，2015 年我们去旧金山见到了，是南非一个姓陈的华人在美国，他的药卖给大药厂，卖了 110 亿美元，就是因为在圣地亚哥。由于圣地亚哥的风投又带动加州圣地亚哥分校 60 个科学院的院士在做。深圳成为人才的制高点，需要一流的大学、一流的研究所把最优秀的年轻人聚集起来，而且深圳要起来必须深港一体化，把香港的优势发挥出来。

怎么看未来中国的经济？怎么看今天的社会，怎么看我们讲的供给侧结构性改革，怎么看新常态？就是速度进入效率，模仿进入创新，今天的社会就是创新驱动、效率驱动的时代，这是我要深刻讲的。

对未来中国经济的信心，我也讲了很多次，未来中国经济有信心建立在三个判断之上。第一，城市化、城乡一体化是持续拉动中国经济的第一发动机，它还是工业化的继续，城市化的继续，也是投资拉动的继续，因为我们的城市化率只有53%，应该达到97%，所以我们的城市化过程每年一个点向城市转型，农民转到城里，还有二十年的时间。工业化、城市化还会继续。

第二，服务业的崛起。经济结构发生深刻变化了，服务业的崛起这几年有几个重要的指标。三年前服务业第一次超过制造业，2015年服务业达到50%，这是一个很重要的指标，而美国农业3%，工业12%，剩下的就是服务业，服务业应该占到75%甚至80%，我们的服务业才刚过50%。服务业不仅是金融业、物流贸易业，其实工业社会解决的是衣、食、住、行，服务业社会解决的是娱、教、医、养，包括我现在做的大健康养老产业，服务业会大大拉动我们的就业，其实政府是解决就业，不应该管经济增长，就业解决了经济就增长，就业解决了社会就稳定，政府最根本的是社会充分就业。所以服务业是大大的吸纳劳动力，是社会稳定的基石。

第三，制造业的投资。我们的产能过剩，走出去，产能过剩、制造业升级换代，淘汰关闭；走出去，形成"一带一路"，亚投行是一个结合，没有金融的支持，"一带一路"是做不了的，"一带一路"是一个方向。

我说了一些对当前的创新认识，不对的请批评，谢谢。

胡必亮

北京师范大学新兴市场研究院院长

中国新型城镇化：多维的视角

谈到城镇化，大家都知道，它是推动经济增长的很重要的动力。对这样一种现象，大家都很熟悉。那么，我们究竟应该怎么理解城镇化呢？其实我们现在对城镇化的理解，是有很大偏差的，要做到正确地理解城镇化，我认为首先应该理解城镇化的本质是什么。刚才东升董事长提到，他所理解的新常态就是社会经济的转型。这很大程度上与我理解城镇化本质的角度类似。我认为，城镇化的本质就是指一种全面的转型——从农村向城镇的全面转型。首先是土地利用方式转变了，许多土地从农业使用转变为非农业使用；其次是产业结构发生变化，不仅有农业，还有大量的制造业、服务业；随着产业结构的变化，人们的就业结构也发生变化，农业就业比重减少，非农业就业比重增加；当然，大量的农业人口转变为非农业人口；人们的生活方式也发生改变。也就是说，整个的都发生了变化。因此我们可以看出，城镇化的过程实际上是全面转型的过程。

但是，如果我们看看现在关于城镇化的定义，大家都知道的，就是指城镇人口占总人口的比例。也就是说，目前城镇化的定义，仅只是将许多转型中的一个转型即人口的城乡转型包括进来了，其他方面的转型如土地使用的转型、经济结构转型、就业结构转型、社会转型等，都没有包括进来。因此，我们就会发现非常奇怪的现象，像阿根廷、巴西等发展中国家的城镇化率要比美国、德国、英国、法国、意大利等发达国家的水平都要高，因为目前的城镇化率只考虑了一个人口因素，其他因素都没有考虑进来。大家都知道，阿根廷和巴西的很多人进城后是住在贫民窟的，生活质量是比较低的。

因此，不论是从城镇化的本质来讲，还是从现实情况来看，我们都不能将城镇化理解成为一个一元的问题，否则就会出现上述的奇怪现象。如果我们认为城镇化是一个多维的现象，那么有哪些维度呢？

总体而言，城镇化是一个由许多系统构成的庞大系统，涉及许许多多的方面。根据我们的研究，比较重要的至少包括这样几个方面：一是需要考虑人口因素，人口从农村向城镇的转移是一个十分关键的因素，这也是其他一切因素发生变化的基础；二是要考虑到自然资源的使用情况，包括土地、水等的使用情况、使用效率，这对于中国而言尤其重要；三是要考虑经济可持续增长的因素，包括产业发展、就业机会创造等，要将城镇化推进与产业发展、就业机会提供密切结合；四是要考虑环境保护的问题，包括空气、水等的保护，不能因为推进城镇化而是环境质量恶化；五是社会公平与公正的问题，不能因为城镇化使一部分人得到很多好处，而另外一部分人得到的好处很少或完全得不到好处，加重贫富差别的程度；六是要考虑空间结构的合理性问题。

我们正是基于这几个维度的综合考虑后提出我们对于新型城镇化的理解问题的。也就是说，我们所理解的新型城镇化，就是一个多维的城镇化概念，而不仅只是一个人口维度的城镇化问题。当然，多维多到多少，这个是可以讨论的，我们目前只是提出了六个维度，你提出七个、八个甚至更多，肯定是有道理的，但总会有重点，我们主要是强调这六个方面的重点，以确定我们的研究边界。

大家目前都提以人为本的城镇化，其中重点在于促进农民工的市民化。很显然，仅仅用农民工的市民化来解释新型城镇化肯定是不够的。我是做新兴市场和发展中国家问题研究的，如果亚非拉按照我们目前"摊大饼"的方式搞城镇化，根据世界银行的研究，几十年后就需要四个地球才能承受，而这是不可能的。因此，如果资源利用效率不能提高的话，如果你不注意环境保护的话，地球的可持续性存在、人类的未来生存都是大问题。我们一定要有多维的视野，综合考虑城镇化问题，这就是我们心目中的新型城镇化。

提到农民工市民化问题，这里面有一个接轨的方向问题，是让农民工与计划时代形成的传统户籍制度接轨呢，还是让农民工和城市户籍居民都向市场接轨，由市场决定人们的城乡流动选择行为。我们当然认为应该是后者。

基于多维视角和多个因素分析的城镇化，与仅基于人口一个因素的城镇化，其结构完全是不一样的。我和我的学生根据以上提到的六个因素，对中国总体的和分地区的城镇化进行了研究，然后与根据单一人口因素形成的城镇化水平进行比较发现，结果相差很大。

以 200 多个地级市的研究结果为例，如果按照排序情况来看，只有深圳是一致的，两种城镇化水平都在全国排第一位。从第二名开始就不一样了，有的差别还很大，譬如宜春市、鹤岗市等东北地区的城镇化率按照单一的人口因素来排序，都比较靠前，但如果将六个因素综合考虑，就很靠后了，两者相差 200 多个位次。而不少东南沿海地区的地级市，按照单一人口指标计算的城镇化率排序而比较靠后的威海、舟山等地级市，如果按照六个指标综合计算出新型城镇化率后进行排序，都要前移 50 位以上。

很显然，你衡量城镇化的标准不一样，每个地区的城镇化结果就是完全不一样的。如果仅仅只是考虑到人口因素，东北的城镇化水平普遍比较高，但从多维视角的新型城镇化角度来看，东北的城镇化水平就不那么高了，不少地级市的城镇化水平都高估了 100 多位甚至 200 多位。道理很简单，你只考虑了人口因素，没有考虑资源利用情况、环境保护情况、经济可持续增长情况等。相反，如果综合考虑这些因素，不少东南沿海的地级市又都被低估了。因此，我觉得我们在考虑中国经济进一步的增长和发展潜力的时候，一定要从多维的视角来看问题，我的基本判断是经济增长和经济发展的潜力会大一些。

另外，如果我们从多维的视角来分析城镇化，就可以更加清楚地知道，不同的地区在哪些方面做得好，哪些方面做得不好，如何改进，以不断提高我国的城镇化质量。

最后，基于我们的研究，我想就促进中国新型城镇化发展的问题提出以下四点看法，也就是说，我认为以下的"四化"很重要。

（1）市场化。新型城镇化的动力一定源于市场，市场主导、政府引导。长期以来，我们的城镇化都是政府主导的，政府说在哪个地方建城市就在哪个地方建城市，这不符合市场配置资源的基本精神。

我们知道，城镇化是资源流动逻辑的一种结果，人往哪里走，钱向哪里流，不是任何人说了算，而是市场说了算。当然，也有例外，譬如说，由于某种特色的原因，国家需要在某地建设一个新城，特别是建设一个行政中心，这个不是由市场说了算，而是由政府说了算。除了这个特殊因素，其他都是资源流动逻辑的结果，也就是说，都是市场逻辑的结果。应该说，城镇化是资源流动的逻辑表现最显著、最典型、最强烈的一个领域。但现实情况却正好相反，城市发展往往又是受政府管理和控制最多、最强的一个部门。哪个地方要建一个城市，必须得到国务院的批准；哪个地方要撤销一个城市，通常也由国务院决定，城市是不能由市场力量来决定其是否破产的。

还有，过去东北不少地区的重工业发展都比较好，重工业基地集聚了很多人，人口比较多，因此国家批了不少地级市。但现在的情况变了，市场力量导致不少人离开了过去的城市，城市人口减少了，有的已经达不到地级市的标准了，是否可以将这些城市降级呢？现在一般不行，我想以后是可以的。也有另外一种相反的情况，过去是一个村庄，经过改革开放以来的快速发展，非农产业发展很快，人口增加很多，达到了10多万甚至20多万，年GDP也达到了几十亿、过百亿甚至几百亿，这些村是否能够根据情况变为市，而得到政府的认可呢？这些村的村长或书记希望当市长，是否可以呢？现在当然是不行的。我认为以后也应该是可以的。

因此我们的行政管理体制一定要改，过去规模大的城市、级别高的城市，如果现在不行了，可以把级别降下来；过去是村庄的，现在成长成为城市了，如果达到标准了，可以新设市，至少可以新设镇。这些新设的市或镇，也不用再走老路了，不用完全吃国家财政，而主要是由市场决定其发展规模和速度。这样的话，就可以形成一批民办的城或镇，不仅有利于促进民营经济的发展，还有利于丰富具有中国特色的基层民主政治的内容。

与市场化相联系的另一个重要问题，就是要加快和深化户籍制度改革。我们说要改革户籍制度，不是说要把农民工具有市场导向性的新城镇户籍改为传统的具有强烈计划时代特征的户籍，而是要适应市场经济发展要求构建新的城镇化户籍登记和管理制度。我们现在提出，未来几年，要解决1亿农民工的市民化问题，我认为不应该是把市场导向的农民工与传统的户籍和福利制度对接，而是与城市居民一样共同享受新的适应市场规则需要的新的户口管理制度和新的城镇福利制度。农民工的市民化，我认为是说，达到一定标准的进城农民可以享受市民化的待遇，但不一定要享受传统意义上市民的户口，同时城镇居民的户口不应该再享有特权。

如果我们的户籍制度改革和我们推行的农民工市民化，还是用传统的思维，把农业户口搞成传统意义上的非农业户口，我认为不是正确的做法。农业人口的市民化过程应该与资源流动的市场化决定紧密结合起来，我国户籍制度改革的很重要一点是要推进适应深化市场改革要求的新的户籍管理制度，而不是将市场化的人口流动登记管理方式纳入传统的城镇户籍制度框架中。

（2）集约化。主要是指资源的集约有效利用问题。现在很多地方，从资源承载力角度看，并不适合建大城市，但却用行政力量大搞，而且既不集约，也不节约，结果是搞得很多城市都缺水，有的城市严重缺水，有的城市都出现了地下水下沉的情况，这个是很危险的。没有合适资源的地方，不应该在那儿通过行政力量建城市；所有城镇建设，都应该走集约化道路，这也直接关系到城镇的低碳发展问题。

（3）智能化。现在的城市都在向智能化方向转型，智能化城市是未来城市发展的基本方向。智能化的产业，比如说物联网、互联网及其基础设施建设等，未来会有很大的发展空间。我们现在已经有很多智能化的小区了，以后整个城市的行政管理、医疗管理、交通管理、水的管理、食品安全管理等都会是通过智能化的方式来进行管理的。这样的管理方式，不仅有利于提高效率，也有利于减少城市碳排放，代表了未来城市发展的基本方向。

（4）生态化。城市到最后是一个生态的城市体系，这个体系是多种因素综合作用的综合体，因此我们必须用多维的视角来看城市。

以上"四化"是我们根据目前中国的现实情况，提出的城镇化发展的基本方向，也就是我们所理解的中国新型城镇化在目前必须注意的几个重要方面。我们认为，如果我们抓住了城镇化过程中的市场化、集约化、智能化、生态化问题，至少就抓住了新型城镇化的基本方向，否则继续推进的城镇化，还是老的城镇化，不仅旧的问题得不到解决，可能还会带来新的问题和麻烦。

我就讲这些，不一定对，请大家指正。谢谢大家！

刘元春
中国人民大学国家发展与战略研究院执行院长

2017 年中国宏观经济稳增长的逻辑需要调整

我今天演讲的题目是相对短期的话题，刚才各位嘉宾已经对于我们一些战略性的问题提出了很好的新方向，有了新方向就会有新希望，如何将一种方向转换成我们的一些行动，需要我们一些短期的思维，现在受关注的最重要的短期问题就是 2017 年我们的几大目标，逻辑到底怎么进行排序？也就是说传统的稳增长、促改革、调结构、控风险、惠民生，这几大目标往往在中期里面是冲突的，在短期是理不顺的，从而导致我们虽然有很好的战略，但是难以有很好的举措，因此 2017 年我们的稳增长目标怎么确定？以及我们整个宏观经济政策落脚点到底在什么地方？这就是我们在三季度数据出来之后必须立即思考的短期问题。

对于目前的增长问题我们要有清晰的认识，到底目前的状态怎么样？我们总有一些套话，我们现在是艰难期，我们很困难，最后大家都会发现，年年困难，年年难过年年过，年年过得还不错，最后一总结都不错。2016 年第三季度的数据出来也是"不错"，但是这种不错到底体现在什么地方？我们怎么认识。

目前名义 GDP 的增速已经出现强劲反弹，2016 年名义 GDP 的增速最低只有 6.0%，有些人讲没有 6.0%，因为统计局的帮忙，所以还出现了比较不错的状况。有的时候我们也谈到，这不一定是统计局的帮忙，为什么？数据真不真实要看大家的感受，也还要看一些各种参数的匹配性。

2016 年实际增速稳定在 6.7％，但是名义增速出现了加速性的上扬，这个加速性的上扬很重要的来源于工业摆脱了 50 多个月的低迷萧条状态，这是我们一个很本质性的变化。当然这种变化到底来源于什么，是我们经常要反思的一个问题，是来源于"三去一补一降"，来源于国际市场的变化，还是来源于我们在一种行政性调整上用力过猛导致的？我们需要一些思索。

我们还有一些更重要的参数，就是城镇新增就业，判断增长性质很重要的标准除了物价水平、GDP 增长速度，还有一个政府最为关注的是就业状况。我们第一个感觉是现在招工难、招工贵的问题并没有延缓；第二个感觉是目前城市就业中心数据还是大于 1；第三个感觉是登记调查失业率是 5.0％左右，更重要的是城镇新增就业 2016 年估计会达到 1400 万。因此这里面导致的在 GDP 持续回落的过程中我们的就业状况却在不断的改善，原因是什么？核心原因就是我们的结构和我们的不平衡调整可能并不像很多人想象的那么糟糕，也许就是我们结构的调整已经在大踏步地前进，导致我们对于人口的需求、劳动力的需求发生巨大变化。我们按照新的投入产出表测算出来的，目前工业领域每年游离出多余的劳动力是 570 万左右，但是我们的生产性服务业每年新增的就业量在 1500 万左右，还有我们消费性服务业所新增的就业在 1000 万左右，再加上农民工新的增长，实际上我们就大致能看到这样的数据，中国工业化向服务化大幅度地转变实际上在宏观经济的参数上已经得到了很明确的表现，这种表现就要求我们思考我们对增长性质的判断，也就是说我们原来传统的目标可能必须做出调整。如果不做出调整在某种程度上我们就是刻舟求剑，我们可能在传统目标的坚守上使我们用力过猛，导致我们在过度的救助、过度的刺激中失去了我们调整、改革的契机。

目前最近的参数发生更重要的一些变化，特别是信心指数的变化，在三季度的变化非常明显。目前我们关注的很重要的一个就是信心问题，我们经常要讨论中国信心的来源到底是什么？我们想六中全会之后这个信心大家会有很大的变化，三季度的变化无论是从实体经济层面还是金融层面可以体现得比较明显。

目前增长的几大方面的确不错，但我们要谈到的是，维持这样的增长很有必要，但是它带来很多的隐患，同时我们也会发现，也许我们在增长上的用力有过猛的嫌疑。我们目前的增长方式，传统的出口投资型驱动模式转变成信贷投资驱动模式，就是刚才我们讲的，在结构大调整中，外需主导型向内需主导型进行转变，这个转变中，转得过猛出现断崖式变化，转得过慢我们又陷入另外的困局，由此我们要靠大规模的投资填补空缺，而投资来源于我们大规模的发行债务。我们看到的固定投资与 GDP 的比率现在已经达到了 81.9％，M2 除以 GDP 的比率已经达到了 2.1 的水平。同时，投资的效率急剧下降，特别是投资中的固定资本形成率下降得非常迅猛，资本产出率下降得更猛，2016 年估计全社会固定资产投资完成总量在 60 万亿元左右，但我们在 GDP 里面的资本形成率只有 50% 左右。实际资本的形成只有不到 30 万亿元，但是实际投资额完成了 60 万亿元，效率只有 50% 多一些，我们就会发现大量的投资金额是在打转，即使在实体经济表现上也是打转，是左手倒右手的故事。更重要的是大家会看到，投资收益率下降得也很厉害。

我们这几年大规模的投资主要是由国有企业和地方政府进行主导，这个主导导致的第一个效应就是民间投资占比下滑，当然还有一个很重要的效应是我们所看到的民间投资结构逆势发展，因为我们讲的现在投资里面 61% 是在第三产业，62% 是民间投资。而民间投资投到第三产业的比重，大家可以看到一个很惊奇的现象，2015 年是下降的，为什么民间投资在服务业里面被挤出呢？这是一个很大的问题。民间投资被挤出是一个现象，更严重的问题是民间投资在我们的第二产业里还维持着比较稳定的比率，但是在第三产业里下降得很厉害。因此我们经常讲的，我们希望中国的转型要从工业化向服务化进行大踏步前进，主导的力量到底是谁呢？未来谁来主导它会更好呢？这个问题就是我们会看到的下一步的后遗症，就是我们大量的国有企业，大量的企业向公共服务、第三产业进行全面进军，最典型的就是房地产业。这里面的后遗症实际上是我们更需要考虑的。

最近的政策着力点和政策动力点不相匹配，我们的政策着力点完全在于投资，但是增长的着力点是什么？是服务业，是消费，但是我们在服务业和消费里面真正的政策着力点并不多，这就导致我们目前整个的稳增长政策逻辑与未来中期的一些战略转变逻辑出现了一些冲突。更重要的是，由于我们要大规模的无效率投资，结果就导致在投资规模上扬的基础上投资效率下降，债务积累大幅度上扬，国家的总债务率和企业的债务率，尤其是国有企业的债务率达到了非常高的水平，我们预计 2016 年国家总债务率会达到 261%，当然不同的测算结果不一样，而企业债务率达到了 184%，这是很头疼的一个数据。

同时 IMF 等很多机构都提醒了，你的信贷对 GDP 的趋势，这个值的偏离已经很大，当然很多机构都在做这样的发布，我们一般认为大可不必太相信他们的这些指标，他们这些指标的设定总是按西方比较成熟的市场经济来设置的，中国有中国的特色。即使有中国的特色我们也要关注这些参数近期的重大变化。当然更重要的是，的确这几年我们的风险在一个台阶向一个台阶进行迈步，很多的事件是越来越大，我们需要反思，需要看到我们经济稳定、健康的基石可能已经悄悄发生一些变化，而不是原来简单的维持六点几或是 7% 的增速概念，核心概念是风险的问题。

最近大家看到我们的一些价格变异大幅度的变化，银行的信贷缺口和风险程度大幅度上扬，从这些角度我们就会看到，明年稳增长的一些逻辑基础要有所调整。这个调整我们认为，第一，控风险是稳增长的关键前提，而不是以前理解的增长速度是资金可持续的基础。这个可能是一个很重要的点，当然这里面我们列举了很多需要在未来必须高度关注的几个点，比如说房地产价格，现在我们关注的是价格暴涨，但如果价格下来了，即使明年短期几个季度下来之后，会出现一些什么状况？这是我们要思考的。当然从中期的数据来看，还是支持我们一、二线城市价格有稳定上扬的基础，但是短期的调整，特别是中国目前在这样一种预期调控和混乱的状况时，房地产市场的变异是我们高度关注的。第二，我们所看到的资产荒问题，能不能解决？土地这个大市场能不能成为下一个资本承载的载体，以及我们的国债能不能成为未来资产荒的解决突破口？这里面需要我们有一个很重要的战略部署。第三，汇市、房市、资本外逃多市场共振的问题能不能克服，这些是我们重点关注的。

稳投资虽然短期稳增长，但是教条性的稳投资，必然导致投资结构进一步的恶化和债务进一步上扬，因此我们有一个很重要的测算。一是我们 2017 年要维持 8% 的投资增速增长，政府和国有企业短缺的资金基本是在 4 万亿元左右，也就是说你要维持现在政府和国有企业的投资今年总体的规模达到 25 万亿元，明年要想增长保持在 20% 的水平需要 5 万亿元，新增 5 万亿元的投资量，这个投资量能拿出来吗？我们的答案是比较否定的。也就是说简单的通过国家来稳投资是不可持续的，为什么？第一个是债务不可持续。第二个是市场承受不了这么大的债务发行规模。第三个很重要的是政府本身结构性问题更严重。

二是市场型的投资能不能接过我们的接力棒呢？我们认为这个答案也是不确定的，目前虽然民间投资增速从 8 月份的 2.5% 反弹到 4% 的水平，但是这种低水平的波动在未来会延续，这种延续很可能在 2017 年一季度随着房地产市场的短期调整还会下行。怎么接过这个接力棒是一个关键点，这个关键点我们认为还不能够就民间投资谈民间投资的故事，为什么？因为它需要的是我们的改革方向、改革具体战略性举措必须出台，来确定我们的一些信心，这一点全体社会已经心知肚明了。

2016 年的消费还不错，里面很重要的两个亮点一个是汽车，一个是公共服务。这两个点为什么不错？特别是汽车，跟消费税、购置税的减免有很大的关系，中国的消费好像还经不起刺激，一刺激还可以。但是我们在消费政策上、收入政策上很头疼，特别是我们所看到的 2016 年居民可支配收入已经低于 GDP 的增速，工资的增速已经低于 GDP 的名义增速，支撑消费很重要的动力机制在于居民的收入，因此 2017 年保持消费不仅需要我们短期消费政策的发力，更需要我们在民生上、转移支付上要有大动作。改革的获得感对于老百姓而言最核心的一点还是收入，如果我们在这上面不做力，问题就会很大。这种做力有没有可行性？我们的可行性是政府和企业的投资，每年减少 10 个点，意味着我们能空出 2 万亿元的资金。2 万亿元的资金在目前整个转移支付占财政的收入就是 20%，整个财政的支出规模 2016 年可能达到 16 万亿元的水平，但 16 万亿元大家一定记住，它的 20% 就是 3 万多亿元。如果在投资上做一些文章，调整为消费基金和转移支付的专项基金，我们的故事会逐步逐步发生一些变化。

2017 年即使在短期，我们在很多思路上都要做出调整。我们并不一定需要目前 6.7% 以上的增长速度，为什么？第一，就业市场所表明的增长状况还是不错，目前整体的增长状况有过度救助的嫌疑。第二，很重要的是投资的结构性问题是我们在短期需要高度着力的新的点。第三，必须将我们的投资基金有很大幅度的转移，转向消费基金和转移支付，转向我们的民生工程，这种转向短期里具有可行性，不是没有可行性。

2017 年的故事可能会延续 2016 年的很多故事，但是在讨论中我们需要给大家提醒，风险是 2017 年的核心，是增长的前提，谢谢大家。

田中直毅（Naoki Tanaka）
日本国际公共政策研究所理事长

没有经济改革就没有突破[*]

我来深圳已经有好几次了，第一次来深圳还是1979年，当时邓小平同志刚刚公布了改革开放的原则，深圳成为中国最重要的改革开放实验地，我来到深圳，想要看一下当年深圳的面貌。之前的演讲者提到深圳的城市化率，大概是100%。1979年我来的时候，很多农民还是在稻田里劳作，我当时看到这样一种景象是很有感触的，因为它让我想起我自己的国家——日本。

现在我们看到深圳已经成为中国重要的创新城市，成为中国的硅谷，也吸引了很多人来到深圳工作、生活。今天，有很多中国的演讲者都提出要做一些突破，在各方面我们都需要有一些突破的精神，我也想跟大家分享一下日本的经济情况，我们希望能够在经济思维方面有一些突破、有一些革新。2016年日本采取的负利率政策，是日本央行行长黑田东彦提出实行的。英国的经济学家曾经描述过负利率可能会给我们造成一些不良影响，他提到冰岛在19世纪时的情况，爱尔兰的农民没有办法拿到很好的作物收成，当时利率已经是零甚至是负的，这些农民不想借钱买种子，因为很多农民都移民到了其他的国家。当时爱尔兰实行的是负利率。日本也经历了负利率的时期，基本有600万亿的国债注入市场，这部分的数额里，大概有16万亿美元国债在2016年中期发布的时候经历了负利

---

* 本文根据现场同传速记整理而成，未经讲者审定。

率，16 万亿中又有 8 万亿美元的数额也是实行负利率，这个情况是日本近期的市场情况，在丹麦、瑞典和其他几个欧洲国家也实行了负利率的政策。比如说在债券市场，现在实施的体量不是特别大，负利率债券一半的数量是在日本交易的，这是如今市场的现实。很多的经济学家发布过一些新的想法，比如说伯南克先生曾经评论过关于日本银根方面的政策。伯南克当时造访日本，安倍晋三正密集实行安倍经济学的政策，当时日本的股市对此有所反应，那时伯南克与日本央行行长黑田东彦进行会面，伯南克向黑田东彦提出不要在日本再推行负利率政策，不要再深化这个政策，因为很多日本金融机构在衰退，伯南克说，你应该扩张你的信贷和股市的发展。日本股市基于这些变化实现了腾飞，当时伯南克的提议就是在说日本金融机构的利率会提升，所以有很多投资人士想要购买日本金融机构的股票。像这样的故事还在持续，现在日本也是有所持续的。负利率是历史性的规模、体量，但是这也反映出许多日本的经济情景，以此来看，必须实现经济概念的合理化发展或是经济政策思维方式的合理化。

在这里我必须要提到一点，就是我关于中国经济的观点。2016 年中国在私人部门上的投资，与上年同期相比实现了零利率，这对于世界投资者来说的确非常震惊，整个经济环境中也对此做出了反映。我跟各位分享几点，比如说沙特阿拉伯和伊朗的问题，它们长期以来在中东都是对抗的关系，在这样的背景下，伊朗想要去扩张他们的石油出口，而沙特阿拉伯不想缩减他们的石油供应，这种局面在 2016 年的上半段还有所持续，于是沙特阿拉伯最终决定缩减他们的石油供应。我个人认为这与中国的经济环境是并行的。也就是说中国相关的供应基本是实现零利率的，在这种情况下，我想对于石油的需求将不会实现复苏。对于沙特阿拉伯来说，他们如果还是坚持现在向世界出口石油的份额，油价就会有所下跌，这对于本国经济也并不是好的消息，之后 OPEC 和沙特阿拉伯都改变了它们对于石油供应的想法，石油的价格又出现了复苏、反弹。

在美国，页岩气和页岩油的生产以及发展也会持续上升，因为对于页岩气和页岩油来说，现在投资在持续攀升，三到四周之后就会生产出天然气和石油，这是很柔性的供应侧，现在在美国市场已经完全实现了，在这样的背景下，我想美国将会提升他们的利率，这是会发生的货币政策。比如说 12 月，美国的利率将会提升，而在之后的日本，日元兑美元的汇率压力也会有所缓释，这对日本央行来说也是好消息，因为现在日本汇率的问题非常严重，也会影响很多的产业部门，如果有利好消息也会提升日本的工业发展水平。

这对于安倍经济学来说也是比较好的消息，安倍经济学旨在修正不正确的利率发展方向，并创造一个有利的经济发展环境。现在从经济的局面来说，比如说中国的经济状况，央行的宽松银根政策在持续，这对于中国肯定也是有一定影响的。在日本我们非常关注中国的经济发展，中国的经济对于日本，尤其是日本汇率市场是非常重要的，对经济政策的管理来说也有重大影响，这是我们的现实。

各位知道现在有三个渠道涉及货币管理，分别是楼市、债市和股市。第一是楼市，对贷款市场来说，中国制造业或是其他部门想要更多的贷款，而房地产市场又不想要提高贷款。现在银行的管理层、商业银行的管理层，对他们的资本构成有所担忧和怀疑，因为他们受房地产市场的影响非常大，今后中国的金融部门对于贷款方面的发放也会进行更为严格的限制和监管。现在坏账的比率也在上升，我想这一点也是需要我们在将来考虑的，如何更为谨慎、更为细心地投资、发放贷款。

现在是信贷紧缩的时期，信贷紧缩已经到来了，我个人认为，这是资本紧缩的一部分，为什么有这样的想法呢？因为 20 年前，我们曾经经历过诸如此类的资本紧缩时代。在日本经济中曾经发生同样的情况，现在这样的情况正出现在中国金融市场，尤其是贷款市场，这是我对于中国经济的看法。

第二是债市，各位也知道现在对于投资不同行业来说，"影子银行"是非常重要的，所以这也对本地银行提供了指引，通过发行本地的贷款来偿还债务，这样的方式正在进行。债市有很多的地方债务发行，在一个债市来说，"影子银行"的角色非常重要，现在中国的债市运行的并不是非常良好，这是我的看法。

第三是股市，2015 年股市经历了暴跌，之后企业的 IPO 公开上市募股受到了影响。

对中国的经济来说，这三个渠道都有些问题，为了实现经济的持续发展，我们需要在金融部门解决这些问题，根据我的理解，对于中国的宏观经济来说，我想宽容性的政策并不是非常有效。我这么讲也是有原因的，比如说 20 年前在日本，这样的政策造成了严重的后果，债务和财务的问题到现在也在持续，市场配置资源扭曲的情况也在持续，这也解释了为什么日本近几十年的经济都有所衰减。对于经济的宏观管理来说，这种宽容性政策并不是非常有效，但我们也能发现很多利好的消息，现在实施了很多新的政策，我们并不想在不同的产业中看到失业或是市场混乱无序的状况，有的时候企业破产意味着资源的再分配，也就是在下一个阶段重新分配资源，这也会带来创新，也是市场中创新的举措。对于宽容性政策来说，也应该对学术界和经济界增加宽容性的考虑，这是我的想法。中国应该针对这个方面进行更多的讨论，这样才能够实现经济的复苏和持续发展，非常感谢各位，谢谢。

王一江
长江商学院副院长

如何纠正货币政策和房价带来的扭曲

在中国经济中，信贷过度膨胀和房地产价格过快上涨，带来了分配和产业结构的严重扭曲。我想借此机会解释一下，如何通过恰当的财政政策，在一定程度上纠正货币过度发行和房价过快上涨带来的严重扭曲。

用财政政策来纠正货币过度发行和房价过快上涨带来的扭曲，在操作上非常简单，就是地方政府要将房地产价格过快上涨带来的税费收入，更多用于补助扭曲的受损方。

我先解释一下房地产过热是怎样扭曲分配关系和产业结构的，再解释财政要怎样补贴受损方，才能平衡这种扭曲。

房价的过快上涨扭曲分配关系，首先是因为它造就社会上大批的无房人口和房奴，即一辈子买不起房或勉强买得起房但要用终身收入来付房贷的人。这些人的大量存在，使全社会的消费受到严重压抑。

房价过快上涨，不仅会压抑消费，也会压抑很多产业的发展。比如，传统的制造业和零售服务业，会因为房价和租金过高更加难以生存。这个问题在大城市尤其严重。这就造成了这些产业的凋零。而这些产业又恰恰是给低收入劳动者提供就业、创造收入的主要产业。它们的衰落，进一步加剧了收入分配的失衡。

现今社会中，有房的和没房的，有多套房的和只有一套自住房的，财富和收入分配形成了巨大的差别，而由房产带来的财富和收入差距，很难用其他方法来弥补。无房和仅有简陋自住房者，面临心理上的压力和消费上的困难，是社会不稳定的重要源泉。

产业结构的失衡，传统的制造业、零售业，一些大众服务业因为成本的上升难以为继，造成地方经济发展后续乏力。为了刺激经济，货币当局不得不加大货币政策的刺激力度，即加快货币发行和信用扩张的速度。这种刺激的结果，是经济结构更加严重扭曲。当扭曲足够严重时，宏观政策开始失灵，即很多产业无论如何刺激都难以维持，遑论增长。结果是宏观经济的表现更加依赖房地产，所以我们看到，房地产过冷，经济非常难受；房地产过热，社会非常难受；货币、信贷增加也不是、紧缩也不是，宏观政策处于两难局面。

为什么会有这种扭曲产生？最主要的原因还是因为我们的货币增长速度过快。当然，仅有货币增长过快，还必然会造成上述扭曲。如果光有货币总量的增加，结果应该是造成各行各业产出的价格均衡上涨。货币增长之所以造成收入分配和产业结构严重扭曲，是因为其发行过程有特定的流向，使得有些行业受惠过多，另外一些行业受损过多，产生受惠产业对受损产业的挤出效应。

货币发行过程，也是一个征税的过程，大家通常将政府通过货币发行获得的收益称为铸币税。歧视性的货币发行渠道，使得一部分房地产和特权企业分享了货币发行带来的收益，这些企业分享了政府铸币带来的收益。而无法分享铸币税收益的产业和个人，则承受了更加沉重的税负。我们不难想象，谁是前者，谁是后者。

解释了什么是扭曲和扭曲的原因，再来讨论怎样通过财政实现再平衡就容易了。实现再平衡，总的指导思想就是要用财政手段去对冲货币带来的扭曲，恢复社会公平税负，由全社会公平分享货币发行的收益。

前面我们说过，房价过快上涨时，最受损的是普通劳动者。所以，具体来说，再平衡的重点应该是，政府将房地产税费收入的主要部分定向用于补贴普通劳动者。这个补贴应该不要低于一个比例，而且这个比例应该随着税费收入的增加而提高。因为随着房地产税费收入的提高，意味着劳动者的受损程度也在提高，所以补贴的比例只有相应的提高才有足够的对冲效果。

按照前面所讲的原则，我建议，政府将房地产税费收入的一定比例，具体使用在四个方面：

（1）减免补贴非房地产企业和非大型国企的各种税费。现在企业在就业方面承担的成本是非常高的，降低就业成本，降低五险一金，降低培训成本，就是在补贴劳动者，就是在抵消货币和房价增长过快带来的扭曲。

（2）用房地产的税费收入解决普通劳动者的住房困难，按照合理的条件实现"居者有其屋"。

（3）把税费收入的相当一部分用于劳动者子女的教育，实现无歧视、高质量、安全方便的普通教育，不但教育要免费，还应该让学生们在学校能免费吃到高质量的营养午餐。

（4）补贴公共交通。首先，要补贴远郊和邻城快速轨道交通，实现多种交通工具的方便连接。其次，要补贴劳动者上下班固定线路交通。还要补贴学生上下学固定路线交通。多种形式公共交通的大发展和定向交通补贴，可以起到抑制中心城市房价快速上涨的作用，在一定程度上抵消其带来的扭曲，使劳动者在住房、工作和学习各个方面的成本都得到大幅度的下降。

最后我想说明，前面描述的政策建议并不是我们心目中的理想状态。对于一个经济来说，最理想的状态是没有天量的货币发行，不实行歧视性的货币发行，也没有房价过快上涨和由此带来的高税费收入。但是，这种理想状态现在显然难以实现，所以我们不得不考虑财政对冲。这样的建议，充其量是一个补救手段，是没有办法的办法，按经济学上的说法，可以称之为次最优。我的建议不过是为了缓和一个已经变得相当严重的问题。

还需要说明，前面的讨论不涉及房地产的税费多高才合理，它仅仅指出，政府从高房价获得的税费是全社会负担的，应该有相当一部分返回给社会，实现收入分配和经济结构的再平衡。前面的讨论也不涉及什么是实现再平衡最佳方案，它只是指出一个方向。

请让我用两句话总结我刚才的发言，我发言的中心思想是，应该将房地产税费收入的主要部分用于降低教育和就业成本，对冲货币政策和房价过快上涨造成的扭曲，实现社会收入分配和经济产业结构的再平衡，促进社会稳定和整个经济的健康与可持续发展。

谢谢大家。

谢丹阳
武汉大学经济与管理学院院长

开放发展的探索

我今天讲的是《开放发展的探索》。我讲一个前提，坚持开放发展乃是快速发展继续追赶的前提。

落后并不能确保追赶

这是什么意思呢？就是说落后本身并不能够确保追赶。如图 1 所示，如果落后能够确保追赶的话，那些 1960 年处于圈里的落后国家，经济增长率在纵轴上

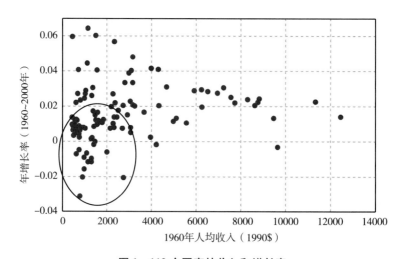

图1 112 个国家的收入和增长率

应该是比较高的，这样的话它们才能追赶上那些 1960 年就比较发达的国家。实际上我们看到圈里的这些国家 1960~2000 年间的平均增长率并不高，换句话说它们并没有能够进行追赶，所以说后发优势并不是永远存在的，它有一定的前提。

这个前提是什么？如图 2 所示，如果我们将那些所谓开放型的经济体用黑点来表示的话，这些国家之间的追赶关系就比较清晰了，这是卢卡斯教授的研究结论。换句话说，如果这些经济体是开放型的，起始收入较低的国家，其平均增长率相对较高一点，亦即在追赶着。

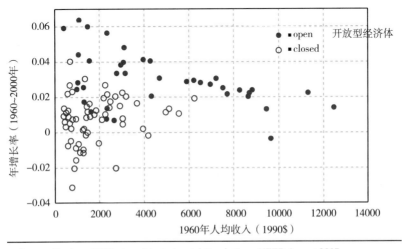

Lucas：Trade and Diffusion of the Industrial Revolution，NEER August 2007.

图 2　112 个国家的收入和增长率

开放发展是前提

开放发展有哪些好处？其实有很多，比如说便于引进国际先进科技、引进国际化人才、引进先进的管理经验等，同时在国际竞争的环境里，一个国家的企业不得不提高效率。国内资本也可以出海寻求更高的回报。开放也便于一个国家了解国际游戏规则，并且在国际经济金融事务上提升话语权，确保国家利益。

关于中国开放发展战略我下面讨论几个要点。一是国家已经实行的"中国制造 2025"：创新驱动、质量为先、绿色发展、结构优化、人才为本。具体目标其实并不是那么清晰。我在 2011 年提出过一个设想，就是争取在 2030 年中国从制造中心转变成世界知识和创造中心。第二个开放发展战略就是商务服务的出口，涵盖金融、会计、法律、广告、文化、后台服务、研发、医疗等。

通过自贸区不仅是要推进商品的贸易，同时也要推进服务贸易，促进人民币国际化，逐渐扩大民企出海跨国并购，包括品牌收购与提升，这是很重要的跨国并购的方向。

中国创新的势头很好，仅看中国的专利申请数的话，已经逐渐超过美国，但是如果看一下现在我们和美国在存量上的差距，还是十分巨大的。比如，中国2012年的专利收益只有10亿美元，而美国2012年的专利收益是1200亿美元。虽然说我们从流量上已经超过，但存量上的巨大差距意味着我们还有很长的路要走。

商务服务出口方面我提出一个概念，即所谓的"三城记"：香港、深圳和武汉。我在很多场合，包括国际场合都在讲这个概念，即香港、深圳和武汉三大城市在商务服务出口方面有着很强的协同效应，有很大的合作潜力可以挖掘。

香港在商务服务出口方面具有雄厚的实力，同时拥有完善的法律法规与国际化的环境，还有充足的金融资本和人力资本。刚才陈东升董事长说，过去几十年中国的发展在很大程度上是由于出口制造业的产品，我认为下一阶段一个可能的发展方向就是商务服务的出口。香港在内地制造业出口上起了很大的作用，在促进内地商务服务的出口方面，香港也可以担当重要的角色。

深圳是富有创新精神的一座城市，也是富有企业家精神的城市，还有开明和勇于试错的政府。这里提一个小建议，我们不仅是要把省委、市委干部进行全国范围的轮岗，同时也建议处级干部互相轮岗、学习。要将沿海的开放、试错的经验和态度带到内地，带到东北、带到武汉。具体的改革怎样进行，处长们对于难点和"瓶颈"有着第一手的了解。

再来说说武汉。武汉在校大学生120万，雄冠全球，拥有众多知名学府和优秀师生。根据福布斯人才排行榜，武汉的人才指数居全国之首。武汉和周围地区有丰富的文化和旅游资源。高铁枢纽地位使得武汉能起到更重要的作用：在商务服务出口方面很重要的一环是面对面的交流，商谈合作的可能。处于高铁枢纽的武汉，便于来自全国各方的企业家在武汉会合与磋商。同时武汉也入选了国家服务贸易创新发展试点城市，也列为全面创新改革试验区。

为什么说商务服务出口是一个发展方向呢？根据国际的平行比较来看，中国有很大的发展空间，中国服务出口占总出口的百分比在2015年只有10%出头，印度、美国超过30%，欧元区为25%左右，日本也是20%以上。从这个角度来看，中国在这方面可以有长足的发展。

关于出海跨国并购前面几位嘉宾也谈到过，我这里提醒大家，切忌"一窝蜂"，否则代价是比较高昂的，而且应该以民企为主，以逐利为目的，而不是鼓动国企出海。国企出海时常为了上头条而轻视利益，同时也容易引起被并购企业所在国的顾虑。

比较中美海外投资回报，中国显然低于美国。这是因为我们起步比较晚，如果让民企主导这些跨国并购、决定跨国投资的方向，将来我们可以迎头赶上。

开放发展的基础是什么？我认为一是互利共赢，我们前面也讨论过"一带一路"的倡议。在"一带一路"的倡议下，短期利益的争夺不是工作重心，工作重心是在互利共赢的同时做强自己，剩下的就是时间问题。

"一带一路"倡议是一个远大的长期合作目标，并非是为了解决中国短期产能过剩。一定要基于长远的合作目标，互联互通、贸易往来以及人才流动、文化交流。文化交流很重要，没有文化交流结局就是亨廷顿说的文明的冲突。文化交流便于文化的共存。高校在文化交流方面而言，北京、上海、香港比较领先一些，比如说我所在的香港科技大学和沙特阿拉伯的阿美石油公司合作了一个MBA项目，这个项目破天荒地允许妇女作为学员参加。中部高校比如武汉大学正在朝着国际化和国际合作方向努力，争取迎头赶上。

开放发展中制度和文化的建设也很重要，如果说我们想成为世界知识中心的话，首先我们就需要完善知识产权保护制度，同时商务服务出口也要求在诚信方面有大幅度的提高，诚信第一。政商关系我想多说几句，西方是保持"一臂之遥"的政商关系，换句话说既不是完全靠不到边，也不是特别亲热，是"一臂之遥"，主要是避免出现利益输送。当然这并不是说在西方国家就没有利益输送，也有，比如说我们查一下网上的资料，过去的六年里，美国州议员以上的官员出现问题的，包括收受贿赂、利益输送，等等，有一百人以上，所以并不是没有。而一旦查出来，即使是为了区区的7000美元，一个州级官员就会被逮捕和蹲监狱。

中国过去一直是强调人脉资源、人际关系，现在政府提出新型的政商关系的概念，即要求建立"亲""清"原则下的政商文化，在公平公正的前提下，以民众集体利益为考量标准。我认为这两个字还不够，还要加一个"勤"字，要勤于沟通、勤勉尽责。

讲到责任，我想强调的是，政府可以适当地减除官员一些不应该背的责任。该某位官员承担的责任那他当然责无旁贷，但如果他无法有效承担的责任，强迫其闭着眼睛承担是绝不应该的。我讲几个切身经历，尽管我算不得什么官员，但大家可以从中感受到责任主体一定要合理。比如大学教授的职称评定，申请人的材料需要院长签字确认所提交材料是否属实。请问院长哪有时间全面核查材料的准确性，责任主体应该是申请人。如果申请人提供虚假材料，将来一旦被查出立即受到处分，何需院长签字承担责任？另外，独立董事竟然需要签字保证季度报告、年度报告不存在虚假记载，误导性陈述和重大遗漏，对其内容的真实性、准确性、完整性承担个别及连带责任。请问，独立董事完全不涉及日常工作又如何有能力做这些保证呢？当然也是闭着眼睛签。再就是在职 MBA 的学费完全应该是由市场决定的，但在某些地区只要向物价局报备，而另一些地区则需物价局审批。一旦需要审批，也就牵涉责任，那么背负这些责任的官员当然能拖就拖。他们其实并不清楚学院的定价是否合理。

合理界定责任主体很重要，只有这样我们才能够提高效率。

如果能坚持改革、坚持开放发展，建立"亲""清""勤"的新型政商文化，合理界定责任主体，以诚信为基石，我觉得中国经济将继续持续稳定发展，人民币短期贬值预期也将逆转，资本也不会急着向外逃逸，创新驱动发展战略也将不断成熟，这样的话我乐于维持在 2011 年所做的三大预判：

（1）2025 年人民币成为世界三大主要货币之一。

（2）2030 年中国成为世界知识中心、创造中心。

（3）2040 年中国的 GDP 达到 60 万亿美元（以 2000 年美元购买力评价计），占世界 GDP 的 1/4。2011 年做这一预判的时候，很多人都还在假设中国 8% 的 GDP 增长率将持续二三十年。而我认为中国 GDP 增速将从 8% 逐渐下降到 2040 年的 3% 左右。我的看法目前看来更为现实一些。

我就讲到这里，谢谢大家。

第三部分

中国经济理论创新奖 (2015) 获奖理论

中国经济理论创新奖（2015）获奖理论简介

过渡经济学属于新制度经济学中制度变迁理论的一个分支，主要通过交易费用、产权和公共选择等分析范式，以中国经济改革和发展的经验为基础，对体制转变的一般过程进行理论分析和理论创新，并对实际改革的方式和政策提出建议和意见。

中国制度经济学（尤其是过渡经济学）的主要特点，就是注意到存在着改革成本，不同的改革道路和方式的改革成本不同，因而选择改革成本最低的改革道路就是过渡经济学的主要关注。

新结构经济学属于制度变迁理论的一个分支，主要基于新古典经济学的分析范式，以中国经济改革的经验为基础，从一国要素禀赋出发对经济发展和转型过程中的种种相关现象进行理论分析和理论创新，并对政府在此过程中的作用以及应采用的政策考虑的指针提出建议和意见。

新中国成立以来特别是改革开放以来，我国采取了不同的发展战略思路。在不同发展战略的影响下，我国经济发展既经历了曲折，也取得了令世人瞩目的成就。随着改革过程的深入和一些问题的出现，这些经验教训如何与几百年来经过世界上众多杰出经济学家发展起来的主流经济学理论相互参照，并取得富有洞察力的理论升华，建立以中国经济转型为基础的经济理论，是摆在我国经济学界面前的一个任务。

过渡经济学是在上述背景下诞生和发展起来的。她的原创性和重要性在于：

（1）重在研究过渡的形态和过程是其不同于以往经济学理论的特点。这一特点既根植于中国传统哲学和马克思主义哲学的一贯方法，也根植于转型过程中各种利益和矛盾关系相辅相成的复杂性现实。

（2）多种研究方法和工具综合运用是其另一特点。新古典、交易费用、产权与契约、博弈与非对称信息、案例式实证等方法都在过渡经济学发展过程得到了体现。

（3）强调理论的现实应用性是其第三个特点。过渡经济学不仅关注制度变革的经济绩效和演进路径，而且更为关注改革中的利益矛盾和分配关系等问题。实践证明，过渡经济学对于中国的改革实践具有重要的参考意义。

林毅夫研究组在新结构经济学方面做出重要贡献：（1）强调要素禀赋是研究经济增长与发展的逻辑起点，并通过具体的理论工作表明仅通过要素禀赋这一简单假设，在严谨的逻辑下，就可以解释在经济快速发展和转型过程中出现的很多特有的经济现象。这种做法符合理论工作的俭省规律，即在能够解释需要解释的问题时，假设要尽可能合理，尽可能少。（2）这个理论分析框架揭示了经济发展战略思想是经济表现的最重要因素，而在具体发展思想的指导下形成的不同宏观经济政策、资源配置方式、微观激励机制等是由发展战略决定的。（3）在理论分析的基础上，提出政府，尤其是由正确发展战略武装了的政府，是发展中国家改进增长绩效，快速发展经济的最有效制度。（4）在上述分析基础上，提出了正确的发展战略考量应基于一国的比较优势，并给出了与符合比较优势发展战略相一致的多个政策建议。

张军在过渡经济学理论与经验的研究，基于中国和苏东原计划经济向市场经济的过渡的经验观察，系统地在理论上发展出了不同的初始条件对转型国家选择不同改革战略、方式的影响，深入研究了不同的改革方式，特别是双轨过渡模式如何影响改革后时期的产出增长和全要素生产率的变化，以及私人部门如何在不同的改革方式下成长与扩张等重要问题。他在过渡经济学领域的主要研究贡献包括：（1）在过渡经济学的范畴内，建立了中央计划经济向市场经济转型的制度分析框架（1991；1994）；（2）构造了双轨定价过渡方式对总量产出影响的理论模型（dual pricing model）并回答了为什么中国的价格双轨过渡机制有助于改革后的产出增长（张军，1996；1997；Hallagan and Zhang，1998）；（3）建立了过渡时期的"过度进入"（excessive entry）对改革后经济增长的影响的理论模型（张军，1998；Hallagan and Zhang，1997）；（4）对转型的初始条件如何改革方式的选择以及俄罗斯和中国为什么选择了不同的改革方式进行了理论的研究（哈勒根和张军，1999；Hallagan and Zhang，2000）；（5）以中国工业改革的经验为基础，系统研究和度量了边际或增量改革策略对国有部门和非国有部门的生产率和利润率的影响，同时也较早地研究了不同的改革策略如何影响国有部门的全要素生产率（TFP）的变化（张军，1996；1997；1998）。

　　樊纲的过渡经济学研究始于1991年发表的《论改革过程——体制转轨的基本理论问题：改革及其阻力》一文。他提出"非帕累托改变"的概念，指出多数情况下改革一定是有的利益集团赞成而另一些集团反对，制度改变的根本性的难点就在于如何克服利益集团的阻力。1993年以后，樊纲指出改革的问题本质上是现代政治经济学的问题，其核心问题是如何克服各种利益阻碍从一个效率较差的制度体系转变到另一个效率较高的制度体系。他还区分了制度变迁与制度转轨的差异：历史上的一些制度变迁过程，比如从封建制度转变为市场经济，是一种没有目标模式的进化过程，而我们正在经历的制度转轨，则是以一种现实中存在着的制度为目标和参照系的更为自觉的过程。2000年以后，樊纲论证了制度转轨最重要的其实不是改革旧制度，而是发展新制度，新制度的发展不仅改变了一个经济的制度结构，而且还能为新体制的建立和发展创造条件，只要推动一个方面的制度实现变革，就可以为其他的制度改变创造条件。"循序渐进"并不是改革得以实现的可行办法，不存在谁先谁后的问题，而是要在各个方面都"平等推进"，哪个方面实现了改革都可以为整体的改革起到推动的作用。运用这些理论，樊纲在1992年率先提出首先大力发展非国有经济的改革战略，通过非国有经济的发展，改变经济的体制结构，并为改革国有经济创造必要的和有利的条件。

　　过渡经济学理论研究的范围覆盖从计划经济管理体制过渡到市场经济管理体制的重要经济问题，众多经济学家，如盛洪、冒天启、胡汝银等，都对过渡经济学理论形成和发展做出了贡献。

获奖者简介

林毅夫研究组（由林毅夫、蔡昉、李周组成）。

林毅夫，台湾宜兰县人，1952 年 10 月生，北京大学国家发展研究院名誉院长，全国政协常委、经济委员会副主任。

蔡昉，北京市人，1956 年 9 月生，中国社会科学院副院长、党组成员，中国社会科学院学部委员。

李周，上海市人，1952 年 9 月生，中国社会科学院农村发展研究所所长。

张军，安徽亳州市人，1963 年 1 月生，复旦大学经济学院院长。复旦大学"当代中国经济"长江特聘教授，教育部重点研究基地复旦大学中国经济研究中心主任，《世界经济文汇》主编，国务院特殊津贴获得者并曾入选中国人事部"新世纪百千万人才工程"国家级人选。

樊纲，北京市人，1953 年 9 月生，中国经济体制改革研究会副会长，国民经济研究所所长。中国改革研究基金会理事长，北京大学汇丰商学院教授、中国社会科学院研究员，国家级有突出贡献的中青年专家。

社会主义国家建立之初都选择了计划经济管理体制，但随着经济建设的推进，这种经济管理体制弊端日益显著，苏联和东欧国家开始尝试从计划经济向市场经济过渡，并进行了一些有益探索。1978 年，中国开启经济体制改革，其基本目标是将高度集中的计划经济体制转变成为社会主义市场经济体制，使市场在资源配置中起决定性作用和更好发挥政府作用。这场正在进行的经济改革是当前世界最大规模的经济制度变迁，同时也是中外经济学者研究的重点领域之一。

过渡经济学理论是研究社会主义国家从计划经济体制转变为市场经济体制的一门学说，囊括了经济体制转型过程中的所有重大问题，其中包括计划经济体制向市场经济体制转换方式的成本和收益比较、渐进式改革和激进式改革的比较，以及某一具体领域改革的方式选择和成本比较；制度变迁引发的相关利益变化和利益冲突等重点领域。

以林毅夫研究组和张军、樊纲为代表的经济学家对过渡经济学理论的发展和完善做出了主要贡献，还有众多经济学者对过渡经济学理论做出了重要贡献，可以说该理论是研究经济体制转轨的中外几代经济学者共同取得的重大研究成果。

中国社会主义市场经济改革还在向纵深推进，经济转轨的过程还没有完成，新的经济现象和经济问题的出现，将为过渡经济学理论研究提供新素材，这必将会推动经济理论的进一步发展，同时也必将会对中国经济体制改革起到重要的参考和指导作用。

中国经济理论创新奖（2015）第一轮投票表决票

（说明页）

表决票填写特别提示：

1. 请在"是否赞成"对应列空格中选择填写"√"或"×"。

   为了保证评选的严肃性，避免选票出现涂改或添加，如投票赞成，请填写"√"，其他格填写"×"。

   如有三项及三项以上同时填写"√"则为废票。

2. 根据有关评选规则，最多只能选择"赞成"2个理论。

3. 每页选票均需本人签名并邮寄或传真至秘书处。

表决票交付说明：

1. 请亲笔填写并签字后，于9月14日前特快专递至：

   北京市东城区礼士胡同54号（100010）

   中国经济理论创新奖组委会秘书处

   联系人：孙秋鹏 010－66428855－511，1369134 2902；贺园 010－66428855－533，1316159 2986

2. 如果不方便邮寄，请传真至：010－65270301（秘书处收）

3. 北京地区的评审专家可以电话通知工作人员上门收票，评审专家请将密封后的表决票交票交组委会工作人员。

82

中国经济理论创新奖（2015）第一轮投票表决票

（填写页第1页，共3页，共20项候选理论）

编号	理论名称	是否赞成	主要贡献人及其代表文献名称、发表处、发表时间	补充贡献者及其代表文献名称、发表处、发表时间
1	过渡经济学理论		张军、林毅夫研究组（林毅夫、蔡昉、李周），胡汝银、盛洪、樊纲、代表文献详见简介一（按姓氏笔画排序）	
2	中国经济转型和发展中的收入分配理论		赵人伟、李实、陈宗胜、代表文献详见简介二	
3	按生产要素贡献分配理论		谷书堂、蔡继明、代表文献见简介三	
4	社会主义经济运行机制理论		卫兴华研究组（卫兴华、洪银兴、魏杰），刘诗白、代表文献详见简介四	
5	产权理论与中国产权制度改革		刘诗白、黄少安、刘伟、吴宣恭、代表文献详见简介五	
6	三元经济结构理论		李克强、陈吉元、胡必亮、代表文献见简介六（按姓氏笔画排序）	

本投票文件中候选理论简介的所有信息均系推荐/自荐资料的原始信息。

表决人签字：　　　　　　　　　　　　日期：2015年　　月　　日

83

中国经济理论创新奖（2015）第一轮投票表决票

（填写页第 2 页，共 3 页，共 20 项候选理论）

编号	理论名称	是否赞成	主要贡献人及其代表文献名称、发表处、发表时间	补充贡献者及其代表文献名称、发表处、发表时间
7	转轨时期劳动力市场理论		高尚全、宋晓梧，代表文献详见简介七	
8	二元城镇化发展理论		辜胜阻，代表文献详见简介八	
9	中国金融市场突破理论		蔡重直、吴晓灵等，代表文献见简介九	
10	宏观经济调控理论		乌家培研究组（乌家培、凌晓东），代表文献详见简介十	
11	人民币汇率改革理论		吴念鲁、陈全庚，代表文献见简介十一	
12	公共财政理论		张馨，代表文献详见简介十二	
13	粘性预期理论		李拉亚，代表文献详见简介十三	

表决人签字：　　　　　　　日期：2015 年　　月　　日

本投票文件中候选理论简介的所有信息均系推荐/自荐资料的原始信息。

中国经济理论创新奖（2015）第一轮投票表决票

（填写页第 3 页，共 3 页，共 20 项候选理论）

编号	理论名称	是否赞成	主要贡献人及其代表文献名称、发表处、发表时间	补充贡献者及其代表文献名称、发表处、发表时间
14	资本市场规范化、制度化、法制化理论		曹凤岐，代表文献详见简介十四	
15	中国特色社会主义经济发展理论		何炼成、李忠民，代表文献详见简介十五	
16	按生产要素贡献分配理论及实施方案		李德伟研究组，代表文献详见简介十七	
17	商品流通体制改革的设想和跟踪研究		万典武、李禧华、余厚康，代表文献详见简介十八	
18	社会主义条件下发展消费品生产理论		徐景安，代表文献详见简介十六	
19	企业兼并理论		叶金生、张汉生，代表文献详见简介十九	
20	双稳健理论		陈东琪，代表文献详见简介二十	

本投票文件中候选理论简介的所有信息均系推荐/自荐资料的原始信息。

表决人签字：

日期：2015 年　　月　　日

85

中国经济理论创新奖(2015)评审专家第一轮投票表决结果公告

中国经济理论创新奖（2015）评奖评审专家第一轮投票表决，从 2015 年 8 月 21 日开始，至 9 月 14 日截止，以记名通信表决的方式进行，收到表决票 174 张。9 月 15 日下午由中国经济理论创新奖组委会组织进行现场计票，北京市方正公证处现场监督公证，按照预定的规程进行完毕，结果如下。

现场计票确认有效表决票为 172 张，参选理论获得赞成票数是：

参选理论序号	参选理论名称	赞成票得票数	票数排序
1	过渡经济学理论	89	1
2	中国经济转型和发展中的收入分配理论	59	2
3	按生产要素贡献分配理论	29	3
4	社会主义经济运行机制理论	26	5
5	产权理论与中国产权制度改革	26	5
6	三元经济结构理论	27	4
7	转轨时期劳动力市场理论	16	7
8	二元城镇化发展理论	13	8
9	中国金融市场突破理论	8	9
10	宏观经济调控理论	3	14
11	人民币汇率改革理论	7	10
12	公共财政理论	2	16
13	粘性预期理论	5	12
14	资本市场规范化、制度化、法制化理论	5	12
15	中国特色社会主义经济发展理论	3	14
16	按生产要素贡献分配理论及实施方案	2	16
17	商品流通体制改革的设想和跟踪研究	1	18
18	社会主义条件下发展消费品生产理论	0	20
19	企业兼并理论	1	18
20	双稳健理论	6	11

按照《中国经济理论创新奖评奖实施细则》，获得赞成票前两名的理论将进入第二轮投票表决。

特此公告。

中国经济理论创新奖组委会

2015 年 9 月 15 日

中国经济理论创新奖（2015）
第一轮投票计票公证书

公 证 书

中华人民共和国北京市方正公证处

公 证 书

（2015）京方正内经证字第 19250 号

申请人：北京市董辅礽经济科学发展基金会，住所：北京市西城区复兴门内大街 156 号 C 座 14 层 001 室。

法定代表人：毛振华

委托代理人：贺园，女，一九八〇年八月十三日出生，身份证号：610404198008132022。

公证事项：现场监督

申请人北京市董辅礽经济科学发展基金会的委托代理人贺园于二〇一五年九月二日来到我处称，为了推动经济科学的创新与进步，鼓励原始创新性成果的涌现，促进中国经济改革和理论性研究，申请人与北京大学经济学院、中国人民大学经济学院、武汉大学经济与管理学院、上海交通大学安泰经济与管理学院、清华大学经济管理学院联合发起设立"中国经济理论创新奖"，并由申请人负责该奖项的具体承办工作。申请人现定于二〇一五年九月十五日在北京举行"中国经济理论创新奖（2015）"的第一轮评审专家投票的现场唱票计票仪式，特向公证处申请对本次唱票计票仪式进行现场监督公证。

经查，申请人北京市董辅礽经济科学发展基金会向我处提交的《基金会法人登记证书（副本）》《关于发起"中国经济理论创新奖"并设立"董辅礽经济学奖学金"的协议》，

《中国经济理论创新奖2015年度评奖实施细则》及《授委托书》均真实、有效，且符合有关法律规定。

根据《中华人民共和国公证法》的规定，本公证处受理此项公证申请。受北京市方正公证处指派，本公证员与本处工作人员刘晓村于二〇一五年九月十四日下午二时十五分，来到在北京市东城区礼士胡同54号会议室举行的"中国经济理论创新奖（2015）"的第一轮评审专家投票的唱票计票活动现场，现场监督上述活动的现场唱票计票环节。

当日十四时三十分上述唱票计票活动正式开始，唱票人杨静怡现场将申请人收集的专家评审的表决票内容一一公布，同时计票人孙秋鹏将上述公布结果记录在活动现场的投票表决统计表内。上述唱票计票活动于十五时五十分结束，唱票人杨静怡、计票人孙秋鹏、监票人贺园、常颖及总监票人沈晓冰分别在《中国经济理论创新奖（2015）评审专家第一轮投票表决统计表》上签名。本处工作人员刘晓村当场制作《工作记录》一份。本次活动的专家评审表决票原件（共174张）由本公证员带回公证处封存。

兹证明与本公证书相粘连的《中国经济理论创新奖（2015）评审专家第一轮投票表决统计表》的复印件与原件内容相符。上述文件上计票工作组人员的签名均属实。整个唱票计票活动符合预定的程序规则，计票结果真实、合法、有效。

（此页无正文）

中华人民共和国北京市方正公证处

公证员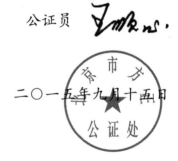

二〇一五年九月十五日

中国经济理论创新奖（2015）第二轮投票表决票

（对理论、理论的主要贡献人进行表决，共1页）

编号	理论名称	赞成	主要贡献人候选人（每一理论的候选人按姓氏笔画排序）
1	过渡经济学理论		□张军　□林毅夫研究组（林毅夫、蔡昉、李周） □胡汝银　□冒天启　□盛洪　□樊纲 另投其他人选：□___　□___　□___
2	中国经济转型和发展中的收入分配理论		□李实　□陈宗胜　□赵人伟 另投其他人选：□___　□___　□___

（1）**对理论的表决**，请在"赞成"对应列空格中选择一个理论填写"√"，另一格填写"×"（不填写视同填写"×"）。如有两项同时填写"√"则为无效票，两项同时填写"×"等同弃权。

（2）**对赞成理论主要贡献人的表决**，在选择赞成的理论后对应的"主要贡献人候选人"列中，在赞成的候选人名单前面的"□"中打"√"，在不赞成的候选人名单前面的"□"中打"×"（不填写视同填写"×"），每一理论的主要贡献者最多可选择3人（或组），超过3人（或组）表决票无效。

（3）对未选择赞成的理论对应的主要贡献候选人无须选择。

（4）请于10月10日前将本表决票邮寄或传真至组委会秘书处。

表决人签字：

日期：2015年　　月　　日

中国经济理论创新奖（2015）
第二轮投票暨最终评选结果公告

中国经济理论创新奖（2015）第二轮投票计票工作于 2015 年 10 月 12 日下午在北京市海淀区北四环中路 211 号太极大厦 8 层会议室进行，参加第二轮投票的表决票共计 184 张，有效表决票 182 张。表决结果如下：

过渡经济学理论获得赞成票 132 张，中国经济转型和发展中的收入分配理论得赞成票 49 张。根据评奖规则，过渡经济学理论为中国经济理论创新奖（2015）获奖理论。

在过渡经济学理论主要贡献人候选人中，林毅夫研究组（林毅夫、蔡昉、李周组成）获得赞成票 94 张，张军、樊纲（按姓氏笔画排序）获得赞成票数均为 86 票。林毅夫研究组、张军、樊纲为过渡经济学理论主要贡献人。

根据评奖规则，林毅夫研究组、张军、樊纲为中国经济理论创新奖（2015）获奖者。

特此公告。

中国经济理论创新奖组织委员会

2015 年 10 月 26 日

中国经济理论创新奖（2015）
第二轮投票计票公证书

公 证 书

中华人民共和国北京市方正公证处

公 证 书

（2015）京方正内经证字第 19251 号

申请人：北京市董辅礽经济科学发展基金会，住所：北京市西城区复兴门内大街 156 号 C 座 14 层 001 室。

法定代表人：毛振华

委托代理人：贺园，女，一九八〇年八月十三日出生，身份证号：610404198008132022。

公证事项：现场监督

申请人北京市董辅礽经济科学发展基金会的委托代理人贺园于二〇一五年九月二日来到我处称，为了推动经济科学的创新与进步，鼓励原始创新性成果的涌现，促进中国经济改革和理论性研究，申请人与北京大学经济学院、中国人民大学经济学院、武汉大学经济与管理学院、上海交通大学安泰经济与管理学院、清华大学经济管理学院联合发起设立"中国经济理论创新奖"，并由申请人负责该奖项的具体承办工作。申请人现定于二〇一五年十月十二日在北京举行"中国经济理论创新奖（2015）"的第二轮评审专家投票的现场唱票计票仪式，特向公证处申请对本次唱票计票仪式进行现场监督公证。

经查，申请人北京市董辅礽经济科学发展基金会向我处提交的《基金会法人登记证书（副本）》《关于发起"中国经济理论创新奖"并设立"董辅礽经济学奖学金"的协议》，

《中国经济理论创新奖2015年度评奖实施细则》及《授委托书》均真实、有效，且符合有关法律规定。

根据《中华人民共和国公证法》的规定，本公证处受理此项公证申请。受北京市方正公证处指派，本公证员与本处工作人员刘晓村于二〇一五年十月十二日下午十三时四十五分，来到在北京市海淀区北四环中路211号太极大厦8层会议室举行的"中国经济理论创新奖（2015）"的第二轮评审专家投票的唱票计票活动现场，现场监督上述活动的现场唱票计票环节。

当日十四时上述唱票计票活动正式开始，唱票人孙秋鹏现场将申请人收集的专家评审的表决票内容一一公布，同时计票人汲铮将上述公布结果记录在活动现场的投票表决统计表内。上述唱票计票活动于十五时十分结束，唱票人孙秋鹏、计票人汲铮、监票人杨静怡、常颖及总监票人郭敏分别在《中国经济理论创新奖（2015）评审专家第二轮投票表决统计表》上签名。本处工作人员刘晓村当场制作《工作记录》一份。本次活动的专家评审表决票原件（共184张）由本公证员带回公证处封存。

兹证明与本公证书相粘连的《中国经济理论创新奖（2015）评审专家第二轮投票表决统计表》的复印件与原件相符。上述文件上计票工作组人员的签名均属实。整个唱票计票活动符合预定的程序规则，计票结果真实、合法、有效。

（此页无正文）

中华人民共和国北京市方正公证处

公证员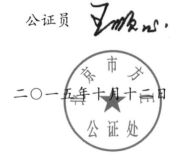

二〇一五年十月十二日

中国经济理论创新奖（2015）评选投票结果通知仪式上获奖者获奖感言

林毅夫、蔡昉、李周表示，中国经济理论创新奖在学界被广泛认可，非常感谢学界对他们研究成果的肯定。中国经济转型与发展的理论，对解释中国过去的这20多年的成绩和问题，有一定的说服力。从改造世界的角度来看，希望他们提出的理论，可以帮助中国实现中华民族伟大复兴，帮助其他发展中国家抓住他们的机遇，实现国家的繁荣。

张军表示，中国经济理论创新奖是中国经济研究领域的一个大奖，非常感谢对我们三组获奖者在中国经济研究领域坚持20多年的认可。这个奖项所强调的原创理论研究对中国经济学人来说特别重要。中国经济的理论研究，特别是基于经验的理论研究，将随着一代又一代中国新生代经济学家的成长，逐步进入世界经济学的主流，为将来中国经济学家摘取诺贝尔经济学奖，做出更大的贡献。

樊纲表示，感谢中国经济理论创新奖组委会以及200多位评委，把过渡经济学理论评为这一届的获得者。中国经济学者能够在经济理论近期做一些贡献，对经济学的知识大厦做一点贡献，过渡经济学是一个重要的领域，因为我们正在亲身经历这个过程，能够发现一些新的东西，为经济学，特别是制度经济学的发展，做出我们中国经济学家独特的贡献。希望通过这个奖，使更多的人了解过渡经济学理论，使更多的学者能够进一步在这个领域里面研究下去。

中国经济理论创新奖（2015）颁奖词

　　"过渡经济学理论"作为一门新兴的经济学理论，不仅推进了理论经济学的发展，也对中国的改革实践发挥了重要的理论指导和政策推动作用。

　　以林毅夫研究组（林毅夫、蔡昉、李周组成）和张军、樊纲为代表的经济学家对"过渡经济学理论"的形成和完善以及促进中国从计划经济向市场经济平稳过渡，减少经济转轨过程中的成本，保持经济社会的稳定，做出了重要贡献。

　　"过渡经济学理论"是由林毅夫研究组、张军、樊纲以及研究这一问题的众多学者的研究著作组成，是对中国改革具有很强指导意义的经济理论。"过渡经济学理论"的重点研究领域是社会主义经济体制变迁过程中的不同方式或路径对改革成本和绩效的影响，如何选择低成本的改革方式或路径，以及改革引发的利益矛盾和收益分配等问题，这也正是当前中国社会主义市场经济改革中面对的重大问题。"过渡经济学理论"必将会对中国未来的改革起到指导作用，也将随着中国改革向纵深推进而获得进一步发展和完善。

　　在第七届中国经济理论创新奖（2015）的学术民主投票表决中，以林毅夫研究组、张军、樊纲为主要贡献人的"过渡经济学理论"，获得赞成票第一名，表明了经济学界对这一理论的充分肯定。

　　为此，中国经济理论创新奖组织委员会将第七届中国经济理论创新奖授予林毅夫研究组、张军、樊纲为主要贡献人的"过渡经济学理论"。

第四部分

中国经济理论创新奖（2015）获奖理论代表性文献选编

转型经济研究：《中国的奇迹：发展战略与经济改革》导读

林毅夫、蔡昉、李周

一、前言

在第二次世界大战后，东亚是世界上最为贫穷的地区，人多、自然资源少，曾被认为是世界上最不具发展希望的地区。[①] 然而日本在战后迅速恢复，到了20世纪60年代成为第一个非白种人的高收入经济体。接着东亚"四小龙"——中国台湾、中国香港、韩国、新加坡在70年代也成为充满活力的新兴工业化经济体。在这些事实面前，世界银行作为世界上最为重要的多边发展机构，自90年代初起每隔4年对东亚经济进行一次主题研究，概括其独特的发展经验与教训，揭示既定时期的问题与挑战。这个系列研究中的第一个报告发表于1993年，题为《东亚奇迹：经济增长与公共政策》，首次系统研究了东亚8个经济发展表现卓尔不群的经济体的成功原因。这8个经济体除日本和亚洲"四小龙"外还包括印度尼西亚、马来西亚和泰国。虽然从1978年底开始的改革开放到1993年，中国已经取得了15年年均9.7%的高速增长，在一个底子薄、人口超10亿又处于转型期的国家取得这样的成绩在人类经济史上前所未有，但是《东亚奇迹》有意无意地忽略了中国经济增长的故事。作为中国的经济学者，我们义不容辞地分析、探索了中国转型期经济高速增长背后的道理，预测了这个增长速度是否有

[①] 根据安格斯·麦迪森（Angus Maddison）的《世界经济千年史》（*Historical Statistics of the World Economy：1-2008AD*），1950年时东亚地区的人均GDP按1990年的国际元计算为666元，低于拉美的2510元，也低于非洲的889元。

可能持续，探讨了如何深化改革才可以将之继续保持下去，并以"中国的奇迹"为书名在1994年出版了我们的著作，1999年又进行增补出了增订版。

鉴于这本书讨论的是如何通过政府发展战略转型和市场经济体制改革，使中国取得了人类经济史上前所未有的持续高速增长，我们把书名定为《中国的奇迹：发展战略与经济改革》。中国现在已经是中等偏上收入的国家，但从计划经济体制到市场经济体制的转型尚未完成，中国能否继续保持快速发展的态势，落实党的十八大提出的"两个百年"的目标，实现中国几代志士仁人孜孜以求的"中国梦"，既是中国执政者和全体居民想弄清楚的问题，也是国外人士的好奇心所在。

二、写作背景

我们对于这本书所关心的内容的研究，始于1988年下半年。当时中国出现了1949年以来最严重的通货膨胀，居民消费价格指数和商品零售价格指数分别高达18.8%和18.5%。面对高通货膨胀，主流的宏观经济学理论开出的药方是提高利率水平以抑制投资和消费需求，但是中央提出了"治理整顿"的方针，以行政手段直接砍投资、砍项目来抑制需求。这种措施造成了许多"半拉子"工程，从主流的理论来看甚不理性，但是在1978~1988年的10年间，中国政府却能在转型过程中取得年均10.1%的高速增长。如果中国政府真的是不理性的，显然不可能取得这样的持续增长绩效，可见中国政府的领导人作为一个决策者面对高通胀做出那样的选择必然有其道理，主流理论的政策建议不完全适用于像中国这样的转型中国家。究其原因，主流理论是建立在完善的市场前提下的，而转型中的国家并不存在完善的市场，在转型经济中微观决策者的行为约束和选择不同于一般市场经济中的微观决策者，两者同为理性，选择自然不同。我们在参与这场讨论的过程中，还注意到，周期性的"活乱"循环现象是中国经济的痼疾顽症，而宏观政策环境改革滞后于微观经营机制和资源配置制度方面的改革，则使这种"活乱"循环现象更加强烈地表现出来。所以，不抛弃完善市场的前提，并从传统经济体制的内在逻辑以及导致经济陷入困境的根源上进行探讨，就难以理解中国经济的运行机制，对症下药地提出有效的对策。循着这个思路，我们的研究深入探索了中国计划经济体制中各种制度安排形成的内因，并逐步拓展到中国经济改革的各个主要领域。

社会主义革命的目的是为了把中国建设成强大的现代化国家，改革前的30年，中国一直冀图在一穷二白的农业经济基础上，发展世界上发达经济体所拥有的产业和技术体系，在最短的时间内实现赶超世界上最发达的经济体的目标。但是，这些现代化的大产业资本很密集，违反了当时中国资本极端短缺、劳动力非常丰富的基本国情所形成的比较优势，这种产业中的企业在开放竞争的市场中缺乏自生能力。为了保护补贴缺乏自生能力的企业，把那些现代化大产业建立起来，中国采取了在宏观上扭曲各种要素和产品价格，在中观上以行政手段直接配置资源，在微观上不给国有工业和集体农业中经营主体人财物产供销自主权的计划经济体制。同大多数努力赶超发达经济体的发展中国家一样，中国虽然建立了一整套先进的产业，能够在 20 世纪 60 年代就试爆原子弹、70 年代就卫星上天，但经济发展绩效不佳，人均收入水平长期难以提高，和发达国家的差距不断扩大。

为了扭转上述局面，我国于 1978 年底开始实行改革开放政策。具体的做法是：从着眼于提高农民、工人积极性的微观经营机制着手，在农村以家庭承包经营取代农业集体经营、在工业上实行放权让利，将被旧体制压抑的数亿农民和工人的生产积极性释放出来，并实行价格和资源配置的双轨制，除继续给予大型国有工业企业必要的保护补贴外，允许乡镇企业、私营企业和合资企业进入符合我国比较优势的劳动力密集型产业，将我国要素禀赋结构的比较优势充分发挥出来；通过快速增长和资本积累，为发展资本密集型产业创造条件，逐步实现产业结构升级。

改革前后经济绩效的鲜明对比，加深了我们对经济增长的本质和决定因素的认识，而世界性的改革浪潮和成效的鲜明对比则对提炼中国经济转型经验的普遍意义提供了条件。正是这两方面的条件，使我们有幸在本书中自成体系地提出了一套经济发展和转型的理论框架，并以此较好地分析和预测了中国的发展与转型过程中取得的成绩、出现的问题和进一步解决的方案。林毅夫在此研究所形成的理论基础上于 2009 年就任世界银行高级副行长兼首席经济学家一周年时，提出作为发展经济学第三版的"新结构经济学"。①

1992 年，我们开始构思、写作这本书时，中国正在邓小平同志南方谈话的推动下开始新一轮改革，在实现了改革开放后连续 13 年年均 9.0% 的增长以后，中国经济同时也面临"活乱"循环、腐败、地区差距扩大、国企改革举步维艰、体制复归等一系列问题。当时，国外经济学界乃至国内一些经济学家认为，从计

---

① 林毅夫：《新结构经济学：反思经济发展与政策的理论框架》，北京大学出版社 2012 年中文版。Justin Yifu Lin, *New Structural Economics: A Framework for Rethinking Development and Policy*, Washington, D. C.: World Bank, 2012.

划经济体制向市场经济体制转型应该采用华盛顿共识所倡导的休克疗法，一步从计划经济体制跨入市场经济体制。当时，主流的观点认为，中国采取的双轨渐进的改革方式是最糟的转型路径，并且把当时中国经济中出现的诸种问题作为佐证。[①] 对于中国改革开放以来的快速增长则认为是中国农业劳动力所占的比重高，不过是把劳动力从农业向工业转移的结果，不会具有可持续性。[②] 正是在针对这些疑问的探讨和辩驳中，使我们越来越感受到中国改革中出现的诸多现象不能简单地套用现有的主流理论来分析，特别是对双轨渐进的改革方式不能简单嗤之以鼻。

在和国内外经济学界前辈和同行们的争论中，我们的认识不断深化，一个以要素禀赋结构为分析的出发点，以政府的发展战略为分析的切入点，以企业自生能力为分析的微观基础的经济发展和转型的理论框架逐渐形成并丰满起来。我们高兴地发现这个理论框架可以一以贯之地解释中国传统体制形成的逻辑和绩效欠佳的原因，改革开放后经济的稳定和快速发展、改革中出现的"活乱"循环、收入分配差距扩大、腐败现象恶化的机理，并可以较好地勾画出进一步深化改革的方向和路径，以及中国经验对经济发展和转型的一般意义，整个理论体系具有内部逻辑的自洽，并能较好地解释过去发生的现象和预测未来发展的趋势。因此，我们抱着野人献曝的心情，不揣冒昧地开始了这本书的写作，总结历经五年的研究心得，以就教于经济学界的同行和关心中国经济改革发展的各界读者。

从这本书出版后 20 年的经验事实来看，渐进双轨的改革确实存在不少问题，但是那些试图以休克疗法一次性地从计划经济跳跃到市场经济的国家，不仅经济崩溃、停滞、危机不断，而且也存在发生在双轨渐进转型国家的令人广为诟病的腐败和收入分配差距扩大的问题，并有过之而无不及，在这些事实面前，两种转型路径孰优孰劣应该是清楚的。

在《中国的奇迹》一书中我们开始探索，初步形成了一个新的理论框架，认为每一个国家在每个发展阶段有竞争力的产业内生决定于该阶段的要素禀赋结构，按照比较优势发展产业并充分利用后发优势的小步快跑是发展中国家追赶发达国家的最佳途径；以及在过去赶超战略的失误造成发展路径偏离最佳路径的转型过程中，双轨渐进的改革比休克疗法的改革有利于在转轨过程中取得经济稳定和快速发展的成绩，转轨的最终完成则有赖于赶超战略向比较优势战略的体制机

① Murphy, Kevin, Andrei Schleifer, and Robert Vishny (1992). "The Tradition to a Market Economy: Pitfall of Partial Reform", *Quarterly Journal of Economics*. 107: 889 – 906.

② Sachs, Jeffrey D., and Woo, Wing Thye (1994). "Structural Factors in the Economic Reforms of China, Eastern Europe and the Former Soviet Union", *Economic Policy*. 18: 101 – 145.

制的回归。这一框架在其后的一系列的研究和著作中逐步完善成新结构经济学的理论体系。①

我们的研究是遵循亚当·斯密在《国民财富的性质和原因的研究》一书中所倡导的研究方法来进行的，也就是从现代经济增长的本质和它的决定因素入手，不是从《国富论》所倡导的观点，即分工为切入点来研究。经济快速增长的现象是在18世纪以后才出现的。根据经济史学家麦迪逊的研究，18世纪以前西欧国家人均收入的年平均增长率只有0.05%，人均收入需要1400年的时间才能翻一番。18世纪以后到19世纪中叶，人均收入年平均增长率提高到1%，人均收入翻一番所需要的时间缩短到70年。从19世纪中叶到现在，人均收入年平均增长率为2%，人均收入翻一番的时间降至35年。

上述增长加速的现象是18世纪中叶开始的工业革命的结果，因为经济的增长，人均收入水平提高的不断加速，主要决定于劳动生产率的不断提高，其前提则是技术创新、产业升级速度的不断加快。由此带来的经济规模的快速扩张，对降低交易费用的硬的基础设施如电力、道路、港口的改进提出了要求，这是让现代生产得以进行和将产品销售到更为广阔的国内外市场的必要条件。而交易范围的扩大，则导致陌生人之间的交易不断增多，于是合同和法律就变得很重要。同时，为了满足产业规模和资本密集度提高所需的资本，金融体系也必须不断提高其动员资金和分散风险的能力，同金融相关的法律法规等制度安排也必须不断完善，上述软的基础设置的改善能降低交易费用和交易风险。因此，劳动生产率不断提高、技术和产业结构不断升级、软硬基础设施不断完善是现代经济增长的本质。

每个时点上的要素禀赋就是该经济体在特定时点上的总预算，而要素禀赋结构决定要素的相对价格，相对多的要素价格相对便宜，相对少的要素价格相对高昂，所以，一个经济体在不同的经济发展阶段，它的资本、劳动、自然资源的相对价格是不一样的。

不同要素的相对价格决定不同的比较优势。比如，一个经济体处于劳动力相对丰富、资本相对短缺时，具有比较优势的产业是劳动力密集型产业，这个经济体在这类产业上的要素生产成本就会比劳动力相对短缺、劳动力价格相对较高的经济体的成本低，这样就具有了竞争优势，所以，按照比较优势发展经济是实现竞争优势的前提。如果一个经济体的所有产业都符合它的比较优势，这样的产业

---

① 具有里程碑意义的著作包括，林毅夫：《经济发展与转型：思潮、战略与自生能力》，北京大学出版社2008年版，林毅夫：《新结构经济学：反思经济发展与政策的理论框架》，北京大学出版社2012年版。

结构是最优的、最有竞争力的结构。

一个经济体只有到了资本相对非常丰富的阶段，在生产过程中每个劳动可以运用很多资本，才会在资本密集型产业上有比较优势，劳动生产率和收入水平才能很高。所以，经济发展的最终目标是提高收入水平，中间目标是发展资本密集型产业，措施则是加速资本积累。一个低收入经济体只有加快资本积累，才能使资本更快地由相对稀缺变为相对丰富，使资本密集型产业具有比较优势。也就是说，收入水平的提升依赖于产业结构的提升，而产业结构的提升则依赖于要素禀赋结构的提升。

一个经济体的要素禀赋结构不能提升，产业结构和技术结构就不能升级，劳动生产率和收入水平就不能提高，就会跌入低收入陷阱或中等收入陷阱。因此，要超越中等收入陷阱和低收入陷阱，必须不断提升要素禀赋结构，让每个劳动者拥有更多的资本。要快速增加每个劳动者可以使用的资本，最好的方式是在每个时点上都发展同当时的要素禀赋结构相一致，进而符合比较优势的产业。产业结构的比较优势发挥得越充分，在具有合适的软硬基础设施的条件下，竞争力就越强，投资回报率越高，经济剩余越多，积累意愿越强，要素禀赋结构水平升级就越快。而要素禀赋结构升级越快，比较优势变化和产业结构升级越快，相应的硬的基础设施和软的制度安排的完善也要越快。借助于这个逻辑，就把发展的本质和它的决定因素论述清楚了。

企业家关心的是利润。要让企业家自发地按照比较优势来选择技术和产业，就要有一个能够反映特定时点各种要素相对稀缺性的价格体系，使企业家在追求利润最大化时会选择能多用相对便宜的要素少用相对昂贵要素的技术和产业。这种价格体系只有在竞争性市场中才能形成，所以，有效的市场是一个国家经济发展成功的制度前提。

在经济发展过程中，产业升级是由先行企业推动的，先行企业家进入新产业要承担很多风险，如果失败了，说明这个产业不符合比较优势，其他企业不会进入，但先行企业要承担失败的所有成本；如果成功了，证明这个产业是该经济体新的比较优势，其他企业就会跟进产生竞争，先行企业不能有垄断利润。由于先行企业要承担很大的失败的风险，却很难得到成功时的垄断利润，为了鼓励企业家成为先行者，需要政府为他们提供激励。同时，先行企业是否成功除了进入的产业是否符合要素禀赋结构变动所决定的新的比较优势外，还决定于各种软硬基础设施是否随着产业的升级，资金、市场规模和风险的扩大做出相应的完善，这种软硬基础设施的完善超乎任何单个企业的能力。所以在经济发展过程中，政府也需要协调相关企业的投资决策来改善软硬基础设施，或利用其可动用的有限资源来提供相应的完善。所以，有为的政府同样是经济发展成功的前提。我们把有效市场和有为政府两者互为因果和各自的边界表述为：市场有效以政府有为为前提，政府有为以市场有效为边界。

三、本书的主要内容

1. 拟研究的问题

近几百年来，中国是世界民族之林中的落伍者，她能否保持快速发展的态势，在21世纪立于世界发展进程的前列，实现几代人孜孜以求的中华民族伟大复兴的中国梦，既是中国执政者和全体国民想弄清楚的问题，也是国外人士的好奇心所在。中国作为一个发展中国家和转型经济，她的成功经验对处在相同境遇中的其他经济体是否具有普遍意义，也是大家极为关切的。中国推行赶超战略，与当时受到资本主义国家的包围，没有重工业就要挨打的境遇有关，也同当时发展中国家的决策者的认识有关。第一，"二战"以后，许多新独立国家认为，实现工业化是同殖民地经济制度决裂的关键所在；当时做出的贸易条件不利于初级产品具有长期性的预测，使许多新独立国家认为，加快实现工业化是明智的选择。第二，苏联运用国家计划在短期内成功实现工业化，极大地影响了这些决策者，而苏联为此花费的巨大代价却是很久以后才为人所知。第三，20世纪30年代的大萧条造成的经济衰退表明市场缺陷无所不在，而其后的复苏证明了政府干预的有效性。"二战"期间，政府对稀缺资源的分配和基本消费品的定量供应所产生的效果，又进一步证实了政府干预的有效性。一方面是急于实现工业化，另一方面是确信只有依靠政府干预方能加快工业化进程。于是，采用重工业优先发展战略，并通过政府干预形成低利率、低汇率和低生产要素和产品价格的宏观政策环境，以及相应的经济管理体制，便成为当时历史条件下的必然选择。本书拟研究的四个问题是：

第一，为什么改革前后中国经济发展绩效迥然不同。近代以来中国与世界发达经济的发展差距愈拉愈大。加快经济发展，赶超发达经济，是中国近代仁人志士的"中国梦"。1949年中华人民共和国成立以后，这个任务历史性地落到了中国共产党人的身上。为了赶超发达经济，建立了一套旨在最大限度地提高资源动员能力的政策和制度。然而，到20世纪70年代末为止的30年中，经济发展差距缩小甚微，人民生活改善甚微。从70年代末开始，中国逐渐放弃高度控制资源价格、按计划配置资源和剥夺企业经营自主权的计划经济体制，市场机制在资源配置方面发挥越来越重要的作用，国民经济持续、稳定、快速增长，在世界发展格局中一枝独秀。无疑，经济改革是产生这种戏剧性变化的催化剂。因此，总结改革经验，阐明经济增长的原因所在，是本书的首要任务。

第二，为什么中国改革过程中会出现"活乱"循环。中国的经济改革与发展并非尽善尽美、毫无跌宕的，而是伴随着以"瓶颈"制约、通货膨胀、腐败滋生和体制复归为表征的"活乱"循环。这种"活乱"循环一旦成为一种非收敛型的周期现象，中国的改革和发展就会遇到极大的障碍，21世纪重新崛起的理想宏图可能会功亏一篑。因此，探讨"活乱"循环产生的原因和克服的途径，是本书不能回避的问题。

第三，中国改革和发展的势头能否得以持续。与已确立的建立市场经济体制的目标相比，中国的改革还没有大功告成，而要占据世界经济发展进程的前列，更是任重道远。要实现这些目标，必须保持改革与发展的势头。中国的改革和发展仍面临着诸多重大难点和障碍，只有克服这些难点和逾越这些障碍方能持续地保持改革与发展的势头。因此，探讨中国经济改革的逻辑方向，依循这种逻辑找出克服上述改革难点的正确途径，是本书最为重要的使命。

第四，为什么中国的改革取得了巨大成功，苏联和东欧国家的改革却步履维艰。苏联和东欧与中国一样，都曾实行高度集中的计划经济体制，尝尽了效率低下、激励不足的苦头。这也是它们纷纷进行改革的原因。然而，改革的效果却大相径庭。中国在改革的进程中不断趋向市场经济体制，不断化解通货膨胀压力，克服"瓶颈"制约，消除政治风波的冲击，实现了持续高速的经济增长。而这些从改革伊始就宣称建立了完全市场经济体制的国家，至今仍未实现效率提高和稳定增长，仍然面临通货膨胀、失业和政治不稳定等问题。既然这些经济体在改革起点和目标模式上没有根本的差别，那么不同的改革效果很可能产生于改革方式的相异性。因此，总结中国经济改革的经验，揭示其普遍意义，是本书的重要任务之一。

2. 赶超战略与传统经济体制的形成

中华人民共和国成立之初，新的执政者面临的是以何种发展道路和管理体制组织经济建设，迅速实现强国富民理想的选择问题。1949年，中国工农业总产值466亿元，其中农业总产值占70%，工业总产值占30%，重工业产值占7.9%，人均国民收入66.1元。这种状况使执政者明确意识到，迅速恢复和发展经济，尽快自立于世界民族之林，是关系国家和政权生死存亡的头等大事。而按照当时的认识水平，工业化几乎是发展经济、摆脱贫困和落后的同义语。然而，此时推行重工业优先发展战略存在三个矛盾。

第一，重工业资本需求很大和资本供给严重不足的矛盾。1952年国家银行的期末资产总额为118.8亿元，存款余额为93.3亿元。由于资本稀缺，利率很高。20世纪50年代初，资金月利率在2%~3%。以年利30%的复利计算，投资1元，5年后本息累计为3.71元，10年后为13.79元。重工业承受不起如此高的资金成本。如果由市场机制配置资源，诱致的是轻工业为主导的工业化，而无法实现重工业优先增长。

第二，重工业设备需大量进口与外汇支付能力低下的矛盾。当时中国经济处在极不发达阶段，发展重工业所需的设备大多需要进口，而可供出口的产品少、数额小、换汇能力很低。若由市场决定外汇价格，发展重工业的成本会非常高昂。

第三，重工业投资需求集中在少数城市与经济剩余分散在广大农村的矛盾。当时中国的经济剩余很少，且分散在广大农村。把量级极小的农业剩余集中起来，以满足发展重工业的需求，也需支付较高的成本。

要解决上述矛盾，必须形成排斥市场机制，人为扭曲生产要素和产品的相对价格的政策环境。这个政策环境包括：

第一，低利率政策。新中国成立之初，为消除旧政权造成的恶性通货膨胀的影响，新政府采用了紧缩银根的金融政策。从1949年到1950年初，中国人民银行的工业贷款的年利率最高达144%。1950年上半年通货膨胀得到遏止，利率开始下调。1950年5月工业信用贷款月利率为3.0%，这是一个比较正常的利率；而后做了多次下调，1950年7月为2.0%，1951年4月为1.5%~1.6%，1953年1月为0.6%~0.9%，1954年为0.456%，并保持了很长时间。

第二，低汇率政策。汇率抑制始于1950年。从1950年3月到1951年5月，政府连续15次压低人民币与美元的汇率。1950年3月13日，420元人民币兑换100美元；1951年5月23日，223元人民币兑换100美元；1955年3月1日至1971年12月，一直为246.18元人民币折合100美元；1978年为172元人民币折合100美元。

第三，低工资和低能源、原材料价格政策。以工资为例，20世纪50年代初开始实行统一的工资制度，国家机关、企事业单位的工资标准、工资定级和升级办法，以及工资增长幅度，全部由中央统一规定，地方、企业无权调整。到1978年，职工年平均货币工资一直低于600元。

第四，低生活必需品及服务价格政策。这是与低工资相配套的政策。具体包括食品、日用品、住房、医疗、教育、生活能源及各种生活服务。这个政策福利只针对城市居民，不涉及农村人口。

低利率会降低储蓄意愿，减少可贷资金的来源，并诱发企业的资金需求；低汇率会抑制出口积极性，鼓励进口冲动；低能源、原材料价格会造成原材料供给不足和需求过旺。为了保证有限的资金、外汇和物资优先用于重工业，必须设置计划管理机构，并用计划配置办法代替市场配置办法。随着计划管理机构职能的确定和完善，一个高度集中的资源计划配置制度就逐步形成了。

首先是金融管理体制。在利率低于使用资金的机会成本的情况下，所有企业都倾向于使用更多的资金。为了确保极为稀缺的资金流向重工业：一是实行金融垄断，防止储蓄流向国家控制之外的金融机构；二是实施资金集中配置制度，由中国人民银行总揽全部金融业务，实现资金配置与发展战略目标、低利率政策环境的衔接。

其次是外贸外汇管理体制。国家从 1950 年开始对进出口商品的数量、价格、贸易方式、支付方式和贸易期限进行统一管制。具体政策包括四个方面：一是实行进出口许可证制度。对经营主体和贸易对象进行严格管制。二是实行外汇管制。规定社会团体、企业和个人的外汇收入都必须按国家规定的汇率卖给国家银行，外汇支出和使用都必须经主管部门批准，向国家银行购买。三是对（国有化前）私营进出口企业、外商企业实行登记管理制度。四是实行保护性关税制度。从 50 年代中期开始，对外贸易全部由国营企业统一、集中经营。汇率由中国人民银行统一制定，外汇由中国人民银行、对外贸易部和财政部集中管理。由此形成了与低汇率政策相配套的外贸外汇管理体制。

再其次是物资管理体制。低价格刺激需求，抑制供给，会造成供需失衡。在供不应求成为常态的情况下，要保证稀缺物资首先满足重工业的需要，必须建立在全国范围内统一分配重要物资的制度。物资被分为国家统一分配的物资（简称"统配物资"）、中央工业主管部门分配的物资（简称"部管物资"）和地方管理的物资（简称"三类物资"），由此实现了国家对经济建设所需物资的直接配置。

最后是农产品统购统销制度。1953 年秋收后，国家粮食收购计划在很多地区不能按期完成，粮食销售量却远远超过计划，形成购销不平衡的局面。为了确保农民生产国家所需的农产品，1953 年 11 月，中共中央和政务院分别发布命令，决定对油料和粮食实行计划收购和计划供应。1954 年 9 月，政务院又发布了对棉花实行计划收购的命令。1955 年 8 月，国务院颁布《农村粮食统购统销暂行办法》，规定了具体的定产、定购、定销办法。

低利率和低汇率政策的实行降低了工业资本形成门槛，低能源、原材料价格和低工资政策的实行降低了工业企业的生产成本，但这还不是重工业优先发展的充分条件。为了最大限度地支配经济剩余，更好地实现国家目标，还必须把私人企业改造成国有企业，并建立统一的指令性生产计划体制和统收统支的财务体制。从 1954 年起，国家把规模较大的私营企业纳入公私合营范围，投资并对其进行扩建、改建。对中小私营企业则通过个别企业的公私合营到全行业的公私合营，对整个行业进行改组，形成新企业。

国家对国营企业实行计划管理。生产资料由国家计划供应，产品由国家包销和调拨，财务实行统收统支。企业的利润和折旧基金全部上交，纳入国家预算。企业所需基本建设投资、固定资产更新和技术改造基金、新产品试制费和零星固定资产购置费等，全部由国家财政拨款解决，流动资金由财政部门按定额拨付，季节性、临时性的定额外流动资金由银行贷款解决。企业用工和工资分配完全由国家计划安排。

农业经营的人民公社化。建立农产品统购统销制度只是农村经济传统体制形成的第一步，人民公社化才是这套与宏观政策环境相配套的农村经济体制完全形成的标志。

概言之，中国选择重工业优先发展战略既是政治领导人的经济理想的反映，也是对当时国际、国内的政治、经济形势的反映。重工业作为资本密集型产业具有三个特征：一是建设周期长；二是在发展的早期大部分设备需要从国外引进；三是初始投资规模巨大。中国当时经济发展水平很低，也有三个特征：一是资金短缺，资金的价格或利率高昂；二是可供出口的产品数量很少，由市场决定的汇率很高；三是经济剩余少，资金动员能力弱。要在当时的经济状态下发展重工业，必须人为压低资本、外汇、能源、原材料、产品和劳动力的价格。而建立计划配置和管理经济的体制，实行工商业的国有化和农业的人民公社化，以及剥夺企业经营自主权的微观经营机制，则是保证被压低价格的要素和产品流向重工业的制度安排。也就是说，经济发展战略是可以由政府选择的外生变量，重工业优先发展战略一经选定，优先发展的产业中的企业不具有自生能力，在开放竞争的市场中无法靠自己的能力生存，就会形成扭曲价格的宏观政策环境，计划配置资源的制度和没有自主权的微观经营制度。这三者是由选择特定发展战略而诱发形成的内生变量，它们构成三位一体的传统经济体制。

其实，当时除了中国和东欧的一些国家外，还有相当多的发展中国家选择了类似的发展战略，并形成了同样特征的经济体制。第二次世界大战后，一大批原来的殖民地、半殖民地国家获得政治上的独立。如何独立自主地发展经济，迅速实现经济起飞，摆脱贫穷、落后局面，是摆在每一个民族政府面前的迫切任务。这些国家的政府大多希望能走一条快捷的工业化道路。

当时，大多数发展中国家的领导人受到激进经济学家观点的影响，认为市场机制将导致国内严重的两极分化，对外贸易将造成宝贵资源的廉价流失。如果不建立独立的工业体系而依赖初级产品出口，就只能长期充当发达国家的"外围"，继续处于不发达阶段。例如印度，在总理尼赫鲁的领导下，由马哈拉诺比斯制定了重工业发展计划。重工业成为其第一个和第二个"五年计划"期间经济发展的主要目标。

鉴于无法依靠市场和价格机制推行赶超战略，推行赶超战略的发展中国家都采用了包括压低利率、汇率，压低资本投入品价格、压低农产品价格等一系列扭曲价格的政策，建立了高度统制的管理体制。具体措施包括：一是提高国有经济的比重，以控制经济命脉。例如推行进口替代战略的巴西，1984 年最大的 200家企业中，国有企业 81 家，占 200 家大企业总资产的 74.2%，纯收入的 56.3%；二是政府参与稀缺资源配置和实行贸易垄断。三是定立利率上限和实行金融压抑。四是实行向城市倾斜的社会福利政策。

由此可见，发展中国家无论采取社会主义制度还是资本主义制度，都有可能因选择赶超发展战略而形成类似的经济体制。正是由于这一点，分析中国计划经济体制的形成、实行结果和改革过程，对有类似经历的发展中国家具有借鉴意义。

3. 改革以前的中国经济发展

中国从第一个五年计划期间开始推行重工业优先发展战略，内生出扭曲产品和要素价格的宏观政策环境、高度集中的资源计划配置制度和企业没有经营自主权的微观经营机制。该经济体制解决了在经济十分落后的发展起点上把积累率提高到 15% 以上的问题，并以较快的速度建成较为完整的工业体系，但付出的代价极为高昂。

1952～1978 年期间，按可比价格计算的社会总产值、工农业总产值和国民收入的年均增长率分别达到 7.9%、8.2% 和 6.0%。1980 年全国工业总产值4992 亿元，比 1952 年的 343.3 亿元增长 17.9 倍。然而，人均国民生产总值仍然很低。按官方汇率计算，1978 年人均国民生产总值为 210 美元，尚未迈过人均265 美元的门槛，仍处于低收入发展中国家的行列。冒昧否定这个时期中国经济增长数据的可靠性是不明智的。但有理由确信，该经济体制并没有把具有的增长潜力充分释放出来。

首先，中国经济增长是在非常小的基数上起步的。按 1952 年不变价格计算，1949 年全国工农业总产值 466 亿元，1952 年 827 亿元，人均工农业总产值分别为 86.03 元和 143.87 元。基数越小，就越容易表现出较高的增长率。

其次，经济规模的扩大主要依靠重工业增长。1951～1980 年期间，重工业年平均增长率为 15.3%，工业为 11.0%，农业为 3.2%，商业为 4.2%。若以重工业与轻工业的年平均增长率比值作为重工业增长领先系数，恢复时期（1949～1952 年）的重工业领先系数为 1.68，"一五"时期为 1.97，"二五"时期为 6.00，调整时期（1963～1965 年）为 0.70，"三五"和"四五"时期分别为 1.75 和 1.32。

再其次，积累率的提高是依靠抑制消费实现的。中国推行赶超战略期间，积累率不仅高于世界平均水平，也高于大多数实现了快速经济增长的发展中经济。积累率的提高无疑有利于经济的较快增长，但也造成生活消费品短缺和人民生活水平提高缓慢。

最后，产业结构的变化不合乎经济发展的规律。在改革前的 27 年里，工业占国民收入的份额持续上升，建筑业、运输业和商业的份额从 1952 年的 22.75% 上升到 1957 年的 24.5% 后，一直处于下降和徘徊状态，至 1978 年，仍比 1957 年低 6.7 个百分点。

这种经济结构带来的问题是：第一，牺牲了比较优势和增长潜力。重工业的较快增长是以牺牲能加以利用的比较优势和经济增长潜力为代价的，所以经济增长的结果与经济增长的预期是背道而驰的。通过国际比较可以看出，中国流动资金占全部资产总量的份额最大，这意味着中国投入品与产出品的库存量比其他国家多，库存时间比其他国家长。第二，抑制了农业劳动力转移和城市化进程。重工业的就业吸纳能力要低于其他产业。分析中国统计资料可以看出，重工业部门每亿元投资提供 0.5 万个就业机会，只及轻工业的 1/3，国有企业每亿元投资提供 1 万个就业机会，只及非国有企业的 1/5。这个时期重工业增加的职工人数为轻工业的 4.1 倍，国有企业增加的职工人数为非国有企业的 3.1 倍。由此可见，推行重工业优先发展战略，减弱了经济增长吸收劳动力在非农部门就业的能力，阻碍了就业结构转换进程。以 1964 年美元不变价格计算，1980 年中国人均国民生产总值为 154 美元，同钱纳里等描述的各个发展阶段的城市化水平相比较，中国城市化水平低于 100 美元时点上城市化预测值。第三，人民生活改善甚微。由于资源最大限度地配置到资本品生产部门，消费品生产受到很大制约，严重影响了消费品总供给的增长，以致提高人民生活水平缺乏最基本的物质保证；农村居民受就业不足和集体生产中劳动激励不足的制约，难以实现人均产出的增长。消费品工业发展不足和农产品总供给不足，致使国民生活长期得不到改善。第四，国民经济内向性加深。资源集中投放在资本密集型产品生产上，需通过国际市场获得的资本品必然大大下降；具有比较优势的劳动密集型产品因资源供给不足而受到抑制，可进入国际市场的劳动密集型产品的数量必然大大下降。进出口规模的减少必然导致国民经济内向性的提高。第五，激励不足。由于成本统一核算、利润全部上缴，企业发展与其经济效益没有联系，其改善经营管理的激励必然不足；职工的报酬是固定的，与其努力程度及企业绩效都没有联系，职工的劳动激励必然不足。第六，总要素生产率几乎为零。据世界银行的估计，在 1957～1982 年间，中国国营企业的总要素生产率处于停滞或负增长状态。

选择资本主义制度的"四小龙"的成功和实行社会主义制度国家转轨，很容易使人作出社会主义制度是束缚经济发展的桎梏的结论。然而，不对发展战略、宏观政策环境和资源配置制度、微观经营机制等方面的差异进行经济学分析，简单地将发展差异抽象为社会制度差异的结论是经不起推敲的。第一，如果"四小龙"的成功是资本主义制度的成功，为什么其他实行资本主义制度的发展中国家未能成为新兴工业化经济？第二，如果社会主义制度一定不行，为什么改革以来中国经济能发生如此显著的变化，沿海地区能创造出比亚洲"四小龙"快速增长时期更出色的经济奇迹？第三，如果社会主义国家经济增长缓慢的症结是社会制度问题，为什么苏联和东欧国家改制以后依然处在重重危难之中？

我们考察各国经济发展成败的经验教训时发现，凡是推行"赶超战略"的国家，无论社会主义国家还是资本主义国家，经济增长与发展都没有取得成功，都没有实现赶超愿望。

第一，经济发展停滞不前。例如阿根廷、乌拉圭、智利和玻利维亚等资本主义国家，它们的人均收入在 19 世纪末与德国相差无几，历经一个世纪以后，目前仍处在经济困难重重，财富分配两极分化，人民生活改善十分缓慢的不发展状态之中。20 世纪 60 年代被认为是亚洲地区仅次于日本的菲律宾，经济至今仍处于混乱、停滞状态。

第二，工业结构偏重，吸收就业能力减弱。例如巴西，1963～1969 年期间制造业年平均增长 6.5%。同期制造业就业的年平均增长率仅为 1.1%。这导致了高失业率。

第三，低效率和福利损失。由于得到高度保护的产业和企业失去了技术创新动力与改善经营管理的激励，导致经济效率非常低下。例如印度，1955～1975 年期间制造业的总要素生产率一直是负数。

第四，财政状况恶化和通货膨胀。政府对资本密集型工业的补贴加重了财政负担乃至产生巨额财政赤字。为了填补资金缺口，便大量借用外债，以致陷入债务危机。通货膨胀也是推行赶超战略国家的通病。例如巴西和阿根廷，年平均通货膨胀率分别从 20 世纪 60 年代的 46.1% 和 21.4% 上升到 70 年代的 42.1% 和 134.2%。

中国和印度都是发展中国家，资源条件没有明显差异，资源比较优势相同，经济发展起点相近，选择的经济发展战略也极为相似。20 世纪 50 年代至 70 年代，中印两国农业微观组织方式有显著差异，中国推行人民公社体制，印度直至 80 年代初只有 9000 多个共耕社，其拥有的耕地面积仅占全部耕地面积的 0.34%。然而，由于推行的都是重工业优先发展战略，面临的都是扭曲的宏观政策环境，两国的人均国民生产总值也都停留在 100~300 美元以下。

赶超战略不仅在中国和其他社会主义国家没有获得成功，而且在印度和其他发展中的资本主义国家也没有获得成功的事实表明，改革前中国经济发展没有取得成功的根本原因，不在于社会性质而在于所采取的发展战略。

4. 比较优势战略

比较优势战略的核心是由市场决定产品和要素的价格，由市场价格信号引导整个经济的技术创新和制度创新，将资源比较优势充分发挥出来。

与忽略自身所处的发展阶段和特有资源比较优势而实行赶超战略的国家不同，那些充分发挥市场机制的作用，充分发挥自身比较优势的经济体，反而取得了快速的经济增长，例如亚洲"四小龙"。在 20 世纪 50 年代初，这些经济体的人均国民生产总值只有 100 美元左右，但它们从自身资源禀赋出发，积极发展劳动密集型的产业，并拓展出口，使经济保持了二三十年的快速增长。随着资本、技术的积累，它们又逐步发展资本、技术密集型的产业，成为新兴工业化经济，进入或接近发达经济的行列。

比较优势战略不仅适用于劳动力相对丰富的经济体，也适用于自然资源丰富的经济体。在 19 世纪末和 20 世纪初，澳大利亚、新西兰和阿根廷、乌拉圭的经济发展水平大致相同。由于澳大利亚和新西兰充分利用自然资源丰富的比较优势，虽然制造业在国民经济中的比重并不高，却分别以人均国民生产总值 17050 美元和 12350 美元的水平进入发达国家行列；阿根廷和乌拉圭有较高的制造业比重，但人均国民生产总值分别只有 2790 美元和 2840 美元。

生产同一产品可采用资本多一点的技术，也可以采用劳动多一点的技术。这些"可用的技术"对每一个国家来说是相同的，但生产者适宜采用的技术是不同的。劳动力相对富裕的国家适宜选择劳动密集的技术；资本相对丰富的国家适宜选择资本密集的技术。

由此可见，无论经济发展处于何种阶段，每个经济皆有自身的比较优势，都可以推行比较优势战略。

比较优势是随着经济发展而变化的，企业进行产业和技术选择（或创新）

时必须考虑比较优势的动态变化。但是，对动态比较优势的追寻不能距离现实比较优势过远，否则就会回到赶超战略的老路上。鉴于创新者往往不能获得全部创新收益，或创新收益不足以抵偿创新成本，政府应根据比较优势的动态变化制定产业发展规划，并对创新企业给予一定的支持，也是很重要的。

针对发展中国家经济发展不成功的共性，即在人均收入不到发达国家的20%，甚至更少的情形下，就直接把发达国家的产业作为学习和模仿对象。林毅夫教授明确指出，发展中国家的学习和模仿对象应是人均收入高 1 倍左右的经济体。理由是发展水平差距不大则比较优势差距也不大，发展快速收入水平稍高的其他国家失掉比较优势的产业，正是本国具有潜在比较优势的产业，并提出了政府"增长甄别和因势利导"的六个步骤：

第一步，选择一个目前人均收入比自身高 1 倍左右，并已维持了 20~30 年快速经济增长的国家，或是 20 年前人均收入水平和自己处于同一水平而 20 年来发展很好的国家作为本国产业升级参照与学习的对象。这些国家成熟的可贸易部门就可能是自己具有潜在比较优势的部门。

第二步，考察国内企业是否已经自发地进入这些可能符合本国潜在比较优势的产业。如果有，就要分析为什么较低的工资和要素生产成本的优势仍然无法使这些企业同参照系国家的企业竞争。其原因通常是交易费用过高，然后分析交易费用高是因为基础设施不好，还是人力资本不足、物流不好或金融支持不够，从中找到政府应该帮忙解决的主要问题。

第三步，倘若国内企业尚未进入这些可能符合本国潜在比较优势的产业，除了培育支持国内企业进入外，政府可以积极的招商引资，引导作为参照系的国家的企业到本国来投资。由于那些产业已是参照系国家的夕阳产业，这些国家的企业家一定有积极性把生产转移到发展差距不大、工资相对比较低的国家。政府的主要责任是改善各种硬的基础设施和软的制度环境，并通过招商引进那些企业。

第四步，当代技术变化和创新速度都非常快，有些新产业 20 年前尚未出现，但因为技术创新现在出现了，国内具有创新能力的企业家发现了这个机会，已经进入并且表现出获利能力，比如 20 世纪 80 年代印度的信息服务业。印度企业最初给美国做信息服务外包时靠的是卫星通信，成本很高；印度政府就建设光纤通信，帮助企业降低成本，使印度的信息服务成为该国在国际上具有竞争优势的产业。也就是说，如果企业已经发现新的技术带来了新的机会，政府的责任是帮助企业克服"瓶颈"限制，降低交易费用，使其进一步发展。同样道理，每个国家都有一些特殊的资源，如果国内的企业家发现了这些资源所生产的产品或服务具有市场的价值和广阔的前景，政府也应该为这些企业的扩大生产和其他企业的进入消除"瓶颈"限制。

第五步，在基础设施和企业经营环境普遍不好的发展中、转型中国家，政府可以设立工业园、加工出口区、经济特区等方式，改善园区内的软硬基础设施，创造局部优势条件吸引国内外企业向具有潜在比较优势的产业投资，使政府的有限资源在经济发展中发挥最大的杠杆效应。

第六步，政府向先行者提供必要的激励以补偿先行企业所创作的外部性。这里的补偿不同于赶超战略时的补偿，赶超战略下的补偿旨在解决企业缺乏自生能力的问题，比较优势战略下因势利导的补偿则旨在克服外部性问题，企业自身是有自生能力的。政府通过改善软硬基础设施帮助企业降低交易费用，企业必须依靠改善经营来获得利润。所以，前者所需的补贴数额大、时间长，政府不得不以扭曲各种价格信号的方式来进行；后者所需的补贴数额小、时间短，政府只需给企业一定的税收优惠、在有金融抑制时给予优先获取金融服务或在有外汇管制时给予获得外汇配额以进口必要的技术设备的机会。

比较优势是通过反映要素的相对稀缺性的价格表现出来的，所以推行比较优势战略的基本条件是构建充分竞争的市场体系，使价格准确反映要素的相对稀缺性。这一市场体系包括以下内容：

第一，灵活、有效的金融市场。在这个市场上，利率反映资金的相对稀缺性，并调节资金的供求关系。由于资金总是流向效率高或资本边际生产力高，因而出价能力高的企业和部门，整个经济的资金使用效率会在市场机制的作用下达到最大化。这种灵活、有效的金融市场是与多元化的金融组织、中性的中央银行和有效的宏观货币政策相联系的。

第二，调节灵活的外汇市场。在这个市场上，汇率由国内的外汇供需状况决定，并反映长期的外汇稀缺状况。当经济处于较低发展阶段时，汇率较高，它会抑制国内企业不适宜的进口需求，并提高企业出口创汇的积极性和国内产品在国际市场上的价格竞争力。这种反映外汇供求状况的外汇市场通常要与灵活、分散化的外贸体制相联系，因此它们都是利用比较优势促进经济发展必不可少的措施。

第三，充分竞争的劳动市场。在这个市场上，劳动力可以在地区间和部门间流动，劳动力价格由劳动市场上的供求状况决定。在劳动力相对丰富的经济发展阶段，较低的工资率会引导企业采用劳动密集型技术，并形成偏向于使用劳动的产业结构，从而大量吸收丰富的劳动力资源。经济发展水平提高后，工资率随着劳动力稀缺性的提高而上升，以引导企业采用资本密集型的技术，或资本替代劳动。

第四，统一规划的土地市场。在这个市场上，除了特定用途的土地受法律约束外，土地可在所有者、使用者之间，以及不同生产性用途之间自由流动，并在流动中形成地租和地价。由于土地会随着经济发展水平的提高和其他生产要素的积累而变得越来越稀缺，地租和地价会变得越来越高。此外，一个经济体的人均土地占有量较少，土地相对价格上升越快。这种变动趋势一方面会诱导生产者进行土地节约型的技术创新；另一方面会引导土地流向边际生产力高的生产性用途和场所，进而提高土地在经济增长中的贡献。

第五，充分发育的产品市场。在这个市场上，每种投入品和消费品的价格都由其供求状况决定，并反过来影响市场上的供求。这样的产品市场能使短缺产品的相对价格上涨，刺激社会增加这些产品的投资进而供给，限制对它的过旺需求。由于产品的供求缺口可以从供需两方面加以填补，因而供求缺口不会长期存在。

充分竞争的市场体系不仅不排斥政府的宏观调节，而且内在地包含宏观调节机制。例如，与灵活有效的金融市场相联系的政府货币政策，与调节灵活的外汇市场相联系的外汇储备、调节政策等。政府应履行的经济职能包括：一是建立市场规则，运用行政和法律手段执行严格的反垄断措施，维护市场竞争秩序，使市场交易在稳定的预期下进行；二是运用独立的货币政策和财政政策调节经济运行，减轻乃至消除经济增长的周期性波动；三是以适宜的方式参与教育、运输、能源、科学研究等具有正外部效应的基础性产业建设，为企业的经济活动创造良好的外部环境。

在推行比较优势战略的情形下，企业会对市场价格传递的产品和要素的供求状况作出反应，并进行产品结构和技术选择，结果就形成了与特定的资源禀赋相适应的产业结构和技术结构，并将经济体的静态比较优势转变为市场上的竞争优势，从而加快经济发展。

在推行比较优势战略的情形下，充分竞争的环境会促进企业寻找更廉价的投入品、开辟新的市场、改进经营管理、选择适宜技术和开展技术创新，并会根据市场价格信号的变化调整产业和技术结构，实现动态比较优势。

在推行比较优势战略的情形下，企业可以利用静态和动态比较优势实现有效率的增长，促进劳动力的充分就业和工资率的提高，使劳动者分享增长果实，实现公平与效率的统一。

在推行比较优势战略的情形下，企业必须通过提高竞争力来增加收益和利润，由于不存在政策扭曲导致的制度租金，寻租现象自然就消失了。

推行比较优势战略的关键是形成能充分发挥市场机制作用的宏观政策环境。对于转型经济来说，如果只改革微观经营机制和资源配置制度，"活乱"循环等问题是无法根除的。要将赶超战略转变为比较优势战略，必须建立一个生产要素和产品的价格皆能准确反映其稀缺性的完备的市场体系和市场经济体制。具体要做的事情包括：一是从金融抑制转向金融深化；二是从外汇管制以及多重汇率制转向浮动的单一汇率制；三是从土地流动不畅或受到限制转向土地市场充分发育，并与信贷制度相结合；四是构建旨在消除各种区域交易障碍和保护竞争的法规体系。

5. 经济改革的历程

传统经济体制缺乏效率的问题早在 20 世纪 60 年代初期就被察觉了，试图解决这一问题的改革也可以追溯到那一时期。然而，直至 1978 年底中国共产党第十一届三中全会召开之前，经济改革一直陷于部门和地方之间管理经济权限的重新划定，以及行政机构增减的循环往复之中，从未触及经济体制中的深层次问题。始于 1978 年末的经济改革与以往的改革相比有两个明显的不同：一是将行政性管理权限调整为扩大企业（或农民）生产经营自主权；二是当微观经营机制与资源计划配置制度、宏观政策环境发生冲突时，不是维系传统经济体制，而是深化资源配置制度和宏观政策环境改革，为微观经营主体继续释放增长潜力创造条件。中国的经济改革大体经历了三个阶段：

（1）微观经营机制改革。改革微观经营机制旨在诱发企业和劳动者生产经营的积极性，提高生产经营效率。具体做法是：在农村实行家庭联产承包责任制；在城市以扩大企业自主权为中心，进行综合和专项改革。

（2）资源配置制度改革。微观经营机制改革使企业开始拥有可自主支配的利润和产品。企业将可支配的利润用于扩大再生产，必须开拓计划外的购买渠道；要增加可支配产品的销售收入，必须开拓计划外的销售渠道，等等。为了给企业发展创造所需条件，国家在物资、外贸和金融管理体制等方面进行了一系列改革。

第一，物资管理体制改革。第一阶段改革的重点是放松对计划分配物资的管理，使赋予企业的经营自主权和可支配利润的配置权能落到实处；第二阶段改革的重点是缩小计划分配物资的品种、数量和范围，建立多种形式的生产资料市场。

第二，外贸管理体制改革。第一阶段改革的重点是扩大地方、部门和企业的外贸经营权；第二阶段的重点是推行外贸承包经营责任制；第三阶段确立了"统一政策、平等竞争、自主经营、自负盈亏、工贸结合、推行代理制、联合统一对外"的管理体制和运行机制，将外贸企业推向国际市场。

第三，金融管理体制改革。随着金融改革的深化，金融在社会扩大再生产中的作用越来越大。若以财政和银行的固定资产投资之和为1，则财政所占份额由1981年的76.4%下降到1994年的6.9%，银行融资所占份额由23.6%上升到93.1%。银行与政府相比会更关注效率，所以这种变化会产生诱发企业利用比较优势的效应。

（3）宏观政策环境改革。微观经营机制和资源配置制度改革，改善了企业追求利润的外部环境，但要素价格的双轨制也造成了不平等竞争和寻租行为。为了妥善解决这些问题，国家将改革深化到宏观政策环境方面。

第一，价格改革。第一阶段的改革采用的是调整比价的办法，即由政府物价部门提高供不应求的商品的价格，降低供过于求的商品的价格，使这些商品的计划价格趋向均衡价格。第二阶段的改革是形成计划内部分实行政府定价、计划外部分实行市场定价的双轨制。随着经济增量的快速扩张，市场价格轨所占份额越来越大、计划价格轨所占的份额越来越小。到1993年，价格在市场上形成的产品占社会商品零售总额的95%，农产品收购总额的90%，生产资料销售总额的85%。工业中受指令性价格影响的产值占产值总额的份额由1979年的70%下降到1993年的5%。

第二，汇率改革。第一阶段的改革旨在激励出口、适当限制进口。具体措施是改单一汇率为包括官方汇率、内部结算汇率和调剂汇率的多重汇率，但起主要作用的是隶属于计划体制的官方汇率和内部结算汇率。第二阶段的改革是旨在将企业逐步推向国际市场，具体措施是改多重汇率为双重汇率，其中官方汇率对应于计划体制，调剂汇率对应于市场体制。第三阶段的改革旨在建立市场经济体制，具体措施是将双重汇率合并为单一的市场汇率。

第三，利率改革。利率改革的具体手段是调整利率。1979年进行了改革后的首次利率调整，将利率恢复到"文化大革命"前的水平。在1980～1989年期间，先后9次调高存贷利率，以减轻利率扭曲程度。1988年9月，又对3年以上的存款实行利率与通货膨胀率挂钩的政策，称为保值储蓄。1990～1992年连续3次下调存贷利率，利率改革处于倒退状态。1992年以来，企业债券、股票等非政府金融发展得非常快，由此引发的储蓄转移对政府金融产生了极大的冲击，迫使政府推行新一轮利率改革。利率改革步履维艰的主要原因是银行的商业性功能和政策性功能交织在一起。为了解决这一问题，政府设立了政策银行，剥离商业银行承担的政策性金融业务，把商业银行推向市场。

中国的经济改革并没有一个事先设计好的"一揽子改革方案"，改革措施及其改革强度是针对经济运行中出现的问题和社会承受能力确定的。虽然中国的经济改革起伏跌宕，但改革的走向是清晰的，改革目标也日益明确：即从改进微观经营机制入手，提高企业和劳动者的激励，促进经济增量的增长；借助于资源配置制度改革，使这部分经济增量配置在传统经济体制下受压抑的部门，促进经济增长和调整产业结构。由于整个社会都是改革的受益者，因此改革不仅不可逆，而且必须深化到宏观政策环境方面，以适应微观经营机制和资源配置制度的要求，渐进地建立市场经济体制。

6. 经济改革的成就

任何国家都具有自己的比较优势，都可以推行比较优势战略，如果"四小龙"的成功是比较优势战略的成功，那么它们的经验就具有了一般性含义。诚然，大经济体和小经济体具有一些特征上的差异，能使小经济体获得成功的发展战略并非一定适用于大经济体，所以，要想作出比较优势战略具有一般性的结论，还必须探讨大国能否借助于比较优势战略获得成功，社会主义经济能否依靠比较优势战略获得成功，选择社会主义经济制度的大国能否依靠比较优势战略获得成功，我们试图根据中国改革的经验回答这些问题，基本结论是：

（1）自20世纪70年代末逐步放弃"赶超战略"以来，中国经济的快速增长主要受益于比较优势的发挥，其中比较优势发挥得更好的沿海地区取得了比"四小龙"最快速发展时期更为出色的成就。中国的东部沿海地区是劳动力最密集、劳动相对过剩最严重的地区。然而，由于较好地利用劳动力相对丰富的比较优势，一批以利用相对价格低廉的要素为手段的劳动密集型产业像雨后春笋似的发展起来了，它们使这个劳动力相对过剩最为严重的地区最早出现劳动力相对不足的情形，并吸纳了大量来自中西部地区的廉价劳动力；该地区经济迅猛增长，创造出了更多的利润和外汇，使资本积累得以较快进行，又进一步加快了就业结构和产业结构转换的速度。该地区已开始发展资金相对密集的产业，一批劳动密集型产业则转移到了中西部。中国和沿海地区发挥比较优势取得的成功，表明比较优势战略不仅在实行资本主义制度、面积狭小的经济体有效，而且在选择社会主义制度、地域辽阔的大经济体也有效。

（2）加快经济战略转换，积极主动地推行比较优势战略，是中国经济走向繁荣的关键所在。

7. 改革与发展中的问题和难点

1978年底实行改革开放以来，中国经济快速增长。1978～1997年期间，国内生产总值年平均增长速度达到9.8％。人民生活水平显著提高，产业结构得到调整。但也仍然面临着一些难点问题。这些难点问题不加以解决，中国在 21 世纪中叶前成为全世界最大经济体的预期是难以实现的。

第一个难点问题是以"一活就乱，一乱就收，一收就死，一死就放"为表现形式的"活乱"循环。"活乱"循环的第一种表现是经济过热，进而出现速度与"瓶颈"相互制约的局面。究其原因，主要是拥有经营自主权和剩余分配权的企业对产值和利润的追求十分强烈。在要素价格仍被人为压低的情形下，每个企业都积极争取贷款以扩大生产，直到能源、交通、原材料等基础产业部门形成"瓶颈"，政府才采用干预的办法强制地把企业盲目扩大投资的行为抑制下来。经济过热的主要原因是基础设施供给不足，以及能源、原材料和运输服务的供给缺乏市场价格这种筛选机制。"活乱"循环的第二种表现是周期性的通货膨胀。中国的通货膨胀并不高，国民感受到通货膨胀相当严重同改革前中国物价总水平稳定了几十年有关。"活乱"循环的第三种表现是经济改革的循环往复。企业经营自主权的扩大，资源配置分散化程度的提高，使改革具有"一放就活"的效果。当"瓶颈"制约、通货膨胀达到严重程度时，政府以强制性手段进行整顿。措施包括：一是叫停价格改革，以稳定消费品、生产资料价格和利率、汇率。二是回收管理权限，以纠正投资偏离传统战略目标的偏差，使经济运行向传统经济体制复归。三是控制信贷规模。由于政府缺乏甄别企业效率的机制，所以在操作上不得不采取"一刀切"的办法。四是抑制民营经济。政府在资源分配上优先满足大中型国有企业的需求，对民营经济采取歧视政策。由此可见，所谓加强宏观调控就是实施严厉的行政手段或计划手段，冷却过热的经济，抑制通货膨胀，约束寻租行为；然而，由于资源从符合比较优势、效率高的非国有部门流向不符合比较优势、效率低的国有部门，于是就形成了"一收就死"的局面。当资源配置效率和经济增速下降，财政收入拮据等成为主要问题时，政治领导人会再一次强烈意识到"发展才是硬道理"，放权让利会再次受到鼓励，即所谓的"一死就放"。"活乱"循环的第四种表现是经济生活中寻租动力的增强和腐败现象的滋生。在压低产品和要素价格的宏观政策环境下，企业只要争取到计划配置的资金、外汇、紧缺物资，就意味着获得了盈利。它的量为市场价格与计划价格的差额乘它所得到的资源量的乘积。

第二个难点问题是国有企业改革步履维艰。国有企业的改革是沿着放权让利这条主线推进的。这种改革思路是针对国有企业的生产经营缺乏效率与活力而得出的。企业留利比例的增大，经营活动中利润动机的增强，会促使其改进技术、创新产品，并面对市场需求进行生产。这些措施推动的资源配置制度改革，也在一定程度上促使宏观政策环境改革。企业自主地将留利用于企业发展、职工福利和劳动奖励，增强了职工的劳动积极性和提高管理效率的努力。一些企业将留利投向传统发展战略下受压抑的部门，形成了增量改革的资源。然而，由于企业经营机制和资源配置制度的改革超前，宏观政策环境的改革滞后，导致了整个制度结构的不协调，甚至产生了一系列严重矛盾。突出表现为：国有资产经营者的权益越来越大，获益越来越多；国有资产所有者的权益越来越小，被侵蚀的利益越来越多。

国有企业承担着国家加诸其身上的三个负担。第一，维系缺乏比较优势的产业运行的负担。改革以来创造出的资源增量主要配置在符合资源比较优势的产业，对扭曲的产业结构进行增量调整。但是推行赶超战略时期形成的缺乏自生能力的资本存量依然存在，维系它的责任历史地落在了国有企业身上。第二，退休职工养老、其他职工福利，以及冗员和下岗职工补贴负担。根据比较保守的估计，国有企业要多支付约46%的工资基金。第三，产品价格扭曲的负担。截至1996年底，在全国生产资料销售总额中政府定价的比重仍然占14%，另有约5%为政府指导价。在这种情况下，国有企业会以其承担了政策性负担为理由继续要求政府给予补贴。虽然国有企业获得的财政性明补是逐渐减少的，但它们从银行获得的暗补是越来越多的。1985年，国有企业获得的全部补贴24.2%得自金融渠道，其余来自预算渠道。1994年得自金融渠道的比重上升到43.6%。另一个措施是拖欠银行贷款。据估计，四大国有专业银行的呆账、坏账比例在20%~25%之间，与发生金融危机的泰国、马来西亚、印度尼西亚、韩国等相比有过之而无不及。

第三个难点问题是各地农村经济发展和收入水平的不平衡与城乡收入差距扩大。首先是城乡收入差距的扩大，其次是地区间收入差距的扩大。三类地区之间收入差距的扩大，主要表现为东部与中、西部农村收入差距的扩大。发达省份与一般省份的差异又要比地区之间的平均差异高1倍。

8. 中国经济改革的理论思考

中国的经济理论既受到马克思主义经典作家的影响，又受到西方经济学流派的影响，但中国经济理论是随着改革的进程而发展的。虽然经济改革的成功是经济主体自发进行制度创新的结果，但理论探索和思想解放为制度创新提供了良好的意识形态环境。从理论上讲，改革的不协调会产生两种效应。其中，负面效应是改革释放出来的活力因缺乏市场环境的正常约束而出现混乱。当它造成宏观经济形势恶化时，计划配置资源的办法和行政手段就会占据上风，使改革出现倒退。它的正面效应是推动宏观政策环境的改革。这两种效应的并存，既可以解释为什么中国经济改革会反复出现"活乱"循环，又提示我们，宏观政策环境改革与微观经营机制、资源配置制度改革相协调，可以加快改革步伐，降低改革成本。

随着改革的深入和理论的成熟，意识形态对经济改革的障碍被不断拆除，导致在党的文件中把社会主义经济定义为市场经济。这种理论和意识形态上的进步对改革的成功具有根本性的保障作用。

从理论上说，解决改革难点问题必须从改革宏观政策环境入手，以根除经济中多种顽疾所产生的根源。但从现实中看，宏观政策环境改革涉及既得利益格局的调整。由于经济形势恶化之时也是经济利益矛盾突出之时，政府此时改革宏观政策环境具有较大的政治风险。所以，替代的选择是运用行政权力把尖锐化的经济问题压制住，待条件好转时再重新放权，让经济活起来。"活乱"循环的反复出现，同采用这种手段处理宏观经济问题有相当大的关系。

从理论上说，货币政策是国家调控宏观经济的一个重要手段，货币供给量的调节是通过银行准备金制度和公开的证券市场业务实现的。但从现实中看，中国的银行准备金制度还不完善，更缺乏一个有效的证券市场；中国的经济决策者和管理者不仅缺乏运用市场机制调节经济运行、解决经济困难的经验，还在相当长一段时间里，意识形态上把市场等同于资本主义制度，把计划等同于社会主义制度。这是我们不能自觉利用市场机制的重要原因。

市场运作也是有代价的，这个代价就是交易费用。在交易费用很高的场合，就要寻找市场的替代物。例如，将企业制度作为市场制度的替代物，通过把一部分市场交换关系整合到企业组织内部，形成较为稳定的指令关系，达到节约谈判、订约、监督契约履行和寻找信息等费用的目的。如果说企业的产生就孕育了计划的萌芽，那么将企业这一市场替代物推到极端，就演变成全社会范围的国民经济计划。中国始于 20 世纪 70 年代末的经济改革是在这种认识的基础上开始的。这是对市场机制的利用采取用之则来、挥之即去的重要原因。

家庭联产承包责任制的实行使农民获得了生产活动的自主权和生产资料的支配权，解决了集体农业生产组织中劳动激励不足的问题。虽然农产品统派购政策仍在实行，但完成了政府计划收购任务的农民要求获得在市场上出售产品的权利，改革由此会深化到农产品价格和流通领域。产业结构的提升和生产要素配置效率的提高要发挥市场机制和要素自由流动的作用，改革由此会深化到宏观政策环境方面。城市经济改革也经历了类似的过程。随着市场机制配置资源、调节经济的优越性逐步表现出来，高层决策者开始放弃计划与市场相结合的认识，并给予市场机制越来越高的地位。随着中国对外开放程度的提高，外资企业和合资经营企业在中国国民经济中的作用的增大，国际化经营会变得越来越重要。为消除或减少不必要的贸易摩擦以及其他国家和地区贸易保护主义的伤害，我们的经营形式、市场环境、政策法规及经济体制等就要与国际惯例相适应和相衔接。否则就难以从贸易伙伴国家获得必要的优惠，甚至有可能被排斥在有关贸易的互惠合作组织之外。

从理论上解释改革过程中为何反复出现"活乱"循环，可以帮助我们找到正确的改革方式和突破口。如果这种认识为越来越多的经济学家和政策制定者所接受并掌握，中国的改革就能持续而迅速地进行，经济增长的高速度也将长期持续下去。

9. 中国改革的经验与教训

中国改革的经验是：从微观经营机制入手，进而放松资源配置制度，为新增资源进入那些在赶超战略下受到压抑的部门创造了条件。这些受压抑部门的增长既调整了扭曲的经济结构，又对受保护部门形成竞争，促使国有企业微观经营机制改革，并在边际上形成产品和要素市场。虽然宏观政策环境改革的滞后造成了"活—乱"循环，并影响改革的进程和预期。但这种基于增量的渐进式改革避免了利益格局调整过程中的矛盾激化，确保了社会稳定。

农业、农村工业和外贸部门是改革的推进部门。其中，农民自发选择的家庭联产承包制最初仅限于在温饱尚未解决的贫困地区采用，但它产生的巨大效应使得政策不断放宽，以至成为普遍的微观农业经营方式，并导致人民公社解体。乡镇企业改革的作用表现在三个方面。一是给国有经济施加竞争压力，促进其经营机制改革。二是矫正偏斜的产业结构。三是不断提升市场机制在资源配置和价格形成中的作用。对外贸易体制的改革的初衷是鼓励出口，以便支持先进技术设备的引进。由此减少了外贸计划的范围、扩大了地方外贸自主权以及增加了企业外汇留成，提高了地方和企业的积极性。

中国的渐进式改革有四个要点。

（1）做大蛋糕。中国的经济改革是与增长同步的。无论是国有企业的放权让利改革还是农业实行家庭联产承包制，扩大对外开放和外贸企业的外汇留成，都带来了"做大蛋糕"的效应。

（2）增量改革。中国的经济改革是让市场机制在增量配置上发挥作用。增量改革使国民经济形成了双重经济结构，即整个经济可划分为两类部门，第一类部门是增量形成的部门，市场机制发挥重要作用；第二类部门是赶超战略下形成的部门，计划机制和行政命令发挥较大作用。第二类部门起的是维持稳定的作用。虽然效率上有损失，但避免了公开失业以及由此造成的社会冲突。当出现较严重的通货膨胀时，稳定政策能最有效地在这类部门发挥作用。第一类部门的产业和技术结构符合中国的比较优势，经营机制灵活，当政府执行稳定政策时，它们能继续保持增长，使经济能维持必要的速度。

（3）试验推广。中国的经济改革，例如家庭联产承包制、企业承包制和创建经济特区，都是从较小范围内的试验开始，在取得成功和总结后加以局部推广，由点及面，在继续观察和总结的基础上扩大其实行范围。这种改革方式的优点是：第一，能尽可能减少改革风险。任何一项改革措施，实施前都存在信息不足的问题，因而实施结果多少带有不确定性。在社会能从改革中及时获得净收益并不确定的情形下，理应要有避免改革失误和成本高昂的风险。以局部的、试验的方式进行改革可以把试错的成本分散化，避免过大的失误。第二，能及时提供哪些领域的改革具有最大收益的信号。正是这种试验推广的机制，会使改革沿着可以取得成效的方向推进，并通过改革收益的比较发现可获得最大收益的改革领域的信息。第三，为市场发育创造条件。市场的发育有赖于一系列规则和惯例的形成和硬件环境的建设，试验推广的改革方式可以为每个新增经济成分赢得相应形成市场环境所需的时间。

（4）非激进改革。首先，非激进式改革能充分利用已有的组织资源，保持制度创新过程中制度的相对稳定和有效衔接，使政府在自身转变职能的同时又能执行调控改革过程的职能。其次，非激进式改革可以避免大的社会动荡和资源浪费，不招致猛烈的抵制。最后，非激进式改革可以避免资产存量再分配过程中出现的不公平以及由此产生的冲突。

中国改革道路在四个方面具有普遍意义。

（1）渐进式改革最接近于"帕累托改进"或"卡尔多改进"。虽然改革会带来收益，但也不可避免地会使原先受保护的企业和部门受损。因此，从宏观政策环境入手的改革必然是"非帕累托改进"，如果不对这些既得利益集团给予足够的补偿，即不具有"卡尔多改进"的性质，改革的阻力就会加大。从微观经营机制入手的改革，加速新资源的增长，使国家、企业和职工都增加收入，这种没有受损者的改革具有"帕累托改进"的性质。改革引发的社会财富的快速增长，会提高改革中的经济补偿能力，为改革进入到宏观政策环境层面创造条件，并使下一步改革具有"卡尔多改进"成为可能。这样就避免了"非帕累托改进"和"非卡尔多改进"式改革可能产生的社会震荡。

（2）渐进式改革具有内在逻辑上的有序性和不可逆性。微观激励机制的改革极大地促进了非国有经济的发展，推动资源配置制度改革，并形成资源配置和价格的双轨制；产品和要素影子价格的出现，以及在边际上对经济的调节作用，为宏观政策环境改革提出了要求，也创造了条件。它们在内在逻辑上具有有序性。同时渐进式改革还具有不可逆性。微观经营机制和资源配置制度的改革，带来了制度上的不协调，破坏了传统经济体制的内部统一性，并造成"活乱"循环。为了维持经济体制的协调性，政府有可能尝试重新收权的办法。但这种办法既不能解决"活乱"循环问题，又不能坚持下去。第一，所有国民都是改革的受益者，收权会侵害他们的利益，必然引起抵制；第二，国家也是改革的受益者。收权造成的经济增长减缓会使财政收入捉襟见肘。中国的改革正是在这样的方式下推进的，虽然反复出现短暂停滞，但改革的总方向是不可逆的。

（3）渐进式改革的实质是填平鸿沟。激进式改革的倡导者推崇"休克疗法"的主要理由是"一个沟坎不可能分两步跨过"。其实，现实世界中的沟坎并非都能一步跨过。面对一个过宽、过深的沟坎，采用一步跨过的策略必然跌入沟底，更为安全的做法是采用逐渐填平沟坎，然后逐步走过沟坎的策略。采用渐进式改革看似较慢，但它可以维持稳定并积小胜为大胜。

（4）渐进式改革有利于保持改革过程中速度和稳定之间的平衡。两种改革主张的相互制衡是必要和有益的。改革力度、时机选择和措施偏向上的分歧，会形成互相制衡、互相补充的两种意见，即以稳定为主的改革主张和以速度为主的改革主张。渐进改革方式，既可使改革者有机会在比较不同改革试验的基础上做出更好的选择，又可纠正过激的改革措施。正是这种渐进机制和纠偏机制，使中国的改革能稳健地持续下去。

10. 总结

中国计划经济体制形成的逻辑起点是选择重工业优先发展战略。在资本极为稀缺的经济中优先发展资本密集型的重工业，必须人为地压低资本、外汇、能源、原材料、劳动力和生活必需品的价格，以降低重工业资本形成的门槛。为了把短缺的资源配置到重工业部门，必须建立高度集中的资源计划配置制度。为了保证经济剩余的使用合乎战略目标的要求，必须实行工业的国有化和农业的人民公社化。为了防止经理人员和职工侵蚀利润与国有资产，国家就不能给微观经营单位自主权。可见，在传统经济体制中，只有重工业优先发展战略是政府主动选择的，是外生变量；而扭曲价格的宏观政策环境、资源计划配置制度和没有自主权的微观经营机制是相应于重工业优先发展战略而形成的，是内生变量。这三种内生的制度安排构成一个有机整体，具有不可分割性。

推行重工业优先发展战略是为了赶超发达国家。然而，没有自主权的微观经营机制造成劳动激励不足，排斥市场机制的资源计划配置制度造成经济效率低下，扭曲的宏观政策环境则造成经济结构偏差，不仅没有实现赶超目标，人民生活也长期得不到改善。

始于 20 世纪 70 年代末的中国经济改革，是从微观经营环节上的放权让利开始的。在城市，放权让利式的改革使企业改进了激励机制，提高了生产效率，并获得了对部分新增资源的配置权。在利润动机的驱使下，这部分新增资源被配置到原先受压抑的部门。在农村，家庭联产承包责任制的实行提高了农民的积极性，由此产生了大量新增资源；通过乡镇企业这个载体，这些新增资源也被配置到原先受压抑的部门。在实施重工业优先发展战略期间，被压抑的是合乎中国比较优势的劳动密集型产业。因此，受压抑部门的发展具有矫正扭曲的产业结构和发挥资源比较优势的效应，由此带来了中国经济的巨大增长，并创造出 80 年代以来一直保持 10% 左右的平均增长率的世界奇迹。虽然政府最初只是允许企业进行实物串换而不准买卖，但以物易物过程中形成的影子价格冲击了扭曲价格的宏观政策环境并提出了改革要求，由此出现的资源配置和价格的双轨制，对传统发展战略造成了冲击；以乡镇企业为代表的非国有经济的快速增长，使大中型国有企业在国民经济中的作用趋于下降，这也对传统发展战略造成了冲击。由此就回答了绪论中提出的第一个问题：改革前中国发展缓慢的根本原因在于推行重工业优先发展战略；改革以来中国经济得以迅速发展的关键在于改革三位一体的传统经济体制，使中国所具有的资源比较优势能够发挥出来。其他发展中国家和地区的发展状况也是如此。例如，中南美洲的许多国家和印度、菲律宾等亚洲国家，由于推行赶超战略，都形成了缺乏效率的经济体制，经济发展绩效都不如人意；而借助市场机制的作用使自身资源比较优势得以发挥的"亚洲四小龙"，都形成了富有效率的经济体制，并实现了经济的快速发展。所以，准确选择能够发挥自身比较优势的发展战略，才是实现经济发展预期目标的关键所在。

传统经济体制是一套互为条件、互相适应的制度安排。虽然改革微观经营机制会推动资源配置制度的改革，进而对宏观政策环境改革提出要求。但在国家没有完全放弃重工业优先发展战略的情形下，政府仍会对实行其战略意图的大中型国有企业进行保护，宏观政策环境的改革就必然滞后，企业的扩张就会常常受到能源、交通等基础产业的钳制，形成"瓶颈"对速度的制约；虽然非国有经济在争取资金方面比国有企业有更强的竞争力，但为了保障国有企业的贷款需求，只好用增发货币的方式弥补信贷不足，从而导致内生型的通货膨胀；在资源配置和价格双轨制的条件下，企业追求利润动机的增强会诱发强烈的寻租欲望，使经济生活中滋生腐败；当这些现象严重伤害整个经济运行时，政府往往会采用行政手段，强制性地紧缩并压制非国有经济扩张，造成改革的循环往复。由此就回答了绪论中提出的第二个问题：中国经济改革进程中出现的"活乱"循环，根源在于经济改革过程中一部分环节的改革先行造成了新旧体制的不适应性，走出"活乱"循环的关键在于尽快把改革深入宏观政策环境层面，并从根本上放弃重工业优先发展战略。

虽然中国的经济改革起伏跌宕，但改革的线索十分清晰，改革的最终目标也日益明朗。在放权让利式的改革中，不仅微观经营单位是获益者，整个社会也是获益者。因此，当已改革的微观经营机制和资源配置制度与未改革的宏观政策环境发生冲突时，虽然政府会倾向于采用行政性收权的方式，解决它们之间不相适应的问题，但它得不到微观经营单位的支持，还会造成自身财政收入的拮据，最终只能采取改革宏观政策环境，使其与有所改变的微观经营机制和资源配置制度相适应。渐进式改革正是在这种机制中纵深发展的。如果政府能自觉地认识到改革的不可逆性和实行比较优势战略的迫切性，中国改革的曲折就会更少，速度更快。由此就回答了绪论中提出的第三个问题：只要沿着正确的方向不断推进改革，就能克服各种困难，逾越各种障碍；而不断获得成功的改革又将有力地促进持续、快速、健康的经济增长。

中国的改革方式也是成功的。与东欧和苏联采取的激进式改革方式不同，中国走的是渐进式改革之路。它不以经济存量的再分配作为改革的起点，而是通过给微观经营单位放权让利促进经济增量的创造，经济增量的快速增加使政府有能力对可能受损的利益集团给予补偿，因而中国的改革具有帕累托改进或卡尔多改进的性质。中国的改革在逻辑上是有序的。微观经营机制上的改革使微观经营单位获得部分新增资源的配置权后，单一的资源计划配置制度和统制价格制度就无法继续维系下去了，资源配置和价格双轨制是它合乎逻辑的拓展；双轨制的形成和市场轨的扩大会进一步要求宏观政策环境与之相适应，改革便进入更深的层次。随着市场机制调节范围的不断扩大，计划价格通过不断调整逐步向市场价格靠拢，扭曲价格的宏观政策环境对经济运行的影响就会变得越来越小，经济体制转轨就逐步完成了。此外，渐进式改革为政治领导人和微观经济主体提供了不断试错的机会，这样就保证了整个改革过程中速度与稳定的协调，减小了社会震动和摩擦。由此就回答了绪论中提出的第四个问题：中国改革成功的一个重要保障是采取了一条代价低、风险小、又能及时带来收益的渐进道路。东欧和苏联选择了相反的改革方式，产生了巨大的摩擦成本和社会动荡，增长停滞、缓慢和危机不断。既然改革中国家的传统经济体制及其弊端都是相同的，改革的道路也应该是相通的，所以中国的改革经验具有普遍意义，而不是独特的。

四、结语

自 1978 年底十一届三中全会开始改革开放以来，我国经济取得了连续 38 年年均 9.6% 的高速增长，从一个人均收入不及非洲国家平均数 1/3 的贫穷落后国家，变为世界第二大经济体、第一大出口国，2016 年我国人均国民总收入达到8260 美元，期间超过 7 亿人脱贫，并对 1998 年东亚金融危机及 2008 年世界金融经济危机的复苏做出了不可磨灭的贡献。在一个人口这么多、底子这么薄的国家维持了这么长时间的快速增长、取得了这么多成绩，是人类经济史上不曾有过的奇迹。但是，在中国转型过程中，"中国崩溃论"和"唱衰中国"的论调在海外却此起彼伏，不绝于耳。国内也有不少学者和评论家只看到我国作为一个发展中、转型中国家必然存在的各种体制、机制问题，忽视了上述成绩以及中国的发展、转型经验的一般意义。

在巨大成绩面前出现上述认识上的反差，究其原因在于目前国内社会科学各个领域的教材直接翻译自发达国家通用的教科书或以发达国家的教科书作为范本来编写，介绍的是西方主流的理论。国内舆论界、知识界也以西方主流的理论作为参照系来理解、认识出现在我国的各种社会经济现象和问题。我国的改革开放并没有照搬西方主流理论所倡导的"休克疗法"，试图以"私有化、市场化、自由化"一次性地消除计划经济时代遗留下来的各种制度扭曲，而是按照"解放思想、实事求是、与时俱进、求真务实"的科学发展观的精神，根据我国社会的承受力，可动员的条件等情况以双轨渐进的方式来推进，随着条件的成熟，不断深化改革，逐步建立起完善的社会主义市场经济体系。但是，长期以来西方主流的理论认为：计划经济不如市场经济，要向市场经济转型就必须一次性地消除各种扭曲，最糟糕的经济是改革不彻底的双轨制经济。受此理论的影响，国内外不少人把我国社会、经济中存在的一切问题都归结于没有按照西方主流的理论来进行改革所致。不过问题是，20 世纪 80 年代以来，按照西方主流理论进行转型的苏联、东欧和亚非拉的其他发展中国家普遍出现经济崩溃、停滞、危机不断，少数在转型中取得经济稳定和快速发展的越南、柬埔寨和非洲的毛里求斯，推行的却都是双轨渐进的改革。并且，出现在我国转型期的收入分配不均、腐败等广受人们诟病的问题在推行"休克疗法"的国家也普遍存在，甚至更为严重。

不仅在转型问题上，在发展问题上也是如此。发展经济学是"二战"以后因应于发展中国家经济建设的需要而出现的一个新的现代经济学子学科。发展经济学的第一波思潮主张实施进口替代战略，由政府直接动员、配置资源，建设发达国家所拥有的现代化的大产业。受此思潮影响，"二战"以后新独立的发展中国家普遍推行这种战略，虽然在头几年取得了投资拉动的经济增长，其后，不约而同，经济出现增长停滞和危机不断。"二战"以后经济发展取得成功的日本和"四小龙"等少数几个东亚经济体推行的则是出口导向战略，从传统的劳动密集型产业着手发展经济，这种发展战略在当时被主流发展经济学认为是错误的。

根据西方主流的理论来进行转型和发展的国家不成功，而少数成功国家的转型和发展的道路却违背了西方主流的理论，原因在于社会科学的理论来自对社会经济现象的总结，总结于发达国家社会经济现象的理论并非"放之四海而皆准，百世以俟圣人而不惑"的真理。理论的适用性决定于条件的相似性，即使在发达国家适用的理论，拿到发展中国家也常有"淮南为橘、淮北为枳"的缺憾。而且，发达国家本身的社会不断在发展、条件不断在变化，发达国家的理论也不断在演进，盛行一时的理论常被后来出现的理论所扬弃。如果未能认识到发达国家主流理论在发展中国家运用必然存在的局限性，照搬这些理论于发展中国家实践的结果经常会事与愿违，以此为参照系来观察社会的结果则经常会使发展中国家的知识分子变为社会批评家而难以提出有建设性的意见。只有总结于我国自己和其他发展中国家成败经验的理论创新，才能真正揭示我国过去能够在转型期维持经济的稳定和快速发展的原因，以及当前问题的根源、解决的路径，只有这种来自我国的创新性理论才能真正推动中国的进步和发展，实现中华民族伟大复兴的中国梦。

"二战"以后到 2008 年只有中国台湾和韩国从低收入进入到中等收入，再进一步发展成为高收入经济体，如果我们能够实现党的十八大提出的到 2020 年两个翻一番的目标，到 2025 年左右我国有可能成为"二战"结束以来第三个从低收入进入高收入的经济体。从"二战"以后到 2008 年，只有 13 个经济体从中等收入经济体发展成为高收入经济体，其中只有日本和"亚洲四小龙"不是原本和发达国家差距就不大的西欧周边国家（地区），其他 180 多个发展中经济体绝大多数长期陷于低收入或中等收入陷阱。新的理论来自新的现象，只有以常无的心态而不以现有理论为考察问题的出发点，深入理解出现在我国的新的社会经济现象，才有可能提出真正能够解释我国现象的新理论，《中国的奇迹》这本书在这个方向上迈出了第一步。

《中国过渡经济导论》*节选

张　军

目　录

---

　*　张军：《中国过渡经济导论》，立信会计出版社 1996 年版。

第二章 经济过渡方式的经济学逻辑

一、正统经济学与激进改革方式

对于原中央计划经济如何向市场经济过渡，经济改革以什么样的方式推进，这是当代主流经济学面临的一个崭新问题。我曾提到，从总体上来说，现代西方的主流经济学并没有一套现成的"过渡"理论或"如何改革"的理论用来指导原计划经济国家的改革运动（张军等，1996）。但是，毕竟现代主流经济学是一门比较成熟的、关于市场运作和资源配置的学说（当然，正如我已经指出的那样，它同时还是一套关于人的行为选择的方法学），因此，它很容易告诉我们市场运作良好的条件是什么，为什么价格扭曲要矫正过来，什么条件下企业会对市场的变化做出理想的反应，为什么宏观经济要稳定等这些也为改革者所关心的问题。事实上，对这些理论问题的研究及其答案是正统经济学至今所取得的最重要的成就，它无疑也是我们在今天的制度变革及其经济发展中不至于完全束手无策的重要原因之一。

20 世纪 50 年代以来，东欧的某些社会主义国家（如南斯拉夫、匈牙利）先后开始偏离苏联型的中央计划经济的运作模式，进行了局部的改革实验。东欧早期的这些改革经历对主流经济学产生了相当大的影响，以至于在主流经济学的范围内再次形成了一个关于"市场社会主义"（market socialism）的理论研究热潮。尽管对"市场社会主义"的可行性仍然存在着理论的分歧，但是在主流经济学家们那里，基本的倾向已经十分明显："市场社会主义"是不可能很好地运作起来的。这个基本的共识可能来自两个方面：一方面是来自主流经济学本身的逻辑。一些自由主义的代表人物（以哈耶克为代表）认为，在主流经济学及其逻辑里不可能容许计划者和计划的存在，计划的经济哲学与市场经济的自由主义哲学是不可统一的。主流经济学的逻辑延伸不可能推导出"市场社会主义"的可行性。另一方面自然来自东欧一些国家早期的"分权化"（计划＋市场）改革经历及其反思。例如，匈牙利在 20 世纪 60 年代开始的分权化改革和 1968 年 1 月开始实行的"新经济机制"（NEM）并没有取得成功。即使 80 年代的波兰比匈牙利改革得更深入，它的市场导向的改革仍因为其所谓"有限的"改革或改革的不彻底性（也就是带有市场社会主义的改革色彩）而未能使波兰的经济走向复苏。其中的主要原因被认为是市场的作用发挥得不明显，因为政府并没有致力于全面地以价格自由化和私有化为主要内容的真正的改革运动。这一点已被认为是"有限的"或"局部的"市场化改革的教训（Wolf，1990）。即使是亚诺什·科尔内，作为匈牙利的经济学家，也不得不对市场社会主义的可行性表示怀疑。他在1990年出版的《通向自由经济之路》一书中写道："在匈牙利，同样也在其他一些社会主义国家，'市场社会主义'的原则成了改革过程中的一个指导思想……在这个原则下，国有企业依然保持着国家所有制，不过通过创造适当的条件，这些企业应该就像市场的一部分那样行事……我希望在这里不加修饰地强调指出，市场社会主义的基本思想破灭了。南斯拉夫、匈牙利、中国、苏联和波兰都是这一思想惨败的见证者。正视眼前的事实并放弃市场社会主义原则的时刻已经来临"（Kornai，1990）。

如果说科尔内的上述结论更多地来自匈牙利60年代以来的分权化改革经历的观察的话，那么还有的经济学家则从计划体制本身的逻辑完整性出发得出了同样的结论。里查德·埃里克森（Ericson，1991）在其论文《古典的苏联型经济：体制的性质以及对改革的含义》中全面系统地分析了苏联型经济体制的制度结构、计划、控制与执行等几个重要方面的内容，归纳出了以下几个系统元素，它们相互依赖、相互支持，共同构成了苏联型计划经济体制的内在逻辑体系：

（1）选择决策和冲突的解决是在一个权威的等级结构中做出的；

（2）生产和分配是由高度僵化和集中的计划来进行的；

（3）通过计划的紧度和计划压力来最大限度地调动资源；

（4）全面的计划配给；

（5）全面的价格控制；

（6）系统缺乏可塑的反应能力，特别是缺乏真正的货币；

（7）对已有的经济关系缺乏合法的替代；

（8）绩效的评价是上级部门绝对武断地控制的；

（9）不存在微观层次上的有效的激励结构。

在这么一个体制系统内，由于这个经济的逻辑被认为是完整的，因此埃里克森的结论便是，局部改革是远远不够的，只有全面地取代计划经济体制的上述所有元素，才可能为市场体制留下生效的空间。所以，计划体制的逻辑完整性对改革的含义是，改革必须是跳跃性的、大规模的，必须全部抛弃原来所有的经济、社会和政治制度，分步走的改革方式不太可能成功（Ericson，1991）。

这大概是我们可以从西方正统经济学界那里获得的一个代表性的观点，它表明，计划经济国家的市场化改革政策必须抛弃"市场社会主义"或"计划＋市场"的指导原则，进行彻底的、完全的自由化和市场化运动。

实际上，激进改革政策对主流经济学家来说是很亲切的。他们对于计划经济国家的市场化改革方式所提出的政策建议与他们在 20 世纪 70 年代和 80 年代初为世界上贫穷落后的发展中国家如何迅速实现经济发展所开出的政策处方在本质上是一致的。这些政策处方大体分为两个相互联系的部分：一是稳定化政策；二是结构调整政策。在西方主流经济学家看来，早先的政策建议对于计划经济的市场化改革同样适用。用主流经济学家布兰查德的话说："难道初始条件不同就需要一个截然不同的方法吗？我不这样认为。标准的稳定化政策同样适用于东欧"（Blanchard，1991）。这个早年用于发展中国家的稳定宏观经济和结构调整的所谓"大跃进"政策也得到了国际货币基金组织（IMF）和世界银行的认可与支持，它们主要包括：

（1）迅速实行价格自由化和迅速取消政府补贴；

（2）实现预算平衡并实行紧缩的货币政策；

（3）将国际贸易自由化，解除国家管制，迅速降低关税；

（4）致力于进一步的制度改革，包括私有化运动，以使经济走向自由市场经济。

虽然程度不同，实际上东欧和俄罗斯在 20 世纪 80 年代末以来都采用了上述这些政策建议。这些建议除了宏观稳定化方案之外被认为还包括下列具体处方（Nolan，1992）：

第一，除非企业的产权关系明晰，否则它们不会对外部市场做出合理正当的反应。具体的政策含义是，原计划经济中的传统国有生产部门必须进行大规模的关闭，过渡过程中的经济增长将主要依靠于将来的中小企业配置效率的提高（IMF，et al.，1990；IMF/World Bank，1990）。

第二，增长只有通过使价格信号变得正确才能达到。根据主流经济学的逻辑，除非价格能自由地对市场供给与需求做出相应的调整，否则市场将不会发展起来。对于原计划经济国家，价格的完全自由化（撤销价格管制）是最重要的改革内容之一（IMF，et al.，1990；IMF/World Bank，1990）。

第三，速度是重要的。在这个问题上，西方主流经济学家几乎一致认为，改革政策的各个配套部分必须一揽子付诸实施，而且越快越好。在一些经济学家看来，这个激进改革方式其实是一个常识问题。如果你要跃过深渊，你只能一步到位，不可能谨小慎微，分步跨越。而且有的学者指出，没有理论可以支持分步走或渐进性地转换一个系统的政策建议（Aslund，1990）。

第四，除非和世界经济充分一体化，否则经济发展将会受到梗阻。与世界经济的一体化意味着尽快在外汇和贸易方面与世界市场接轨，汇率要迅速调整到市场出清水平，大多数部门要加入世界市场的竞争（IMF，et al.，1990）。

上述政策建议现在常被冠之以"大爆炸"（big bang）的改革理论，或被称为"休克疗法"（shock therapy）。一提到"休克疗法"，人们自然想到它的积极倡导者，美国哈佛大学的年轻教授杰佛里·萨克斯。

所谓"休克疗法"，本是医学上的一种治疗方法，后来经济学家借用来喻指治疗恶性通货膨胀的一系列严厉的经济措施。它最早是萨克斯提出来的。这位来自哈佛大学的年轻经济学教授信奉货币主义理论，在对待通货膨胀，特别是恶性通货膨胀的问题上主张"快刀斩乱麻"的办法。1985年，他在担任玻利维亚政府经济顾问期间制定了一套激进的反通货膨胀的经济纲领，成功地遏制住了该国的恶性通货膨胀，使通胀率由1985年的23000%降至1987年的15%，创造了所谓"玻利维亚奇迹"。此举令萨克斯在国际上声名大噪，以至于他设计的以遏制通货膨胀为目的的一揽子激进措施被命名为"休克疗法"。

1989年，在波兰议会选举期间，萨克斯来到华沙，向团结工会等政治派别推销其经济政策建议。团结工会政府组成以后，他被聘为波兰政府经济顾问。当时，波兰经济形势不断恶化，商品严重短缺，通货膨胀恶性发展，外债包袱沉重，陷入了严重的经济危机。萨克斯提出应当采取迅速而果断的行动，以激进、一步到位的方式稳定宏观经济，同时向市场经济转轨。波兰政府基本接纳了萨克斯的提议。之后，萨克斯又相继担任了保加利亚和俄罗斯等国政府的经济顾问，推行他的"休克疗法"。1991年，捷克、斯洛伐克和保加利亚也采取了激进的过渡方法，而俄罗斯最终在1992年也选择了"休克疗法"。选择"休克疗法"的原因被认为主要包括：

首先，严峻的经济形势迫使各国采取激烈的措施，尽快抑制通货膨胀，实现宏观经济的稳定。波兰、俄罗斯等国都是在宏观经济严重混乱、通货膨胀不断加剧的情况下实行经济轨迹的，渐进的、温和的措施对此已是"杯水车薪"，只能借助于严厉的经济紧缩措施才能遏制，达到稳定经济的目的。20世纪80年代，拉美国家如巴西、阿根廷等国以渐进方式制止通货膨胀已遭到失败。在此形势下，各国不得不采取激烈的方式。

其次，这些中央计划经济国家几十年来的经济改革的失败使人们对渐进改革失去了信心。早在剧变之前，苏联和东欧国家都曾进行过局部的市场取向的改革，但无一效果明显。各国在总结经验时，大多认为必须以激进改革取代渐进改革，一步到位地实现经济体制转轨。所谓"深渊不能分两步跨过"等说法便是当时这种情绪的形象反映。

最后，西方国家的影响和压力。国际货币基金组织和世界银行等组织都把采取"休克疗法"、立即实行自由贸易和经济自由化作为提供贷款和减缓偿还债务的条件，增强了"休克疗法"的吸引力。例如，波兰在采取"休克疗法"之后，得到了国际货币基金组织提供的国际支付贷款和西方国家提供的 10 亿美元稳定基金。

"休克疗法"在用于解决经济体制的转轨问题以后，其内涵不再局限于治理通货膨胀了，而且还包含了许多新的内容。按照萨克斯本人的话：

（1）采取严格的货币紧缩政策，严格控制全社会的货币和信贷规模，削减财政补贴，减少财政赤字，以此抑制社会总需求，强制地消除总供给和总需求之间的缺口，并以此遏制通货膨胀的发展；

（2）放开价格，取消价格补贴，形成市场供求决定的价格体系；

（3）实现货币自由兑换，取消对外贸易的限制，建立自由贸易体制，从国外"进口"一个真实的价格体系；

（4）取消经济控制，尽快打破某些行业垄断，放弃对私有部门的各种限制；

（5）尽快实行私有化，改造国有企业，建立以私有制为基础的混合经济。

由此可见，"休克疗法"是围绕着三个核心内容的：稳定宏观经济、经济自由化和私有化。三者之间，稳定宏观经济是必要条件，私有化是基础，而经济自由化是核心。三者构成一个完整的体系，追求在尽量短的时间内的同时实现。

从实施"休克疗法"的效果来看，远没有想象和预计中的那么理想。1992年联合国的《欧洲经济概要》断言："过去两三年中一些国家生产的下降程度甚至超过了 1929～1933 年的大萧条。"俄罗斯在 1992 年经历了它在和平年代最大的经济衰退，头 10 个月国民经济总产值下降 20%，通货膨胀恶性发展，达2000% 以上，财政赤字高达 6230 亿卢布，居民的生活水平急剧下降。正如一些学者所说的那样，"休克疗法"的激进式改革毫无疑问地成了这些国家经济衰退与超常通货膨胀的主要原因（Brada and King，1991；Blanchard，1996）。这就在理论上出现了另一个需要解释的重要问题：为什么被认为具有理论上的完美性和可行性的"休克疗法"会不可避免地导致改革中国家的经济增长表现为"J"型或更为糟糕的"L"型曲线？我们将在本书的其余部分结合中国的改革方式连带地探讨这些理论问题。

二、激进与渐进的逻辑

1989 年是不寻常的一年，这一年苏联和东欧的体制正在发生着根本的转变，而中国的经济改革又遭遇突发事件而面临着停滞的危险。西方的大多数经济学家在这个时候对于改革应采取什么方式似乎也达到了"共识"，几乎没有人会对激进的改革方式提出什么异议，在他们看来，社会主义国家的经济改革必须大胆地摧毁旧的体制，尽可能快地实施自由化、稳定化和私有化方案。

但是，从东欧和俄罗斯实行激进改革方案以来的经历看，结果远比预期的要糟糕得多，改革不仅比想象的难，而且比想象的慢。这样一个改革的结果不得不使人们反过来重新考虑一个问题：激进改革模型什么地方出了问题？美国马里兰大学的彼得·缪瑞尔教授对这个问题做了认识论上的回答，他说："现在很清楚，激进改革模型在东欧国家面临着一个很大的实施问题（implementation problem）。这些问题损害了模型的最重要的特征——逻辑一致性"（Murrell，1992）。缪瑞尔的工作对激进改革模型提出了批评（Murrell，1990a；1990b；1991a；1991b；1991c；1992），不仅如此，他的研究工作还为改革过程的演进性质做出了理论的辩护。在现有的文献里，主张渐进式改革方式的经济学家除了缪瑞尔之外，还包括科尔内（Kornai，1990）、麦金农（Mckinnon，1991）等。我们这里将对缪瑞尔的渐进式改革的理论做些分析和评论。

缪瑞尔认为，对渐进改革理论的支持可以来自两个不同的理论派别：一是"演进经济学"（Schumpter，1950；Nelson and Winter，1982）；二是所谓的"保守的政治哲学"（Burke，1790；Popper，1971；Qakeshott，1962）。演进经济学（evolutionary economics）始于熊彼特的思想（如1950年出版的《资本主义、社会主义和民主》），后经耐尔森和温特发展成为一个比较完整的理论（参见他们于1982年出版的《经济变迁的演进理论》）。这个理论仍然是实证性的经济理论，它主要研究技术的变迁和经济的增长发生机制（他们把这种机制视为市场的"自然选择"功能）。而保守的政治哲学（conservative political philosophy）则是一个关于社会变迁的规范理论。但这两个学说的基本假定是相似的，或者说它们具有相似的"世界观"。

这两个学说认为，人类的社会经济体制是一个"信息处理"的机制。每个人的知识、信息总是很有限的，而整个经济社会是纷繁复杂的。社会经济体制对每个个别的信息进行筛选、加工、处理和储存，形成一个社会的信息或知识存量。从这个信息或知识存量的累积性发展来看，社会的变迁只能是演进主义的。它们对于社会变迁的方式有一个形象的比喻，那就是"攀着石头爬山"（这看上去与中国改革领导人邓小平的"摸着石头过河"有着惊人的相似之处）。每个登山者面对的是处于云雾笼罩之中的山峦，每个人所有的信息只限于他们所接受的教育和已走过的山路。在此情况下，一个安全稳妥而且也是最恰当的爬山策略应是：小心翼翼。每行走一段距离便要对原有的对山的信息存量进行一次修正，而那种跳跃式的前进极可能命丧谷底。社会的变迁也正如登山，每个人每个组织的信息和知识存量都是极其有限的，我们不可能事先设计好一张蓝图，所能做的仅是：各个击破，分步推进。

对于人类知识，这些理论有两个基本假定：一是有限性假设；二是所谓"边学边干"。前者认为，人的智力相对于"无涯"之人类社会是极其有限的，这种有限性使得由具体的人构成的组织其功能必然也存在着一个极限。从经济学的角度看，这意味着，人和组织都不会是无限理性的，其经济行为仅是其有限信息量中的"理性"，特别是，成长于旧的社会环境中的人/组织与一个新的人/组织，其行为上必然存在着较大的差异，即所谓"江山易改，本性难移"；从政治学的角度看，这意味着，人和组织是很难理解和支持大规模的社会变革运动的，特别是社会结构的重大调整，因为他们原有的知识存量无法发挥效用。"边学边干"假设认为，人类知识可以分为两类：一类是技术型知识，它可以用文字和语言来表达，有着一定的规则和程序，人们可以通过接受教育或阅读书籍来掌握它；另一种类型的知识是实践型或个人型知识，它是无法"言传身教"的，获得它的唯一途径是每个人的身体力行。个人型的知识包括人在具体的政治和经济环境中形成的对特定的人和组织的信息。

根据缪瑞尔的说法，演进经济学和保守的政治哲学虽然其理论体系不同，但其相似的"世界观"使得它们殊途同归地得出了关于"社会变迁的边际生产力递减"这个基本理论假说。如果用 R 表示改革收益，S 表示改革速度，这意味着 $\dfrac{d^2 R}{dS^2} < 0$。因为现存的组织总是产生于特殊的历史阶段，它正常发挥功能同样依赖于相应的社会环境，改变的力度越大，割断组织间的原有联系就越多，这样每个组织就会丢失其生存以及反映的信息，妨碍功能的正常发挥。一个典型的例子便是，一个健康的正常人，他的身体各器官可以适应在几小时内温度变化 50 度左右，但如果是在短短几分钟内发生这样的变化，它的机体大多来不及反应而会受到严重损害，甚至会大病一场。

总之，人类社会的知识和信息的储备是在漫长的历史长河中累积起来的，因而避免信息和组织资源的突然破坏，就可降低改革的组织成本与信息成本；如果采用激进式变革，则必然破坏现存的组织结构和信息存量，人们无法形成稳定的预期，从而增大了改革的组织成本与信息成本。

由于经济生活中存在的信息从来都不是以集中的或完整的形式存在的，而只是以分散的、零碎的方式为许多个人所掌握，因而，分散的自下而上的改革往往能降低信息成本，提高改革的收益，而大规模地以理性设计为基础的整体变革由于信息不足而可能会陷入困境。

基于我们对于渐进主义和演进主义理论的讨论内容，现在很有必要比较一下渐进改革方案与激进改革方案的差异。根据缪瑞尔（1992）的工作，我们可从以下几个方面进行分析：

（一）改革的顺序问题

在激进改革的方案中，其每一个改革方案都是以其终极目标为参照系数的，追求以尽快的速度尽可能地实现成熟市场经济的所有的特征（即"一揽子过渡"），排斥所有与其终极模式不完全吻合的中间形态的出现，因而对现存的那些形成于中央计划经济体制的制度安排采取完全抛弃的策略，尽管这些制度安排中的部分在体制过渡的早期起着不可或缺的稳定宏观经济环境的作用，但仍因为它有违于最终完全自由化市场经济的特征而不得不被否定。

相反，渐进改革者考虑的首要问题是，目前旧体制的哪一个环节是最需要改革的？这样考虑问题的方法颇有点"实用主义"的味道。例如，为了解决一些组织机构缺乏效率的问题，可能会采取一些具有某种特色的产权安排以解燃眉之急，尽管从长远看，这样的产权制度是不理想的。

两者在这个问题上的一个例证是关于企业中的工人管理权问题。激进改革者认为，工人管理权是与最终目标模式不一致的，应在改革之初立即消除；而渐进改革者则认为，短期内保留工人管理权，避免了社会组织资本的极大浪费，而从长期来看，随着新的竞争性边界的出现，工人管理权的"去留"问题自会从市场竞争的结果中得到答案。

（二）改革中的"破"与"立"问题

激进式改革信奉"不破不立"，强调在摧毁旧体制的基础上建立新体制。在他们看来，旧的制度安排是新制度建立的障碍，它毫无价值可言。例如，"迅速私有化"在更多场合下是作为摧毁旧制度的一种方式被提到议事日程上来的。相反，渐进式改革的拥护者们认为，现存的各经济组织以及经济主体在其不断的演化中，原有的信息会不断被矫正，新的更具有效率的制度会逐步取而代之，市场经济的各种制度也就通过"进入"与竞争而在旧体制中孕育而生。

在这个问题上的一个最明显例证莫过于"经互会的解体"。苏联和东欧各国几十年之间形成的贸易协作关系解体以后，各国不得不努力寻求新的贸易、协作伙伴。而我们知道，其中的信息费用和谈判费用是极其庞大的，而原先形成的信息的损失也是不可忽视的。经互会解体后的几年里，各国的出口额都出现了大幅度的滑坡，各国不得不吞下这样一个"苦果"，而近年来，在原经互会国家之间又开始出现了规模不小的易货交易，这对于"激进"的改革者们不能不说是个极大的启示。

（三）改革的可逆性问题

在关于改革的各种争议中，"承诺"可谓是用得最广泛的一个概念了，这与改革者能否取得信任休戚相关。激进改革者以市场体制为其最终目标的姿态在其宣传之初是很容易获得信任的，但在人们考虑并开始经历具体的改革时，其承诺的可信性就要被大大地打个折扣了。原因是，如我们一直强调的，人是理性有限、信息有限的，不可能事先设计好一张蓝图。渐进改革者认为，改革的过程是个"边学边干"的过程，初始的改革策略很大程度上依赖于初始的信息，因而不可能完全适应以后的路径，所以改革策略的可改变性显得尤为重要，它是改革的方向盘。举个简单的例子，从上海驾车去北京，大家都知道其终极目标是在北方，但驾驶员不可能仅仅由此就把方向一直定向北方，他必须根据路况在行进过程中不断地调整方向，任何一个固定方向的行驶是永远无法到达目的地的。

事实上，可逆性改革政策是提高改革过程可信性的最佳办法。那种自认为"一鼓作气"式的改革策略只是匹夫之勇而已。例如，在改革之初便确定固定的汇率范围无疑使其可信性下降，因为无人能预测新制度下的市场汇率。

（四）改革的速度问题

所有上述的讨论似乎部涉及一个速度问题，对现存制度安排改革的快慢问题，变迁的边际效率递减规律是这个问题的核心所在。激进改革者在摒弃旧的制度安排的基础上追求速度；而渐进改革者认为快速的改革切断了原有的经济联系，也损失了信息存量，它们会不可避免地导致"大爆炸"改革以后东欧各国国有企业效绩的陡然下降。除此之外，快速的改革会降低改革过程的可逆性，因为改革方案的施行与其绩效之间存在一个时滞，改革的速度越快，实施过程中修正的可能性便越小。

（五）改革中的试验问题

在由中央计划经济体制向市场经济体制过渡过程中，各国不可能完全依靠从其他国家借鉴方案，都必须经历一定的改革尝试。改革试验规模的大小问题与改革速度的快慢问题有着许多相似之处。快速的改革与大规模的试验都使得改革的风险增大，可逆性降低。

渐进改革者认为，我们关于经济社会的信息是不完全的，因而试验的规模也必须有个局限，否则有"不可收拾之虞"。他们认为，一个好的试验应该能善于借鉴别国的经验，或者试验的结果应清晰、简单、易分析，或者具有可逆性。

强调改革试验规模应缩小的第二个原因是，一旦试验不成功，不至于造成很大损失。东欧各国在改革中一个明显的特征便是各个企业都经历着改革试点，而一旦试验存在问题，引起的连锁反应便在各个企业之间通过贸易关系迅速传播，形成了大幅度的振荡。由此，渐进改革强调改革试验的必要性，强调试验最好选择一个代表性的区域或行业。

（六）改革的设计问题

渐进式改革十分重视人类社会中由试验形成的智慧存量，重视实践，反对如激进式改革那样纯粹的理论推导和方案的设计，特别反对那些规模大、速度快、可逆性小的方案设计，反对激进式改革的演绎甚于经验的改革方式。

（七）改革中经济的"二元"性问题

激进式改革方案强调经济的迅速自由化作为改革的第一步，其逻辑起点是"资源配置"的效率，这样避免了经济系统中的不同部门面临不同的环境，服从不同的规则，而由此形成的扭曲亦得以消除；相反地，渐进改革以"信息处理"理论为起点，认为现存组织的信息倾向于旧的体制，而新的组织具有的信息倾向于新的体制。这产生了两种相反的需求，一方面，一些现有的制度必须保留，改革的速度必须渐进以免旧的组织的生产能力的迅速崩溃；另一方面，必须大力鼓励边界企业的进入。两方面的需求会不可避免地导致二元体制和"双轨制"的形成。

三、结论

以上分析似乎表明，激进改革方式看起来具有逻辑的完美性。他们的倡导者和支持者们认为，激进改革或一揽子过渡方案是我们能够从现代正统经济学中获得的唯一结论或政策含义。而主张渐进改革方式的学者则试图从演进经济学和保守的政治哲学那里去寻求理论的依据和支持。但是，这种"各行其道"的局面难道不是再次暴露了经济学家们自己在经济理论与经济政策的关系这个问题上的"教条主义"倾向了吗？经济学家从来以不断批判教条主义而著称，但是经济学家往往又成为"教条主义"的奴隶。长期以来，正统经济学家为批判"计划者"的绝对理性和无所不知做出了不懈的努力，但在今天东欧和俄罗斯的改革方式问题上却让自己扮演了"计划者"的角色，这多少是令人寻味的。

实际上，现代经济学并没有为我们提供关于"如何改革"的全部知识，我们还需要研究"过渡经济学"。为了研究"过渡经济学"，一方面我们需要现代经济学，因为现代经济学本身是一种方法，而不是教条，它是思考问题的工具；另一方面我们更需要研究不同改革中国家的改革经历和改革经验，特别是研究中国经济改革成功的经验。这正是本书的作者在其余部分所要做的探索。

第三章　非一揽子过渡的经济学：
关于局部改革陷阱的模型

一、价格控制与资源配置

大量研究中央计划经济国家向市场经济过渡的文献，都注意到了苏联和东欧国家的激进式改革路径与中国的渐进式改革路径的不同，但往往容易忽视的事实是，在 1988～1991 年，苏联进行的经济改革也是局部性质的。当时，一方面，政府赋予了企业更大的自主权，它可以决定生产什么产品以及向谁销售其产品，并允许企业内工人从他们的企业中租借资产，组合成私有性质的合作体（这样的一些半私有性质的组织一度盛行，至 1990 年底，其就业人员占了总就业人数的 5%）；另一方面，国家仍保留着对企业的所有权控制，国有企业的批发价格和零售价格，都牢牢地掌握在计划者手中。

但时至 1991 年中，苏联局部改革的绩效不尽如人意。国民生产总值在 1990 年下降 32%，1991 年的第一季度又下降了 8%，产出的滑坡反映在各行各业，日常消费品奇缺，商店的货架上空空如也，有近 25% 的企业无法正常履行它们的供应合约，整个经济社会处于崩溃之中。

在摩菲等人（Murphy et al.，1992）的理论中，他们借助简单的经济学模型分析了苏联的局部改革。他们的研究发现，苏联式局部改革损害了经济系统中的固有协调机制。一些私有或其他企业比一些国有企业较少地受到价格控制，在交易中享有更多的灵活性（具体体现在出价权），从而在对一些重要投入品的争夺中拥有更大的优势，使得投入品由传统的国有部门向私有部门转移。进一步的模型分析还表明，某些投入品的这种转移降低了资源配置的效率，带来了社会总产出与总福利的下降。

他们借助于一个通俗易懂的例子说明了这一点。不妨假设华盛顿州生产的一种苹果可口诱人，它销遍全美，在自由市场经济中，其市场出清价格为15美元。考察两种情形，在第一种情形下，假设全美所有的州对华州苹果的销售价格进行控制，规定其销售价格不得超过10美元，该价格限制在使得总需求增加的同时，苹果的总供给下降，苹果处于"短缺"状态，对华州苹果的消费就会实行配给制，在经济体系中可以观察到排队购买甚至是走私现象。考察另一种情形，只有30个州对华州苹果的销售价格有"不得超过10美元"的限制，而另外20个州中无此规定，情况又该如何呢？在无价格限制的20个州消费者们只需付出比10美元稍高的价格就能买到在此价格下他们所需要的苹果，其境况会比在自由市场经济时更好；相反，有价格控制的30个州可以获得的苹果，只是在10美元价格下苹果的总供应量减去另外20个州消费后的剩余，它们经历的短缺程度要甚于全部州都施行价格控制时的情况，由此可以看出，当经济社会中一部分存在价格控制时，真正受损的是受控部分，而受益的是那些实现自由经济的地区。

这与1988年后苏联国有企业的经历有着惊人的相似之处。局部改革以后，国有企业仍受到国家的价格控制，在与较为自由的私有企业的竞争中，享有较小的出价权，一些重要原料的供应商改变了与国有企业之间的一贯合作关系，国有企业无法完成其生产计划，不得不减少其产出，并进而对整个经济产生了连锁的"瓶颈"效应，导致了社会总产出的下降。

在本章的其余部分中，我们将介绍他们的一个基础模型，研究投入品在国有企业与私有企业间的配置状况；然后，对基本模型进行扩展。在第三节，讨论不同假定情况下的局部改革与资源配置的福利结果，并简要研究中国的局部改革与苏联局部改革的差异问题。

二、供给流失的基本模型

必须指出的是，在摩菲等人的基本模型中，"私有企业"含义比较宽，它指的是那些可以突破国家的计划价格限制，在对投入品的价格竞争中可以给出更高价格的厂商，它可以是一家私有性质的合作化组织，也可以是另一家能叫出较高价格的国有企业，甚至可以是那些可以与投入品生产厂商进行"物质串换"的企业。相应地，国有企业指的是那些财务上受到严格控制、缺少可供串换的物质，并且受到上级部门的严格监督的企业，其面临的是"不可越雷池半步"的国家计划价格。

为简单起见，我们考察钢材市场，其中有两种需求者：汽车制造商 B 和建筑商 C。改革前，这两者都处于国有部门，由计划来分配其所需钢材，钢材的供应商假定为国有钢铁厂 A。局部改革以后，建筑商 C 成为上述意义上的"私有"企业，它可以以其意愿价格从钢铁厂购得所需的钢材。而汽车制造商 B 和钢材供应商 A 仍处于国有部门，我们感兴趣的是，局部改革给 B 和 C 带来什么样的影响。关于钢材的配置，我们有六个假定：

（1）改革前，钢材的官方价格 P 小于其市场出清价格 P^*，即钢材是由计划额度配置的。这与大多数中央计划经济国家的事实是相符的。计划价格较低的原因有两个：其一，原材料的低价可以刺激中间产品以及最终产品的生产；其二，计划价格与实际所值之间的较大差距使得最终产品的生产者获得了大量转移过来的高利润。

（2）计划价格 P 是钢材购买者实际支付的价格，亦即这里假定购买者不必支付额外的贿赂来获得投入品。当然，中央计划经济中，贿赂的现象比较普遍，对此，下节中会有专门讨论。

（3）钢材供应商按其供给曲线 $S = S(P)$ 生产，即计划者并不强迫它在价格 P 下生产出比 $S(P)$ 更多的钢材。该假定与苏联 1988 年后的事实也是基本相符的。对这个假设条件的修正在第三节讨论。

（4）改革前，钢材在两个需求厂商间的配置是有效率的，即汽车制造商 B 和建筑商 C 对钢材的边际估价相等，都等于 P^*，而且在 P^* 下的总需求等于供应商在计划价格 P 下的总供给。当然，如果计划当局命令钢材供应商只有在满足国有部门汽车制造商 B 的需求之后，才可将剩余部分供给厂商 C，这样的配置就是缺乏效率的。

（5）改革后，钢材供应商有权选择其销售对象。这个假定表明，计划配额在实践中是没有约束力的。这与苏联的改革实践还是比较接近的，在第三节中，我们也将考察与此不同的假定。

（6）改革后，汽车制造商 B 因受价格控制而无法叫出高于 P 的价格，而建筑商 C 则可以自由叫价。这个假定把握了苏联局部改革的实质，也是本模型的关键所在。局部改革后，私有企业在交易价格上总是比国有企业具有更多的灵活性。

图 3.1 显示了改革前钢材的配置情况。A 图表示的是钢材市场的总需求曲线和

总供给曲线，B 图表示的是汽车制造商 B 的需求曲线，C 图则表示建筑商 C 的需求曲线，这些需求曲线同样表示了不同厂商对钢材的边际估价。在初始的配置方案下，钢材供应商向厂商 B 供给 Q_b（计划）单位的钢材，向厂商 C 供给 Q_h（计划）单位的钢材，单位价格为 P，其总供给是钢材生产商在价格 P 时的总产出。

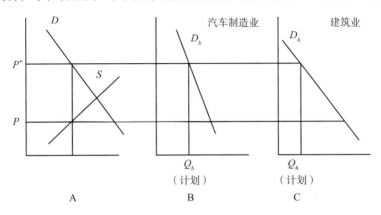

图 3.1　改革前的计划配置状况

当局部改革允许建筑商以谈判价格从国有钢材供应商处购得所需钢材时，"华州苹果效应"便产生了。汽车制造商类似于那些存在价格限制的州，而建筑商则与那些不存在价格限制的州相像。改革后，建筑商可以稍高于 P 的价格购得其所需的全部钢材。而汽车制造商 B 则相反，其所得到的钢材只是在价格 P 下总供给量减去建筑商 C 的消费量后的剩余，均衡时，建筑部门由于得到了它所需的所有钢材而不断扩张，汽车制造业则由于不能得到其必需的投入品而使产出下降，但是钢材的总产量是不变的。

图 3.2 表明的是允许私有厂商 C 购买钢材时社会总福利的变化。一方面，对汽车制造商而言，因为它所得到的钢材量陡降，则其对钢材的边际估价猛增，其损失的消费者剩余等于三角形 A 的面积 $S\Delta A$，而且，原先由于计划价格偏低而产生的剩余也不得实现，其值相当于 B 部分的面积 $S\Delta B$；另一方面，建筑业以稍高于 P 的价格得到了它在价格 P 下所需的所有钢材，相应的消费者剩余增加，表示为三角形 C 的面积 $S\Delta C$。很明显，C 的面积是严格小于 B 的面积的，社会总福利的净损失相当于图形 A 与 E 的面积和。导致损失的根本原因在于：在改革之初，钢材的配置使得不同的需求商对钢材的边际估价相同；而改革之后，最终的状态是，汽车制造商对钢材的边际估价远远高于建筑商对钢材的边际估价，这样的配置显然是缺乏效率的。在基本模型中，局部改革使得投入品由高边际效用的部门向低边际效用的部门转移，因而其社会总福利减少。

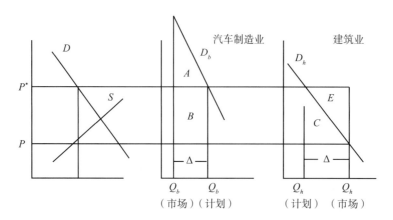

图 3.2　局部过渡中的投入品流失

什么时候社会福利的损失为最大呢？从数学意义上说，即 $S\Delta A + S\Delta E$ 最大。首先，如果建筑业部门对钢材的需求弹性 εC 越大，由 $\varepsilon C = \dfrac{\Delta}{\mathrm{d}p} \cdot \dfrac{R}{Q}$ 知 $\mathrm{d}p$ 一定时，Δ 是 εC 的增函数，则由汽车制造业转移至建筑业部门的钢材越多，社会福利的损失在私有部门最大扩张时损失越大；其次，如果汽车制造业对钢材需求弹性越小，由 $\varepsilon B = \dfrac{\Delta}{\mathrm{d}p_B} \cdot \dfrac{R}{Q}$ 知 Δ 一定时，$\mathrm{d}p_B$ 是 εB 的减函数，而 $S\Delta A = \dfrac{1}{2}\mathrm{d}p_B \cdot \Delta$，钢材供应减少后其损失的消费者剩余也越大。资源配置的极端无效率便是最需要投入品的部门却不能得其所需。

不幸的是，由于以下几个原因，国有部门对特定投入品的需求弹性恰恰较小，而私有部门对投入品的需求弹性又恰恰较大。其一，私有企业大多进入的是需要较少资本与其互补投入品的行业。其二，私有企业对进入那些原料比较短缺的行业有着浓厚的兴趣，因为其中有着它发挥出价优势的余地，结果，哪个行业对投入品的需求弹性大，该行业反而在进入问题上对私有企业更有吸引力；相反，那些仍处于国有的经济部门拥有较多的固定资产，需要众多的其他互补性投入品，一旦固定资产已经形成，其他互补性投入品已经购入——这些都是无法再卖出的——对其他投入品的需求的弹性就很小。所谓"万事俱备，只欠东风"，"船大难掉头"。因此国有部门与私有部门之间存在的这种弹性差别导致了局部改革以后，资源配置的极端无效率状态的产生。

显然，社会总产出的下降由于仅仅是部分，而不是所有的投入品发生了向私有部门转移。如果资本以及其他一些互补性投入品也同时向私有部门转移，对整个社会经济而言，只不过是此消彼长的关系。可以想象，社会产出不会发生多大的下降。

在苏联也曾一度借助于资产租赁来处理局部改革后出现的这个问题。国有企业获准将企业的设备租赁给企业内职工，由他们组成某些私有性质的合作社。但是，实际上，由于企业往往与合作社之间形成合谋，共同对付计划者，国家无法施行有效监督，所以国家对这种租赁实行着严格的管制，而一旦资本等向私有部门的流动存在着限制，资源配置的低效率就不可能得到根本的扭转。

基本模型可以帮助我们理解局部改革是如何导致一些重要的投入品由国有部门向非国有部门转移的，使得原先的经济主体间的协调受到破坏，许多部门的产出大幅度下降。它还告诉我们，经济社会的各个部门都同时存在着"短缺"的问题，国有企业缺少的是重要原材料投入，私有企业缺少的则是资本，在这里，投入品之间的互补性解释了为什么投入品的较少偏移能带来产出较大的变化。

在苏联经济中，原材料如木材、钢材、石油中，常用中间产品如钢管、水泥等是最常发生转移的产品。另一种形式的投入品流失是"人力资源的转移"。一些很优秀的工程师、技师、熟练工人从国有企业辞职而转向供职于私有企业，那些即便留下来的亦是"人在曹营心在汉"。在生产中，高质量劳动力更是无法替代的，它从国有企业的流失对国有企业的损失是无可估量的。

有时，国有企业可以从原料供应商那儿得到它所需数量的投入品，但投入品的质量是很难监督和保证的。往往发生的情况是，一些高质量的投入品售给了私有企业，而国有企业得到的是那些质量较次的投入品。同样，如果国有企业对高质量的投入品的需求弹性很小，这也会造成社会总福利的损失。在农业和建筑业中这个问题尤为显著，因为高质量的产品必须依赖于高质量的投入品。

当然，不得不承认的是，由于苏联经济的产业结构的严重不合理，国有部门生产的产品可能并不为社会所需要，而私有部门生产的又大多是消费者急需的一些消费品，投入品从国有部门转移后，减少的产出本身恰恰是对社会效用不大的产品，这使得局部改革有点"歪打正着"。但这仅是问题的一个方面，大量的情况常常是重要投入品的转移导致社会总产出的下降和总福利的恶化。

三、不同假定下的模型扩展

（一）初始配置缺乏效率

基本模型的假设4认为计划的初始配置是具有效率的，并由此推出局部自由化的改革导致了产出的下降。一个更合理的假设是，改革之初，国家对某一部门存在着扶持政策。

相应地，假设 4 变为：在改革之前，计划配置使得汽车制造商可以以 P 价格得到它在此价格下所需的所有钢材 Q_{bP}，而建筑商得到的仅是剩余部分 Q_{hP}（如图 3.3 所示）。此时，类似于上节分析，汽车制造商对钢材的边际估价要低一些，而建筑商对钢材的边际估价要高一些。局部改革之后，由于建筑商有着自由出价权，最终的钢材配置状态会与改革前恰好相反：建筑商以 P 价格得到了所有的钢材 Q_{hm}，而汽车制造商得到的为一剩余 Q_{bm}。

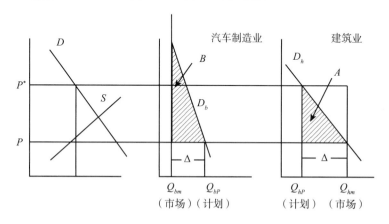

图 3.3 初始配置有利于汽车制造商

此时，建筑部门产生的消费者剩余的增量可表示为三角形 A 的面积 $S\Delta A$，而消费者从汽车制造业得到的消费者剩余的减少量相当于三角形 B 的面积 $S\Delta B$。由第二节中的关于需求弹性分析，我们可知，建筑部门对钢材的需求弹性较大，而汽车制造业对钢材的需求弹性较小。类似地，可以推出 $S\Delta A < S\Delta B$，整个社会的福利（或总产出）下降。其原因仍然是，因为一种投入品（钢材）的流失，国有部门的资本和其他已经拥有的互补性投入品无法正常发挥作用，社会资源被迫浪费。

（二）配额约束

基本模型的假定 6 中，钢材供应商有完全的自主权决定向谁销售钢材。在这里，我们将此假设改变为：局部改革以后，国家对钢材供应商存在一个配额规定：它必须以价格 P 向国有的汽车制造商供应一定量的钢材。为了讨论的方便，我们假定，无论是改革前，还是改革后，汽车制造商都能以 P 价格获得此价格下所需的所有钢材 Q_{bp}，此时，钢材生产商是先完成计划配额，将钢材供应给汽车制造商，而后，与建筑商之间的交易完全由市场来决定，在市场供给等于市场需求时，处于均衡态。如图 3.4 所示。

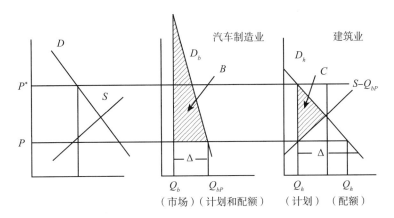

图 3.4 对汽车制造业存在配额供应

存在配额的情况较之没有配额情况下的社会福利有所改进。配额的存在，使得国有部门一如既往地获得它所需的投入品，其产出不受任何影响。在此之外，市场上钢材的供应与需求处于均衡状态，市场出清价格高于计划价格 P。此时，图 3.3 中所示的消费者剩余 $S\Delta B$ 仍然存在，而建筑部门的消费者剩余为三角形 C 的面积 $S\Delta C$。在前面的讨论中，可知 $S\Delta C < S\Delta B$，既避免了配额的存在，投入品也从边际估价高的部门往边际估价较低的部门转移，并使得供应商品和私有部门的产出增加，促进了经济增长。

事实上，配额的存在与否正是苏联和中国局部改革的差别所在。中国局部改革的过程中，中央政府采取的正是有配额约束的价格双轨制，对国有企业仍以计划价格保证其投入品供给，而原料供应商唯有在完成了计划配额以后才可以完全面对市场，所以，中国的改革避免了国有工业的投入品流失问题，同时，又允许原料产业以及私有部门的体制外发展。而苏联，尽管在名义上也保留了一些配额，但由于中央政府权力的下降，无法实行有效监督与惩罚，使得配额形如虚设，而且在更多情况下，对国有的经济并没有保护措施，反而以价格控制牢牢地缚住了其手脚，使其在竞争中往往无能为力。也正是两种局部改革在投入品控制问题上的区别，带来了改革的不同的绩效，与苏联经济相反，中国的经济蓬勃发展。

（三）不当的配额运用

在上述运用配额的假设中，我们考察的是钢材行业中厂商们首先完成的是配额，即把低边际成本的钢材向汽车行业供给，而后为满足市场而生产，结果建筑商所购的钢材价格等于其边际成本，形成了配额下的资源配置有效状态。但是，如果我们考虑，一些钢材厂商逃避了配额，它首先向建筑商们供应了其所需钢材，情况就会发生很大变化。事实上，一些最具效率的厂商（往往其生产成本也是行业最低的）存在着强烈的利润动机向私有部门销售其产品，而当低边际成本的钢材供应给私有部门后，钢材行业的其他厂商们为了完成计划配额，不得不向国有部门供给边际成本比较高的钢材，形成了新的配额下的低效率状态。

图 3.5 表示了这种情形，配额完成后，汽车行业的消费者剩余没有损失，仍为 $S\Delta B$，而建筑商们也以 P 价格获得了它们所需的所有钢材，相应的消费者剩余为 $S\Delta A$。但是，钢材供给商是以低于其边际成本的价格来完成配额的，其损失的生产者剩余可表示为 $S\Delta E$，类似于基础模型中的分析。我们可以看出，如果供给者的供给弹性大于汽车制造商的需求弹性，配额的存在会使福利有所改进，即 $S\Delta B > S\Delta E$，而如果供给弹性较小，如短期内存在着生产能力的限制，则使得社会总福利状况恶化。由此可见，配额只有限制在那些最具效率（即边际成本最低）的企业时，才能使社会福利增量最大。

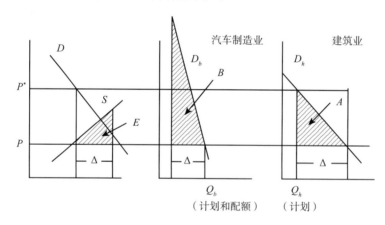

图 3.5　不利的配额

（四）贿赂的存在

基本模型的假设 2 表明价格 P 是钢材消费者的实际支付。此时，各购买厂商对钢材的边际估价 P^* 高于价格 P，其中滋生了那些急切想得到钢材的厂商向计划官员们行贿的可能。假设钢材供应商实际收到的价格仍为 P，其产量也保持不变，那单位价格差 $P^* - P$ 以贿赂的形式进入计划者的腰包，投入品的配置与初始状态会完全一致，只不过汽车制造商和建筑商实际支付的价格为 P^*，它等于官方价格 P 与贿赂支出之和。在此价格 P^* 下，总需求等于价格 P 下的总供给。

局部改革后，随着对钢材产权的不同安排，结果会有所差异。一方面，假定钢材生产商仍只能得到价格 P，计划者一方面可以与私有部门公开议价，其高于

计划价格 P 的部分，作为计划部门的利润；另一方面，它继续接受国有企业的贿赂并进入官员私人腰包，在此情况下，局部改革并没有改变资源配置的状况，唯一改变的只是原先的一部分贿赂现在合法化为计划部门的利润。如果国家对计划部门的利润征税，计划者会尽量压低官方价格 P，继续接受贿赂。但是，贿赂的存在使得汽车制造厂商得以借助贿赂与建筑商们进行竞争，避免了重要投入品的流失局面。

另一种情形是，计划者不拥有对钢材的产权，钢材商从与建筑商的交易中得到利润，而在与汽车制造商的交易中，钢材商仍只能得到 P，国有部门获得钢材仍通过贿赂，其实际支付上升，但由于贿赂是流向官员的口袋而不是钢材商，后者更愿意以比 P 稍高的价格向建筑商供应钢材，类似于我们的基础模型，私有部门从国有部门抢走了投入品。在此情况下，局部改革后的资源配置与不存在贿赂时一样。

贿赂的存在使得国有部门与私有部门竞争成为可能，它降低了苏联式局部改革的成本，但是，即便是贿赂存在，国有与私有部门对钢材的边际评价仍不完全相等，它无法完全消除苏联式局部改革的成本。而且，事实上由于害怕惩罚，再加上原有计划经济下的生活习惯，许多企业不敢贿赂，不懂得贿赂，这时候其蒙受的损失就会增大。

当然，这里绝不是赞同"贿赂"现象的存在，想论述的是苏联式渐进改革中贿赂对资源配置的影响，最有效的改革手段当然是公平竞争下的价格制度。上述的讨论中，我们涉及了私有企业的进入问题，有人要问：哪些部门最能吸引私有部门进入呢？或者说在哪个部门的私有企业的进入最具活力呢？私有企业进入的是那些有着最大发展空间和最佳赚钱机会的部门。何为最大发展空间？指的是存在着大量的未满足的需求，低价的投入品以及较易获得的其他投入品，私有企业最愿意进入投入品价格被严重低估的行业，它们可以以较低的价格获得价值较高的商品。

这个事实使得局部改革面临"窘迫"，一方面，价格越是严重低估的投入品，由于私有企业进入，其需求越旺，边际估价越高。正如钢材越便宜，它就越会供不应求，有着很高的"影子价格"，投入品价格的被低估程度与私有企业的生产者剩余存在着高度的正相关关系。另一方面，越是短缺的投入品，越能吸引私有企业的进入，并利用其自由出价权，使得投入品与国有企业发生偏离，私有者可以牟取暴利。可以这么说，私有企业最感兴趣的部门是投入品最稀缺的部门，它的进入自然造成国有企业的投入品大量流失。

在自由市场价格中，也存在着企业的进入和投入品购买，但是，他们对投入品的边际估价高于那些投入品转移的企业；但苏联的局部改革相反，在价格扭曲的前提条件下，最终国有企业对投入品的边际估价要高于私有企业对投入品的边际估价，而投入品转移的原因只是国有企业无法与之竞争投入品。在价格体系扭曲的计划经济系统中，进入者所获得的实际是其他企业"租金"的再分配。因而，私人企业的所得为正，而社会福利的变化则为负。

必须提及的另外一个区别，是中央计划经济国家的局部改革中私有企业进入市场与自由市场经济中国有企业进入市场也有不同。国有企业进入市场体系的，除非它能对投入品的价格产生很大影响，它所购得的投入品的价格体系是由市场决定的，其进入不会带来其他经济主体境况的变化，原因在于经济系统中投入品的价格是由一个健康的市场正常调节的。

四、结论

摩菲等人的基础模型以及上述的讨论表明：局部改革存在着一个"陷阱"。当只是部分的投入品允许进入私有部门，而国家计划规定的价格严重扭曲时，一些重要的投入品会由计划控制下的国有企业向实行了自由化以后的私有部门转移，带来国有部门产出下降的同时，资源配置缺乏效率，社会总产出滑坡。苏联1988～1991 年间的局部改革正是陷入了这一泥潭之中，形成了经济中的"瓶颈"效应和严重短缺现象。

当然，局部改革的陷阱并非不可避免。中国政府正是通过计划保证了国有部门投入品上的配额供应，使得局部改革后国有企业能稳定成长，并在体制外，通过市场化形成了新的生长点，促进了新的竞争性边界的成长和壮大，带来了经济的繁荣，使得苏联"渐进式"改革的悲剧在中国没有上演，这正是我们在下一章将要分析的问题。

第四章　中国的双轨过渡

一、引言

在从中央计划经济向市场经济过渡的初期阶段，一个改革中经济体的工业生产能否避免严重下降的局面，主要取决于传统国有工业部门的表现如何，这是因为国有部门在过渡初期仍占主导地位并在总产出中占有主要份额。从这个角度出发来理解不同改革中国家的经济表现，特别是工业生产的记录，要求我们把目光转向过渡中的国有工业部门。

众所周知，中国在整个 20 世纪 80 年代对传统国有工业部门推行的"局部"改革在结果上与苏联在 1985～1991 年（戈尔巴乔夫时期）实行的局部改革以及 1992 年开始的"大爆炸"式的完全自由化形成了鲜明对比（见表 4.1）。在苏联，传统国有工业在局部改革中经受了产出的大幅度下降（特别是 1988～1991年），导致渐进改革的失败，后来的"大爆炸"方案不仅没有挽救工业生产的危机，反而使工业产出下降得更加严重（见表 4.2）。相比之下，中国国有工业部门的产出在 1980～1992 年间平均以 7.8% 的速度增长，甚至在 1992 年，工业总产出中仍有将近一半来自国有工业部门，而且根据我的计算，整个 80 年代在工业总产出的增长中，国有工业部门的贡献份额仍维持在差不多一半的水平上（见表 4.3 和表 4.4），使中国的国有工业部门成为改革后经济增长的重要贡献者。

表 4.1　　　　中国、苏联和东欧的总产值变动（1986～1991 年）　　　　单位：%

	1986～1989（平均）	1990	1991
中国	8.7	4.1	7.7
苏联	3.0*	−2.3	−17.0
保加利亚	5.2	−11.6	−22.7
捷克	1.6	−3.0	−15.5
匈牙利	1.4	−4.0	−10.5
波兰	2.7	−11.4	−7.7
罗马尼亚	−0.9	−7.1	−13.4

注：中国的数据为 GNP，其余国家的数据皆为 GDP。

*此数据为 1989 年的数据。

资料来源：苏联的数据来自麦金农（McKinnon，1994）；中国和其他国家的数据来自萨克斯和吴永泰（Sachs and Woo，1994）。

表 4.2　　　　　　俄罗斯经济的负增长（1990～1993 年）

年份	变动百分比		
	NMP*	工业生产	GDP
1990	−4	−0	−
1991	−11	−15	−15
1992	−20	−19	−19
1993	−13	−16	−12

注：*指物质净产品。

资料来源：普莱明和马森斯（JS Plemming and RCO Matthews，1994）。

表4.3　　　　　　中国工业产出的所有制份额的演进（1982~1992年）　　　　单位：%

年份	国有企业	集体企业	私营和其他
1982	77.8	21.4	0.8
1983	77	22	1
1984	69.1	29.7	1.2
1985	65	32	3
1986	62.3	33.5	4.2
1987	59.8	34.6	5.6
1988	57	36	7
1989	56	35.7	8.3
1990	55	36	9
1991	53	36	11
1992	48.4	38.2	13.4

资料来源：根据《中国统计年鉴》，1984年、1993年以及有关各卷计算。

表4.4　　　　　　中国工业产出增长的所有制来源（1978~1992年）　　　　单位：%

年份	国有企业	集体企业	私营和其他
1978	82	18	0
1979	86.7	13.3	0
1980	51.2	43.5	5.3
1981	49.5	47.3	3.2
1982	70.2	28	1.8
1983	63.7	34	2.3
1984	45.23	51.86	2.91
1985	43.7	49.6	6.7
1986	45.3	43	11.7
1987	49	39	12
1988	47.5	41	11.5
1989	52.5	33.5	14
1990	37.8	34.8	27.4
1991	43.7	36.1	20.2
1992	32.5	45.5	22

注：本表数据根据下列公式计算得出：$S = (X_n - X_{n-1})/(Y_n - Y_{n-1}) \times 100\%$，其中：$S$ 为某个所有制部门在某一年的产出增长占该年工业总产出增长的份额；

X 为某个所有制工业部门的产业；

Y 为工业总产出；

n 和 $n-1$ 分别代表本年份和上一年份。

资料来源：根据《中国统计年鉴》，有关各卷计算。

　　中国和苏联的改革所形成的非常不同的结果，已引导经济学家去研究改革道路和改革战略的差异。对于上述改革结果所做的最常见的解释是：中国的改革方式是渐进的（"摸着石头过河"），而苏联的改革是激进的（"休克疗法"或"一刀切"）。这种"两分法"是有益的，但却不足以概括不同改革道路的差异性和复杂性。例如，虽然所有改革方案都必然涉及对传统计划控制分配的改革和引入市场机制，但这种"两分法"尚不能表明和体现不同改革方案在对待和改革传统计划控制方面的差异。正如第三章分析的那样，同是渐进式的改革，但正是在对待和处理计划与市场方面的这种差异导致苏联渐进改革（1985～1991年）的失败和中国渐进改革的成功（20世纪80年代）。因此，在研究不同改革道路的差异时，我们需要了解某个改革政策是怎样被塑造和界定的。以价格改革为例，我们承认改革政策的激进和渐进性质的差异，但我们更加有兴趣的是，价格改革政策的具体安排在处理计划控制与自由化方面有什么不同，以及这种安排的差异对传统国有工业部门的反应模式有何影响。根据价格改革政策在处理计划控制与自由化方面的不同安排，我们将区分以下三种价格改革策略：

（一）完全的价格自由化

这是一种激进的自由化改革方式。对国有工业部门而言，在这种完全自由化的价格改革政策下，传统的价格控制，连同传统的计划分配体系（如计划配额、计划调拨）被迅速抛弃和取消，所有的价格被一次性地解除了计划的控制。俄罗斯在1992年1月1日开始实施的"大爆炸"方案就遵循了这种完全的价格自由化思想（Mckinnon，1994）。

（二）"两部门定价"

在这种价格改革方案下，传统的计划生产和分配已被大大地自由化以允许国有生产者自由处置其产出。但是，在传统的国有工业部门仍然谨慎地保留着价格控制，使得国有企业在购买投入品方面受到严重的约束。与此同时，价格在非国有部门被解除了控制，实行了价格自由化。相对于完全的价格自由化，这种"两部门定价"只是一种局部的价格自由化方案，但它刻画了苏联在1988～1991年间局部改革的特点（Murphy，Shleifer and Vishny，1992）。

（三）"价格双轨制"

在双轨制下，传统的计划分配体系以及计划指令仍然继续维持，并且受计划控制的这部分产出仍然继续按计划控制的价格进行交易。但对于计划之外（或之上）的剩余产出却允许由国有企业自己控制并按市场价格交易。这种安排类似于一种"固定租金的合同"。与"两部门定价"类似，这种双轨定价也是一种局部的价格自由化改革方案，但不同的地方在于，在双轨定价安排下，传统的计划控制和分配体系并没有完全放弃，相反，它们仍然在传统国有工业部门内部被继续履行着，价格的自由化只是发生在生产的"计划外"部分，而不是基于所有制（国有部门与非国有部门）的区别。毫无疑问，"双轨制"是中国的局部改革的最重要特点之一（Byrd，1987；Wu and Zhao，1987）。

我们在第三章提到，1992 年，摩菲等人在《向市场经济的过渡：局部改革的陷阱》一文中首次构造了一个关于局部改革的分析模型，并指出"两部门定价"方案在实践中势必导致重要的投入品从国有部门向非国有部门的大规模"流失"。他们认为，苏联的工业产出在局部改革（1988~1991 年）时期里的下降可以由这种大规模的"投入品流失"来解释（Murphy，Shleifer and Vishny，1992）。基于这种分析，他们倾向于主张以完全的价格自由化来取代这种局部的自由化方案。但是，另一方面，也有数量不少的文献倾向于认为完全的价格自由化方案很容易导致传统国有部门出现垄断行为，其结果，产出将会因垄断而下降而不是增加（Koford，Miller and Colander，1993；McKinnon，1994；Ross，1994；Zhou，1994）。虽然这后一观点已由俄罗斯近年来的经验加以支持，但现有的文献还未能从比较的角度来分析双轨定价与完全的价格自由化所可能产生的不同的改革结果。双轨定价在中国为什么避免了大规模的"投入品流失"及其国有工业部门的产出下降，仍是一个有待讨论分析的问题。

在本章，我们首先比较"两部门定价"方案与"双轨定价"方案，并试图回答为什么双轨制避免了摩菲等人意义上的投入品流失问题。然后我们发展一个简单的"产业组织"的分析模型来帮助理解双轨定价为什么能避免国有工业产出的下降。同时，完全的价格自由化为什么可能导致产出的大幅度下跌和价格的上涨也将在本模型里得到说明。为了建立这么一个分析模型，我们运用产业组织文献中常用的"主导厂商—竞争性边界"的分析范式。这种范式是有用的，因为它能很好地刻画经济改革初期阶段的产业结构的特点：传统的国有部门居主导地位，同时以非国有部门的进入和发展为代表的竞争性边界不断扩张。在这样一个理论框架内，我们将分析主导国有企业在不同价格改革方案下的反应模式，并在引入竞争性边界的情况下对工业产出的变动做出均衡分析。

二、双轨制有何不同

我们在上一章已经讨论过，在解释一个过渡经济可能出现的工业产出的下降时，摩菲、史莱法和韦西尼（1992）根据苏联在 1985~1991 年的价格改革经历提出了一个"局部改革"的经济理论，并且认为，苏联的局部改革之所以失败，主要是因为这种局部价格改革——其特点是所谓的"两部门定价"，即国有部门继续维持价格控制，而非国有部门却实行价格自由化，结果国有生产者可以自由地将产出以自由化的价格卖给非国有部门，但同时国有购买者却因为计划分配体制的瓦解和价格控制的存在而无法获得必需的投入品供给，也无法与非国有部门竞相争夺投入品——导致重要的投入品从国有部门向非国有部门的大规模流失，哪怕国有部门对这些投入品的评价更高。

基于此，他们主张价格改革应避免这种局部的"两部门定价"特点，代之以完全的价格自由化。① 这里我们暂不讨论价格的完全自由化问题，我们在下一节将会提到这个问题。在这里，我们要讨论的是，中国在局部改革中实行的双轨定价与这里的"两部门定价"有何区别，为什么双轨定价没有导致大规模的投入品流失问题。

首先我们来看看双轨定价与两部门定价到底有什么区别。实际上，两者的区别已见之于摩菲等人（1992）的论述中。他们在说明中国的局部改革为何如此成功时写道："中国也走了我们所描述的这种局部改革的道路，但有一点例外，中央政府仍继续维持着国家计划配额的非常严格的履行，并且只允许企业将超过国家计划配额的那部分产出卖给私人买主。结果，政府控制住了投入品流失问题。相反，苏联政府名义上保留了对国有企业的调配配额，但实际上却大大松懈了对计划的履行"。

中国局部改革的这个"例外"的方面表明，双轨安排与摩菲等人的"两部门定价"同样是局部的价格自由化，但却存在着根本的区别。从某种意义上说，这种区别反映了中国与苏联在改革方式和改革路径上的差异。中国的价格双轨制并没有破坏传统的计划分配体系，相反，它恰恰是基于这个传统的计划体系之上而运作的。而苏联的两部门定价，作为局部改革的方案，则是在基本上解除了计划履行义务的情况下推行的。② 摩菲等人把中国与苏联在对待传统计划体系上的不同做法归因于两国政府控制能力的差异。他们认为，苏联共产党的衰落使其政

---

① 例如，他们道："本文的分析所引出的最自然而然的含义是，价格改革应该采取'大爆炸'的方式，将所有的价格一次性放开。这种激进的价格自由化显然会克服我们所讨论的这些问题"（Murphy，Shleifer and Vishny，1992，P. 906）。不幸的是，俄罗斯 1992 年 1 月 1 日开始的激进的价格自由化导致的是比局部改革时期更为严重的生产下降和通货膨胀。关于这方面的一些情况，可参见麦金农（McKinnon，1994）的讨论。

② 据摩菲等人（1992）提到的事实表明，在 1988 年苏联政府已将私营企业（如合作社）合法化，并在很大程度上解除了对计划义务的履行，允许国有企业自由处置其产品。但与此同时，国有企业间的官方价格却仍在很大程度上被保留了下来。

府不再具有控制履行计划义务的能力。在我看来，两国在对待传统计划体制上的不同做法实际上反映了两国在经济改革的"指导思想"上的差异。在苏联的局部改革中，尽管仍较温和，但抛弃传统的计划分配在很大程度上已成了经济改革的直接目标之一，而中国的局部改革在一开始便视发展和增长为目标，并未把抛弃传统计划体系作为改革的直接目标之一，在这个问题上，可以说，双轨制典型地体现了中国改革道路的战略特点。

双轨制没有放弃传统的计划体系，相反，双轨制恰恰要求国有工业部门内部继续履行计划控制的生产和分配，价格的自由化和生产的自主权仅发生在"计划外"（即超过计划控制的产出部分）的产出水平上，使得双轨制成了国有企业与政府之间的一种所谓"固定租金的合同"。格罗夫斯等人（Groves et al., 1994）在最近的论文中概括地描述了中国经济改革中的这种合同安排：

"企业必须根据与其主管部门签订的合同按国家的定价上缴产出。这些合同在实践中是义务的，而且通常与国家定价供应的投入品直接挂钩。不过，这些合同规定上缴的产出几乎全都低于企业的全部生产能力的水平。这样，企业就可以为额外的生产制订生产方案。这些额外产出通常以市场或接近市场的价格来交易，所需的投入品也从市场上购进。具有生产自主权的企业有权为其所有产出制订生产方案，唯一的约束是他们要履行其合同"。

正如我们即将在下一节说明的那样，由于国有企业可以控制"计划外"的产出，他们将生产更多而不是更少。同时，由于价格的自由化只发生在"计划外"产出部门，在某些场合只可能会出现产出从计划内向计划外的"流失"，以寻求计划内外差价的"租金"（Wu and Zhao, 1987），但不会出现摩菲等人意义上的那种从国有部门向非国有部门的大规模"流失"。同样，因为在计划外的产出水平上没有价格控制，因此，作为购买者，国有企业不会像在"两部门定价"安排下那样面临不平等的约束，使得国有企业难以与非国有企业在购买投入品方面有效竞争。所以，在双轨制下，国有企业可以按市场价格去竞购投入品，但在两部门定价安排下则不能①。而另一方面，非国有企业在双轨制下无论如何只能以市场价从计划外产出中购入投入品。这就解释了为什么中国的局部改革可以避免投入品从国有部门向非国有部门的大量流失以及由此导致的"供给流失"。进一步来说，中国的改革经验还意味着，与苏联的两部门定价方案不同，在双轨制下，就工业产出的供给而言，非国有部门的发展和扩张可以在不牺牲国有部门发

---

① 摩菲等人在1992年的论文中曾强调："国有企业作为购买者在其支付方面面临比私人买者更大的约束这个假定是本模型的实质"。

展的情况下实现。

三、双轨过渡与完全的价格自由化：一个简单的模型

为了说明传统国有部门在双轨制下的生产反应模式并与其在价格完全自由化下的可能的反应模式加以对比，我们可以采纳产业组织理论中常用的分析技术：主导厂商的生产行为。为了利用这个分析技术来建立一个简单的分析模型，我们假定：（1）这个改革中经济的工业结构具有"两部门"的特征，即除了传统的国有部门之外，还存在一个份额不大的非国有部门。（2）在改革的初期阶段，传统的国有工业部门仍居主导地位，其产出也占绝对份额。因此在这个"两部门"结构中，我们可以把生产同类产品的国有部门视为"同质"的，并将其作为主导厂商（dominate firm）来处理。相应地，我们把同行业的非国有部门视为"边界厂商"（fringe firm），它们代表着主导厂商的"竞争性边界"（competitive fringe）。（3）在计划外市场上，主导厂商是价格制定者，而边界厂商则是价格接受者。（4）对主导厂商而言，假定其计划价格等于其边际成本。做出这个假定纯粹是为了分析的方便，虽然在实际上两者并不相等，在某些行业计划价格往往高于其边际成本，而在另一些行业则相反。但我们这里关心的是企业的产出行为，并未涉及盈利率和资源配置问题，因此这个方便的假定并不会影响我们对企业的产出行为的分析结论。（5）假定国有部门的边际成本大大低于非国有部门的边际成本，这个假定考虑到了国有部门与非国有部门在预算约束和内部机制上的差异。[①]（6）国有部门与非国有部门一样，在面临市场（计划外）机会时追求利润的最大化。（7）主导厂商面临一条向下倾斜的需求曲线。（8）市场需求保持不变。

在这些假定条件下，我们可以构造一个主导厂商在双轨制下的生产反应模式（见图 4.1）。我们暂不考虑非国有部门的进入与竞争，即暂不引入竞争性边界，这里仅讨论国有部门在双轨定价安排下的产出问题。根据双轨制的安排，这里的主导厂商将面临一个计划配额的产出部分 q_p，而且这个产品仍然按计划控制价格 P_p 在国有部门内部进行交易。但是，在这个计划产出份额之外，该厂商可以将剩余的产出按市场价格出售。因此对于这个主导厂商而言，它面临两个分离的"市场"，一个计划内"市场"，它由计划产出配额 q_p 和计划价格 P_p 来界定。另一个是计划

[①]　基于同样的理由，国有部门的平均成本可能要比非国有部门高得多。例如，国有部门承担着更多的社会福利成本，不能辞退工人等。由于平均成本过高，使得国有部门有可能在产出增长的同时，利润下降，乃至"亏损"。这大概可以解释国有部门在改革后经济中赢利率的普遍恶化和某些行业持续的"亏损"状况。

外市场，即由 q_p 右侧的需求线 AR_m 所代表的市场需求部分。但是，对厂商来说，只有计划外市场才有意义。事实上，它的生产行为完全由这个剩余的市场来调节。

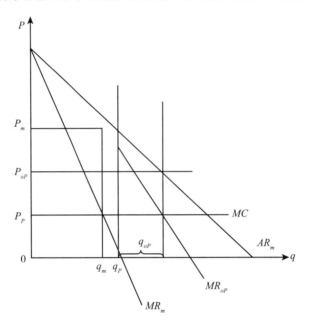

图 4.1　主导厂商在双轨制下的生产

　　如图 4.1 所示，由于计划控制部分的存在，使得主导厂商只有在计划外市场部分才面临一条向下倾斜的边际收入线 MR_{oP}，并只有这个计划外市场上才按照边际原则（$MR = MC$）来自主决定生产多少以达到来自剩余产出的利润最大化。由于边际成本被假定为图 4.1 中的 MC，我们便可在图 4.1 中确定该主导厂商在计划外市场上的"最优"产出额 q_P，相应地，计划外销售的价格为 P_{oP}。这样，在双轨制下，主导厂商的总的产出即为（$q_p + q_{oP}$），其中，计划外的产出 q_{oP} 按计划外价格 P_{oP} 来销售。

　　现在，再让我们考虑在完全价格自由化时国有部门可能的反应。如果没有双轨定价安排，那么国有部门的生产企业就不再面临计划控制的约束，这在图 4.1 中表现为不再存在计划控制的产出部分 q_p 和相应的计划价格 P_p。计划控制的解除意味着主导厂商现在面临的是整个统一的市场需求而不再面对两个分割的"市场"。因此，它这时的生产行为由统一的市场需求来调节而不再由计划外市场的需求来调节。由于在这个统一的市场下该主导厂商的边际收入线应相应地调整为 MR_m 而不再是 MR_{oP}，因此，从图 4.1 来看，它将按利润最大化的 $MR_m = MC$ 的边际原则将产出水平向左调整到 q_m，相应的产出价格上升到 P_m 的水平。

这使我们可以得出一个初步的结论，与双轨定价安排下的均衡水平相比，完全价格自由化将可能导致该主导厂商生产得更少，价格则更高。主导厂商的这种生产反应模式显然带有垄断的特征。而且，从图4.1还可以推论出，该主导厂商面临的需求线 AR_m 越是陡，也就是说，该传统的国有工业部门越带有垄断性，在完全价格自由化的激进改革方案下，产出下降得越严重，价格上涨也越猛。

在这里，我们基于上述模型对完全的价格自由化所做的分析在结论上与其他学者的分析也是十分吻合的。对于完全的价格自由化这种激进方案所可能造成的严重的生产下降，一些学者从不太相同的角度做过分析。例如，约翰·罗斯（Ross，1994）在《经济改革：中国的成功和东欧的失败》一文中写道：

"在苏联的体制里，垄断者（指传统的国有工业部门——引者注）为了完成计划指标而生产，而且由于它们受到价格控制的制约，它们无论如何只能靠增加产出而不是限制产出来增加利润。但是随着向'自由市场'的过渡，对于这些从政府控制中解脱出来的垄断者们来说，最佳策略是将生产减少并将价格提高到利润最大化的水平。事实上，在俄罗斯和东欧，事情就是这么做的，而这本身就在很大程度上解释了它们的经济衰退。"

另外，周慧中（Zhou，1994）从一个"两阶段博弈"的分析框架中也预测了传统国有工业部门在过渡经济中可能出现的垄断行为。他在《在一个具有不完备市场的混合经济中国有企业的行为》一文中构造了一个"两阶段博弈"的模型。在第一阶段，由于中央计划控制的解除，传统的国有部门会利用政治上的杠杆大量从事非生产性的影响活动以获得市场势力。在第二阶段，国有部门面临市场竞争时，它们将挥动其市场权势来操纵市场，像垄断厂商那样通过削减生产来增加利润。① 因此，在过渡经济中可能出现的生产下降趋势就可以由国有部门对市场的操纵和垄断势力来解释：

"我们发现，如果国有部门相当的大，……与国有企业的市场势力相比，来自私人部门的竞争压力就是次要的。具体地说，尽管当国有企业削减产出时私人企业会增加产出，但一个弱小的私人部门总产出的增加是微不足道的。因此，通过削减产出，国有企业能够大大削减总的供给，并因之而将市场价格大大提高以增加利润。这种市场操纵可以帮助解释中央计划经济在市场导向的改革时期里出现的持续的、在某些情况下甚至是恶化的短缺。现在，如果产出的减少实际上增加了他们的利润，国有企业就会过度地从事非生产性的影响活动。因此，你可以

---

① 应该指出，周慧中的理论主要还是针对俄罗斯和东欧的，并没有考虑双轨制，因此不能直接用于解释中国案例。

在过渡期的早期阶段观察到大量的影响活动，有些甚至是非法的。"

四、非国有部门的进入与市场结构

我们上面对双轨制下国有部门的生产行为所做的分析，没有考虑非国有工业部门的进入与竞争，因此分析还是不完全的。中国经济改革的经验表明，非国有部门的进入和扩张对工业产出的增长起了十分重要的作用。从现有的文献来看，大多数经济学家都强调非国有部门的扩张和增长对改革后中国经济增长的贡献，因而很大一部分精力转向了对非国有部门（主要是乡镇企业）的研究。但我们的注意力则在于国有部门方面，目的是考虑非国有部门的进入与扩张对国有部门生产的影响，为此，需要在上面的主导厂商模型中引入"竞争性边界"，以扩展其分析能力。

由于现在只考虑计划外市场部分，因此我们可以将分析集中于图 4.1 中 q_p 右侧的那一部分（见图 4.2）。非国有部门的供给曲线由 $S^F(P)$ 来代表，它等于所有边界企业的供给线的横向加总即 $S^F(P) = nq_f(P)$（n 为企业数目），我们把这条供给线称为"竞争性边界"。引入这条竞争性边界之后，主导厂商的需求线（即平均收入线）将发生变化，从原来的市场需求线 $ECBF$ 调整为扭折的 DBF，主导厂商的需求线所以在 B 点出现扭折，并在 B 点的左上部分变得平坦。原因如下：如图 4.2 所示，在竞争性边界为 $S^F(P)$ 的情况下，我们可以看出，当价格水平处于 A 点或 A 点以下时，边界部门将退出市场，因此其供给为零，这时，主导厂商的需求线等于 B 点以右的市场需求 $D(P)$。而当计划外市场的需求全部由边界部门来提供时，也就是当 $S^F(P)$ 与 $D(P)$ 相交于 C 点时，主导厂商面临的市场需求则为零。因此，D 点必为主导厂商的新的需求线上的一个点。随着价格水平从 A 向上提高，边界部门的供给也将从 A 向 C 点不断移动，而主导厂商的需求线则必然从 B 点向 D 点逐步移动。这样在 B 和 D 之间的一条连线也就代表了主导厂商在价格水平处于 A 以上时的需求线。由于价格水平低于 A 时的主导厂商的需求线等于市场需求线 $D(P)$，所以主导厂商在面临边界部门进入时的需求线就在 B 处出现折点。[①]

---

① 另一种推导方法如下：主导厂商的需求线可以通过在不同价格水平上由市场需求线 $D(P)$ 与边界部门的供给线 $S^F(P)$ 在几何上的横向相减而得到，即 $D^d(P) = [D(P) - S^F(P)]$。在价格水平高于 A 以上时，因为 $S^F(P) > 0$，所以 $D^d(P) < D(P)$，亦即主导厂商的需求线变得比 EB 段的市场需求线 $D(P)$ 更平坦些（即 DB），而在价格水平低于 A 以下时，边界部门退出市场 $[S^F(P) = 0]$，因此 $D^d(P) = D(P)$，这说明在价格水平低于 A 以下时，主导厂商的需求等于市场需求。

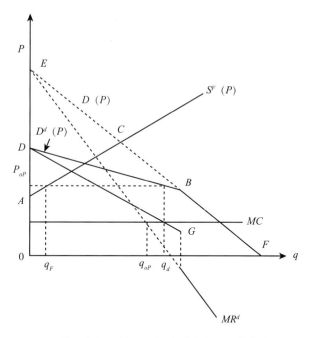

图4.2 非国有部门的进入与计划外市场上的产出水平

从图4.2可以看出，对于主导厂商而言，扭折的需求线 $D^d(P)$ 所对应的边际收入线 MR^d 必然在 G 处"断裂"成两部分。鉴于我们给定的边际成本 MC 的水平，我们不必考虑横轴以下的 MR，只考虑 DG 段的边际收入线。这时候，主导厂商的利润最大化产出为 q_d（由 $MR = MC$ 决定），价格水平为 P_{oP}。由于我们业已假定边界部门是价格接受者，因此，边界部门的产出为 q_F（即在价格水平为 P_{oP} 时的总供给水平）。这样，在计划外市场上总的产出水平就为 $(q_d + q_F)$，价格水平为 P_{oP}。而且从图4.2中还可以推论，因为主导厂商的需求线 $D^d(P)$ 在 DB 部分比原来的市场需求线要平坦，再加上我们曾合理地假定主导厂商的边际成本低于边界部门的边际成本，所以，图4.2向我们进一步展示了，主导厂商在面临边界部门的进入和竞争时比在没有边界部门进入和竞争时生产得更多。这一结论可以通过比较图4.2中的 q_d 和 q_{oP} 来说明。q_{oP} 原是图4.1中的计划外产出，它是该厂商在原有的市场需求 $D(P)$ 和相应的边际收入线（在图4.2中为虚线表示的 MR^d）下的利润最大化产出。同样，由于主导厂商的需求线更加平坦，所以可以推知，现在的价格水平比在没有边界部门进入时要更低。

在我们这个模型里，非国有部门的进入与供给完全取决于计划外市场上主导厂商的产出价格。只要这个价格高于 A 点，就会引起非国有部门的进入（即：$S^F(P) \geqslant 0$，当 $P \geqslant A$）。从图4.2中可以看出，由于 A 点对应着主导厂商的需求线的扭折点 B，这说明，在 A 点以下，因为边界部门退出了市场，看上去，主导厂商在计划外市场上的生产行为就会恢复到图 4.1 中的情况，将计划外产出维持在 q_{oP} 的水平上并保持更高的价格。但是，根据假定，维持这么高的价格水平会引起非国有部门的进入以至于主导厂商面临的市场份额会减少。所以，从动态来看，由于边界部门的进入和竞争压力，主导厂商的生产行为将会被制约在其需求线的 DB 段范围内。虽然，这里我们没有考虑竞争性边界的扩张效应，也就是说，没有考虑非国有部门数量的增长对主导厂商的生产带来的影响。实际上，我们可以想象，在改革的初期阶段，非国有部门的数量不会很大，因此，边界部门的供给线 $S^F(P)$ 会比现在图 4.2 的更陡些，相应地，主导厂商的需求线 $D^d(P)$ 在 DB 段也会比现在的更陡，这样，DG 段的边际收入线也更陡，所以主导厂商的产出一定在 q_d 的左侧，把这个逻辑颠倒过来正好表明了竞争性边界扩张的效应。这里只是从静态和比较静态的角度做了直观分析，但是，竞争性边界进一步扩张的动态效应是比较复杂的。例如，我们尚没有把由于这种竞争驱动的市场深化以及市场需求的扩张（或萎缩）因素考虑进来，所有对这些问题的讨论都超出了本书的简单模型所要处理的范围。不过，通过本模型的分析至少帮助说明，非国有部门的进入可以创造竞争的环境，驱动（产品）市场的扩大与深化，削弱传统国有部门在计划外市场上的市场势力。而这一点在解释中国工业改革成功问题上已是公认的事实。诺顿（Naughton，1994）在最近的文章中指出：

新兴经济的形成和快速进入是几乎所有过渡经济中的一个特征。新兴私人部门的增长被广泛地认为是社会主义经济过渡的成功事例之一。所以，中国乡镇企业的增长只是一个更为一般的过程的变种。具有讽刺意义的是，这个过程在其他过渡经济中经常被称为"来自下面的私有化"，而在中国，同样的进入过程却主要依赖于"集体企业"。中国案例表明，这个过程的关键特征是进入，而不是私有化：进入创造竞争并驱动市场发展，导致国家控制与垄断的削弱。

这是非国有部门的进入过程在促进市场竞争环境方面的积极作用。[①] 但是，上述作者并没有强调的一点是，中国的经验进一步表明，这个进入过程的前提是国有部门的双轨制，在双轨制下，由于市场化和自由化只发生在国有部门计划外的生产部分，因此，市场竞争力的增长必然只能来自计划外的边界，而且只会是非国有部门"进入"这个计划外市场。相反，如果没有双轨制存在，国有部门

[①] 来自非国有部门的进入与竞争也被认为是导致改革后中国国有部门的盈利率下降以及总要素生产力（TEP）增长的主要原因。参见诺顿（Naughton，1992）、罗斯基（Rawski，1994），谢千里和罗斯基（Jefferson and Rawski，1994）。

的私有化在事实上意味着国有部门在"进入"，这可能得出与上述完全相反的结论：国有部门去操纵市场。俄罗斯的经验大概已表明了这一点。[①]

另外，上述模型也没有考虑计划内生产的变动情况。事实上，我们对计划外市场的分析是以假定计划内产出不变为前提的，因此，这里的模型自然不能反映出计划配额的缩减对计划市场的影响。如果像本模型那样，假定市场需求保持不变，那么可以看到，当计划配额 q_p 减少时，总的产出可能会减少，但显然会比完全自由化方案下的下降幅度小得多。但是，当边界企业的进入与市场竞争的增长产生一种足以抵消计划内生产的削减对产出的负面影响的作用时，总产出可能也未必下降。当然，这需要讨论具体的条件，但其含义至少表明，在边界企业大量进入之前，仍然继续维持较大份额的计划内生产是明智的，这也意味着，如果待边界部门（非国有企业）的进入和供给达到一定规模之后再逐步削减主导部门的计划控制部分的比例，就可能避免总产出的大幅度下降。虽然我们需要检验这个结论，但直觉上我们发现，这与中国工业改革的经验是基本吻合的。

五、结论

本章在区分三种不同的价格自由化改革方案的基础上，试从产业组织理论的角度分析了中国工业改革的路径，并强调了双轨定价安排在解释改革后中国工业经济增长中的理论意义。在分析中，首先，强调了改革方案在内容设定上的差异对于理解不同改革路径与不同改革结果的意义。其次，通过分析说明了双轨定价安排作为一种局部的价格自由化方案为什么能避免"供给流失"问题。最后，通过建立一个简单的"主导厂商—竞争性边界"的分析模型，讨论了双轨制下国有部门的生产反应模式，并考虑了非国有部门的进入与竞争的效应，在一定程度上从产业组织的角度解释了中国的双轨过渡方式为什么能在较大时期内维持工业产出增长的格局。

在看待并解释中国与俄罗斯（以及东欧）的经济过渡所显示出的不同结果时，以往的研究文献（包括我们提到的那些）常常带有这样的分析特点：在解释俄罗斯的经济衰退时倾向于从国有部门寻找原因，并把经济衰退，特别是工业生产的大幅度下降归因于传统国有部门在经济过渡中所受到的过度管制（渐进改革时期）和所获得的垄断势力（激进改革时期）；在解释中国改革后经济的增

---

① 从这个意义上说，我们前面提到的周慧中的理论实际上讨论了在完全自由化下国有部门的进入过程及其所可能导致的垄断权力。参见周慧中（Zhou，1994）。

长时，则把注意力转入了非国有部门，并试图解释为什么非国有部门得以增长。我们的理论分析与以往文献的一个不同点就在于，在处理过渡时期的中国工业生产的增长时，注意力和研究焦点则放在传统国有工业部门。实际上，我们试图提出的问题是，为什么在过渡时期中国的国有工业部门能保持生产的增长？上面的理论模型在很大程度上已对此做了回答。

虽然本章的分析只集中在国有工业部门，但是，因为工业改革的路径在很大程度上继承了较早开始的农业改革的双轨式战略，即在继续维持计划控制的同时积极推动计划外的自由化改革，因此，总的来说，这里的理论在很大程度上支持了中国经济改革的指导思想和战略选择。概括起来，本章的理论分析包含着下列关于中国渐进式改革方式的含义：

第一，在经济改革初期阶段，继续维持传统的计划控制体制而不是迅速瓦解它，对于保持改革后经济增长的局面是必要的。借用莎翁的名剧《哈姆雷特》中的一句名言，计划控制体系的"生，还是死，这是一个问题"。

第二，在传统国有部门继续存留计划控制的同时，积极推进计划外边界的自由化改革不仅有助于维持增长和逐步将整个经济向市场过渡，而且成本更小。

第三，事实证明，在计划外的边界上而不是在所有制的边界上让国有经济面对竞争力量的增长比将整个部门都置于完全的商业基础之上更有利于生产的增长。

第四，以双轨制为特征的"边界改革"的经验正在于，国有部门在计划外边界上通过对价格信号作出反应去捕捉获利机会要比突然被私有化的国有部门去对经济扭曲和短缺做出反应更迅速。

上述理论分析至少说明所有这一切对过渡初期阶段的经济表现起了十分重要的作用。

渐进式改革：体制转轨的动态过程[*]

樊　纲

本文试图通过一个简化的动态模型，对从计划经济向市场经济的过渡中的一系列基本问题，进行综合、系统的分析。读者可以看到，改革的各种进展，当前困扰我们的各种问题，在这一简单模型中都有其特定的位置，得到相互关联的说明。

一、渐进改革与经济的"体制结构"

1. 渐进式改革与国有企业地位的改变

"渐进式改革"的特点，不在于其"慢"，而在于最先实行的改革，不是立即取消旧体制，而是在暂不触动旧体制的情况下，先发展"新体制"，然后随着经济结构的改变，逐步改革旧体制。

中国过去 20 年，渐进式改革的主要成就，就在于发展起了一个以市场为导向的"非国有经济"，包括外资合资企业、私人企业、个体劳动、股份公司、合作经济以及合种形式的集体经济（主要是以社区所有制为特征的乡镇企业）。到 1998 年，这个非国有经济部门已经创造出 73% 以上的工业总产值，63% 的 GDP，

---

　　[*] 本文发表于《经济研究》2000 年第 1 期，原标题为：《论体制转轨的动态过程——非国有部门的成长与国有部门的改革》；后收录于盛洪主编：《中国的过渡经济学》，上海三联书店 2006 年版。

　　本研究是国民经济研究所"中国经济增长可持续性研究"课题的一部分，课题得到了中国经济改革研究基金会、德国阿登纳基金会的资助。作者感谢王晓鲁、余永定、易纲等的批评与建议。在研究过程中，作者得到了高明华、武建等在资料整理方面的帮助。因篇幅所限，在此发表时作了一些删节并没有包括所有的统计分析和图表。原文的最后一部分实际已经另成一文单独发表（见笔者《论国家综合负债——兼论如何处理银行不良资产》，载于《经济研究》1999 年第 5 期）。

100%以上的新增长就业和80%的经济增长①。

而这就意味着，无论国有企业无效率的问题多么严重，尽管它仍占用着70%左右的银行信贷资源，但在工业总产值中它的贡献率已不足30%，对GDP的贡献率不到40%，对经济增长的贡献不到20%。也就是说，国有部门问题再严重，它从统计上说只关系到20%～30%的经济收入与经济增长。只要占70%～80%的非国有经济仍能增长并越来越发展、占有越来越大的比重，中国经济就仍然能够成长。

这里的第一个政策含义就是：要想保持中国经济增长的势头，必须着眼于发展非国有经济。在这个方面，我们在对私有产权的保护、对历史遗留下来的产权不明问题的清理、鼓励和允许许多领域内的私人投资、金融业非国有机构的发展等许多方面，都还大有文章可作。②

以上分析的另一个含义是：要判断中国经济是否还能持续增长，不仅要观察国有部门的状态，还要观察非国有经济发展的趋势，观察两个部门之间的比例关系的变化。

2. 经济的"体制结构"

我们现在就来将一个处于体制转轨过程中的经济分为两大部门，国有部门 S 和非国有部门 N；将它们所创造的国民总产值之间的比重定义为"经济的体制结构"，用 J 表示。

$$J_0 = \frac{S_0}{N_0} \tag{1}$$

J_0 指的是在任一初始时点上（我们可以理解为改革初期）经济的体制结构。在中国改革初期，这一指数大约为900%（90：10）左右，而现在按工业总产值算约为35%（26/74）。最近几年按工业产值计算非国有经济所占比重一直以每年高于2个百分点的速度增加。

体制改革的原因是因为旧体制的效率较低而新体制的效率较高。我们假定效率的差别在长期内体现在各部门的增长率的差别上。正因如此，非国有部门在经济中所占的比重才能不断的加大。定义 g^s 为国有部门的增长率，g^n 为非国有部

---

① 参见《中国统计年鉴1999》，中国统计出版社1999年版。
② 非国有经济本身也面临着一个逐步发展、规范、完善、优胜劣汰的问题（特别是其中的一些集体所有制经济），但它们的改革与发展总的来说属于一种自我调整的过程，而不像国有部门改革那样是一个涉及各种经济政治权利的社会工程。所以从各种意义上都可能说非国有经济是一种有别于旧的国有部门的"新体制"。

门的增长率，$g^s < g^n$。我们称此条件为"体制改革的基本假定"，因为没有这一点，改革就不需要进行了。

在这个"基本假定"下，在足够长的时间里（$t \to \infty$），我们有：

$$J_t = \frac{S_0(1+g^s)^t}{N_0(1+g^n)^t} = J_0 \frac{(1+g^s)^t}{(1+g^n)^t} \xrightarrow[t \to \infty]{} 0 \tag{2}$$

此式的含义为：无论经济结构的初始状态（J_0）如何，即无论开始时非国有经济多么弱小，只要非国有经济的效率及增长率比国有部门高，国有经济在整个经济中的比重将趋于缩小。J 趋于 0，不意味着国有部门在绝对量上不增长，只是相对地缩小，而且，J 在现实中并不一定就趋于 0，而是趋于一个比较小的"均衡值"，也就是国有部门仍在经济中占有一定的比例，只不过这个均衡比例即使在将来也会随条件的变化而不断的变化。

这一动态关系式看上去很简单[①]，但对于我们理解体制转轨的过程及其性质，以及我们在改革中所遇到的各种问题、改革进程的各种后果，是很有用的。

3. "不改革"或"简单过渡"的可能性

公式（2）提出了一个可能性，即"不改国企的可能性"：只要 $g^s < g^n$，我们就可以集中精力发展新部门、新体制（并不断改善、规范它，不断克服它本身存在的问题），我们就可以不去考虑改革旧部门、旧体制，而"让时间去解决问题"。

如果这个"可能性"还有点太抽象的话，上述推理至少提出了这样一种改革的可能性：由于 $g^n > g^s$，非国有经济逐步发展并支撑了经济增长，当非国有部门提供的"剩余收入"足够大时，我们就可以用这一部分收入将旧体制内的"职工"全部"养起来"，然后随着时间的推移，在"一代人"的时间里，完成旧体制的消亡过程。

在德国，在一定意义上人们其实就是这么做的：在东德经济解体的过程中，原有的企业基本被解体，同时用西德的"剩余收入"把东德的职工养起来（失业补贴）；如此持续 20～30 年后，原东德遗留下来的问题将不复存在。在我国的一些沿海地区，由于国有部门所占比重已经很小，非国有经济又发展较快，当地人往往会选择对国企"不改革"，而只是不再扩大国有企业，不再雇用新的工人，把原有的企业或职工通过"补贴"（包括以银行贷款形式发生的补贴）养起

---

① 在本文中，我们尽可能地简化数学模型分析，所用数学公式仅以帮助表达理论内容为限。但是读者不难发现，在本文理论逻辑的基础上，可以发展起一个完整的联立方程数理模型。

来，等待过一段较长时间后问题本身逐步淡化、消亡。

这种"养起来"的做法，实际上也是改革——改了体制，但把人养起来。这可以说是一种痛苦较小，因而改革阻力较小的改革。人总是要有所养的，一切补贴（包括事实上用作补贴的"坏债"）的合理性就在于此。但合理性的界限在于：只能养人，而不能养制度——最好是直接补贴给"下岗职工"，而不要再补贴企业，通过让企业继续生产而"养人"，那样不仅会耗费更多的资源，而且还会使制度得不到改革，使对企业的补贴越来越大。这就是政府增大对下岗职工的补贴而缩小对企业的补贴的做法的合理性所在。

我们称这种通过把人养起来实现改革的做法为"简单过渡"。

"简单过渡"在现实中的不可行性在于："把人养起来"，也就是使人们处于失业的状态，这在心理上、政治上是难以被接受的。就业不仅意味着"挣工资"，而且意味着人的价值与尊严的实现；对原国有企业职工来说，还意味着"社会地位"。因此，至少人们会通过各种政治斗争力求使国家去"养企业"从而维持"冗员的就业"，而不是简单地在企业之外"养人"。而这正是我们在后面将要分析的对国有部门的补贴会不断增大的一个重要原因。

二、结构改变与国有部门改革条件的变化

1. 国有部门本身状况的恶化与国企"改制"

首先要明确的一点是：其他条件不变，国有企业本身的效率和财务状况会不断的恶化，这是这种制度本身演化的一种趋势。人们已经通过"棘轮效应""预算软约束""败德行为""劣币驱逐良币"等原理对此进行了分析，这是一个动态的过程，问题会随着时间的推移而逐步恶化。苏联的例子说明，即使没有其他条件的变化，当时间足够长，g^s 本身将趋于 0，从而经济增长会趋于 0。这时改革的要求和行动将会从国有体制本身的恶化中产生出来，但那时，改革将不可避免地以更痛苦的方式发生。

国有部门情况的恶化，不一定表现为所有国有企业情况全部恶化，而是首先表现为由于"亏损面加大"及其由此引起的净亏损的加大。当亏损企业越来越多时，改革的要求开始产生，这时，若其他条件具备（特别是下一小节要分析的非国有经济的发展），就可能发生国有企业的部分改革（我们后面要分析哪一部分企业先改）。

这里所说的改革，不是指仅仅改进管理方式或结构的一些操作，而是指涉及

产权重组的各种变化，如股份制、合资（包括被国内民营企业所兼并）、拍卖、租赁以及倒闭破产等。而这样一来，原来的国有企业就变成了非国有企业。用现在已经在实践中有了较为确切含义的概念来说，这里所说的一切都属于"国企改制"。

国企改制会对我们的上述公式产生影响：改革使 g^s 缩小面使 g^n 增大，因为这时一部分原来的国有企业通过改变产权关系而变成了非国有企业[①]。这些年，非国有经济的增长率之所以高，部分原因就是一些原来的国企经过改造后被并入了非国企范畴，或是民营企业通过收购、兼并国有企业而壮大了自己。另一种类似的情况是，由于激励机制不对称，一些人以"占国有经济便宜"的办法来发展非国有经济，甚至包括国有资产的暗中转移。这种可以称为"自发的私有化"的行为，在实际上也起到了加快国有经济改制的作用。

可见，国企改制本身，在我们的理论框架中意味 J 值的缩小，意味着效率的改进和经济的增长，这就是所谓"从改革中要增长速率"的基本含义。

2. 非国有经济的发展与国有企业改革条件的改变

我们这里要着重分析的是：非国有经济的发展，不仅支撑着经济的增长，而且改变着国有部门改革的条件和环境。这一点非常重要，虽然它经常被人们所忽视。

——非国有经济的发展，逐步形成了对国有企业的竞争压力，原有的垄断被打破，垄断利润消失，导致一些国有企业财务状况恶化，亏损加剧，使得国有企业体制上的弱点进一步充分暴露出来。市场竞争压力的加大、旧体制"难以为继"的危机感的形成，是迫使国有企业走向改革的重要外部条件。

——非国有经济的发展，支撑了经济的增长，提供了一定的收入增长和"经济剩余"，使得政府有可能以某种方式利用这部分收入增量来对在国有部门改革中受到损害的利益集团进行一定的补偿，这可以减少改革可能带来的痛苦，从而使改革的阻力减小。

——非国有经济的发展，为转移一部分国有职工提供了就业机会。当国有企业状态进一步恶化的时候，或当社会保障体制改革有所进步的时候，一些国有企业职工往往会主动地离开国有企业，另一些职工则更容易接受"下岗"。这一趋势在最近几年已经开始形成。

---

① 这里我们事实上将一部分"存量"的变化，转化为"增量"的变化，即将已经存在的企业的改制，算成国有部门增长率的下降和非国有经济增长率的进一步提高。前几年中国的统计实践，其实也是这样做的。在我们的理论分析中，这样做的好处是可以简化模型分析。这完全不排除我们可以严格地进行存量与增量的划分。那只不过是要使公式 1 中的 S 和 N 发生变动罢了。

——非国有经济的发展，形成了既具有资本实力、又具备管理知识的新型企业与企业家，使得通过收购、兼并等较为平和、较为自然的方式改革国有企业成为可能。非国有经济的发展、人们收入的提高，也在事实上为企业资本重组提供了资金与资本的条件（人们开始"有钱买资本"）。

——非国有经济的发展，为国有体制的改革，提供了国内的体制示范。同在一个经济大环境中，非国有企业能办到的事国有企业办不到，使改革的必然性更加明显。

在以上所有这些条件的改变中，首先起作用的是竞争。非国有企业的进入，首先使国有企业原有的垄断利润下降，使其体制的无效率暴露出来，进而越来越多的企业发生亏损，成为政府的包袱而不是收入的源泉。与此同时，当非国有部门越来越显示出其提供产值、就业和税收的竞争能力，人们也就越来越具有改革的动机，对改革的阻力也就越来越小，从而使改革得以发生。第二个重要的因素就是使社会有办法（收入与就业机会）化解改革引起的社会冲突。事实上，在国有经济一统天下的情况下，国有企业情况再糟，为了维持经济的稳定与社会的稳定，政府也只能对其采取"保"和"补"的办法，无论财政或金融上的"包袱"已经有多重（直到像有些国家那样最后走进大危机、大动荡的境地），而在经济中存在一大块非国有经济的条件下，政府也就有了"逼"国有企业改革的余地，而不怕经济与社会会陷入危机；在一些地区，政府财政收入已经更多地依靠非国有经济，改革国有企业的决心也就会更大一些。

我们以下仅从"国企职工"和"政府"的角度，来具体分析一下非国有经济的发展如何改变着国企改革的条件。

3. 减员与下岗

改革的阻力首先来自国企职工；而改革意味着国企职工离开国企而转向非国企就业。这又分为两种基本形式：离职（或"下海"）和下岗。前者为自愿主动离开，后者为当发生倒闭、减员等情况时被迫离开。

在过去相当长的时间内，"离开"这件事是不可接受的，从而阻碍着改革。但到后来，不仅开始发生自愿离开，而且下岗的阻力也越来越小，变得可接受，下岗人员也越来越多。这里根本原因就在于随着经济结构的变化，职工在离开后（在非国有部门）的预期综合收益 w^n，开始大于不离开时（在国企中）的预期综合收益 w^s，即

$$w^n(J_t) \geq w^s(J_t) \tag{3}$$

这里，一切收入都应为折算后的单位时间内的收入（如年收入、月收入），并且都是在一定时点上的预期收入的折现值；其中一些项目则是需要进行某种货币化的主观收益，如"痛苦""轻松"等。我们现在就来分别看一下 w^n 和 w^s 都是怎样构成的。

$w^n(J_t)$ = （下岗后）民营企业工资奖金实物收入 +

　　　　社会保障收入 −

　　　　工作努力程度的加重所造成的新增痛苦 −

　　　　对民营企业从业者的社会歧视 +

　　　　从国企离开时可带走的收入（如住房等）−

　　　　下岗后失业的损失及民营企业就业风险贴水[①]……

$w^s(J_t)$ = （不下岗）国有企业工资奖金福利收入 +

　　　　住房、养老、医疗和其他社会保障收入 −

　　　　企业少发停发工资造成的损失 +

　　　　国企职工的工作轻松与社会荣耀……

在这里，最重要的一个经济关系就是：职工对待改革的态度经济的体制结构 J 的函数——随着时间的推移、经济体制结构的变化，上述不等式两边的各项都因非国有部门的发展而发生了各种各样的变动，导致 w^n 和 w^s 发生变化，一方面的收入在不断增加，而另一方面的收入在不断减少，从而使人们的决策依据发生变化，使原来不可接受的事情变得可以接受，使改革得以发生。这一不等式在计量上可能难以确定（特别是因为包含一些"主观收益"），但可以作为我们对人们行为和改革进程进行分析的理论模型，作为进一步实证分析的一个基础。它同时可以启示我们应该在哪些方面做出努力，才能使改革尽快发生。

从 1995 年以来，国有企业职工下岗的人数不断增加。这对于经济结构和资源合理配置来说是一个趋向好转的指标，是保持经济增长的有利因素。在许多企业特别是一些大企业目前进行全面改制条件还不成熟的情况下，人员下岗也是资源配置的一种改善。

4. 政府改革企业的动机

国有企业过去一直是政府的权力基础（人事和经济的权力）；改革国有企业是一件十分麻烦的政治运作，所以不到万不得已、"最后一刻"，任何政府和企

---

① 就业的"风险贴水"可以理解为在就业不稳定情况下依据一定的失业概率而事先做出的一种收入的扣除，也可理解为为失业保险而付出的额外费用。

业官员都不愿进行改革。是否改革，取决于以下的不改革时的政府净收益 z^s 和改革后的政府净收益 z^n 的比较：

$$z^n(J_t) \geqslant z^s(J_t) \tag{4}$$

其中：

> $z^s(J_t)$ =（不改革情况下）国企所能提供的利、税收入（包括政府的非预算收入）+
>
> 国企提供的就业即工资收入 −
>
> 财政补贴（包括企业发不出工资时的补贴）−
>
> 银行坏账[①] −
>
> 管理国企、处理国企干部、职工日常矛盾的麻烦……
>
> $z^n(J_t)$ =（改革情况下）非国有企业的税收收入 +
>
> 出售国有资产的收入 +
>
> 非国有企业提供的就业与工资收入 −
>
> 为改革的债务支出（如清理坏账的财政支出）−
>
> 为安置下岗职工的支出 −
>
> 改革所承担的政治风险……

这里最重要的经济关系也是政府决策是体制结构 J 的函数——当国有企业所能提供的利税收入越来越少，所需的财政、准财政（银行坏债）补贴越来越多，停产企业开不出工资的问题越来越严重、越来越麻烦，而非国有企业提供的税收越来越多，所能提供的就业越来越多，以致可以由民营企业来并购国企，从而政府为安置下岗职工所需支付的补贴可以越来越少（平均到每人较少，不一定总量较少，因为下岗职工越来越多），改革就会越来越实际地发生。而这一切，都是以非国有经济的发展为基础的。

以上的两个不等式，可以使我们在一方面表明，在 W^n 和 Z^s 不变的情况下（至少国有企业职工的个人收入具有一定的刚性），非国有部门的发展，如何可能使改革发生；而在另一方面，事实也表明了以下这样一些道理：无论外部环境如何变化，非国有部门如何发展（即不等式的左边 W^m 和 Z^n 如何变大），只有当国企状况越来越坏，坏到一定程度之后，改革才会发生，而且无论我们如何鼓吹应该"靓女先嫁"，但从逻辑上说，改革一般总是先发生在那些最先亏损、亏损最严重的国企，而不会最先发生在较好的国企，因为一定是那些最先陷入危机的

---

① 地方政府不考虑这一项。

企业最先满足我们上面的不等式①。

1978 年以来中国体制结构（J）发生变化的趋势中有两个"交点"，一个是在 1992 年左右，非国有经济在工业总产值中的比重第一次超过 50%。就在这一年底，中共十四届三中全会通过的有关改革的决定，第一次将国有企业的产权改革写了进去。第二个交点是在 1996 年第一季度，中国的国有企业第一次发生全部门净亏损，1997 年上半年又是这样。在 1997 年召开的党的十五大上，正式提出了"抓大放小"、"发展多种形式的所有制"等政策。用本文的理论模型加以观察，这些事情的发生都不是没有道理的。它们从实践中证明了：政府决策本身是随着经济结构和经济条件的变化而不断变化的；重要的问题不在于政府在某一时点上做出了什么样的决策，而在于政府政策变化的趋势是什么。从这个角度观察，我们有理由认为中国政府有关改革的政策走势在朝着正确的方向发展；决策本身不能说有多大的前瞻性，但至少具有务实性，能对现实条件的变化做出较为及时的反应。这有利于经济走出困境、持续发展。

5. 小企业改革：条件最先成熟

以上的理论分析也用来解释为什么中国的国企改革先从中小（特别是小型）国有企业取得突破。根本的原因是：中小企业本来搞国有制就最缺乏经济理由，经营状况自然最先恶化；而非国有经济在夹缝中发展，从小开始逐步成长，最先对中小国有企业开展竞争，使国有中小企业的亏损面变得最大，最先成为政府的包袱；同时，非国有中小企业的发展，又使它们最先有能力吸收中小企业的下岗职工；最先形成的一些小资本，得以并购（包括通过股份合作制而实现的产权变革）国有小企业。而大型国有企业一方面本身有国家的扶持，引进了许多先进技术设备，生产率较高，又在一些行业中处于垄断地位，所以亏损面一直相对较低；加上几万人、十几万人的企业改起来困难与阻力太大，经济中还没有形成大资本的情况下，很难实现根本上的改制。

再往后，体制过渡能否继续，经济风险能否得到控制，经济能否持续增长，则将取决于非国有经济能否进一步成长，进一步为改革国有部门创造条件。从逻辑上推断：中国非国有经济发展至今形成了一大批中小企业、中小资本、中小企业家，于是到了改革国有中小企业的阶段；再进一步发展，随着中小企业进一步成长，形成一些大资本、大企业家，改革大型国有企业的阶段才会真正到来。

---

① 这完全不否定当我们引入另一些变量如"远见卓识""思想认识""意识形态"等因素之后，上述结论会发生变化。

三、增长停顿以致发生危机的可能性：J 值是否会逆转

前面我们在论证经济的体制结构逐步变化、实现体制转轨这一可能性的时候，全部立论基础是前面给出的"体制改革的基本假定"，即非国有部门增长率 g^n 高于国有部门增长率 g^s。这应该说是一个相当现实的假定，无论在理论上还是在现实中都很容易得到证明。但这样一来，我们的理论模型似乎就只可以论证成功的过渡，而无法分析失败的可能，因为我们无论如何很难作出相反的假定，即 $g^n < g^s$。

前面的理论模型所没有包含的内容，是两个部门之间的收入转移，也就是非国有部门对国有部门的补贴。而这是两部门之间经济关系的一个至关重要的方面。

1. 对国有部门的补贴及其各种形式

我们知道，国有企业接受国家的补贴。但补贴必须是"有出处的"，是经济当中存在的某种收入的转移；而在一个只把经济区分为国有与非国有两大部门的理论模型中，对国有部门的补贴，必然是非国有部门的一部分收入的转移，是对非国有部门以各种方式"征税"而来。即使在现实中，经过各种必要的折算，我们总是可以论证对国有部门（包括企业、银行、政府）的各种补贴其实最终要么来自个人（他们的财产也属于"非国有财产"），要么来自非国有企业。

我们先来看一下这种收入转移的各种具体形式：

第一，财政支出的企业亏损补贴。这一块在目前的政府收支账户中已经不大了，但仍然存在。

第二，企业欠银行的坏账。无论是国有企业向银行借钱，还是政府机构出于维持运转或提高公款消费标准而通过企业向银行借的钱[①]，不能偿还的部分（加上应付利息），即所谓的坏账，都应视为社会（通过银行）对国有企业和政府的补贴。在现实中，非国有部门和个人将存款放进银行，然后银行借给企业或政府，由它们花掉，因不能偿还而形成坏账，最后或是银行冲销坏账，使存款事实上减少；或是由财政将税收的一部分拿出来清理坏账，或是用通货膨胀的办法使大家的货币、存款等都贬值，就完成了补贴即收入转移的全过程。正因如此，我

---

① 在中国现行体制下，政府不允许直接向银行借钱支出。但政府通常会以某种方式通过下属国有企业借到钱，这也是国企债务负担重的一个原因。

们称银行坏账为准财政赤字（当年新增）或准政府债务（累积）。它表明除了财政补贴外，还有多少是通过银行而实现的收入转移。

这里的坏账，也应包括"坏掉了的外债"，除了中央政府的财政外债以外，还有企业和地方政府所欠下的外债。这些外债一旦不能偿还，最终也要由国家即中央政府来还，说到底还是要由一国的全体公民来还（想一想东南亚各国的情况），包括"还未被允许借外债"的非国有企业来还。这也相当于是社会对国有企业的补贴。

在这里，国有部门和非国有部门的平等问题显得非常重要。如果银行部门能对国有企业和非国有银行按同等标准借贷，使其坏债率达到同样水平，那么，我们可能说银行的风险更大，而且仍可以说公众（存款人）在给企业补贴（像日本那样），但不能说非国有企业在给国有企业补贴。但是，在国有银行占据垄断地位、银行贷款向国有企业倾斜、非国有部门很难获得贷款、也不允许上市直接融资或到国际上去借外债，而非国有部门创造着近70%的国民总产值的情况下，我们就可以说事实上发生着收入的转移。在这种情况下，国有银行对银行业的垄断，国有企业对资本市场上市权的垄断，事实上决定了金融部门在执行着为国有部门获取补贴所需要的收入再分配的功能。

第三，直接融资情况下发生的"坏股"。随着财政资源枯竭、银行坏债膨胀，国有企业后来发展起来的一个融资渠道是资本市场。在国有资产占大头、政府控制企业等条件不变的情况下，为了给一些企业注资、输血，就让它们上市融资。如果上市后的确能使经营、财务状况发生好转，则不能说发生了补贴；但若没隔几年这种企业的股票就变成了"垃圾股"，则说明由上市而获得的资源也被浪费掉了，该企业也是吃了相当于上市融资量的"社会补贴"。

由于以上的一些收入转移是在政府操作的情况下完成的，有时很难分辨哪些收入是用于公共支出，哪些是用于对国有部门补贴（包括对那部分"额外的政府"的补贴）。这也是为什么只要是国有制，政企不分就是必然现象的原因之一。但我们这里强调的是，只要我们看到国有部门（企业、银行与政府机构）浪费了资源，那被浪费了的东西一定是"有出处的"，一定是来自经济中某处的经济收入，一定是某种收入的转移。在两部门模型中，它们只能来自非国有部门。

不过，在两部门模型中，我们有必要计算国有部门的"净值"。比如，在国有企业还有利润上缴的情况下，在预算平衡表上的"对企业的亏损补贴"就不能都直接算作对国有部门的补贴，而要计算"利润上缴"与"亏损补贴"的净差额。无论如何，在现阶段对国有部门的补贴，主要的形式不是财政补贴，而是"坏债""坏股"之类的金融性收入转移。

2. 对非国有部门的"额外综合税赋"与"资源配置的结构"

对国有部门的补贴，来自非国有部门的收入转移。我们就将以上的各种收入转移概括地称为对非国有部门的"额外综合税赋"。"额外"指的是它是在支付了与国有部门同等水平的用于社会支出（包括政府必要支出）税收之后额外的支出部分；"综合"指的是它不仅包含了一部分严格含义上的"税"，而且包含着以上述其他种种方式转移的收入，无论是较为直接的部分（如"税费捐贿"），还是较为间接的部分（如银行坏账），或是较为隐蔽的部分。我们用 D_i 代表各种形式（$i=1，2，3，4，\cdots$）的额外税赋，定义：

$$d = \frac{\sum D_i}{N} \tag{5}$$

为非国有部门的"额外综合税赋率"，其中 N 仍代表非国有部门的产值。

相应地，我们可将公式（2）改写成公式（6）

$$J_t = \frac{S_0(1+g^s)^t}{N_0(1+g^n-d)^t} \tag{6}$$

公式（6）的含义已经不同于公式（2）。公式（2）只是表明不同部门的不同经济增长率所产生的差别；而公式（6）则表明在两部门之间的收入转移所引起的资源配置的变化，公式（6）中的 J 其实已经表明的是"资源配置意义上国民总产值的结构"，而不仅是生产或产出意义上的国民总产值的结构：由于从非国有部门拿走了比率为 d 的一部分收入去补贴国有部门，非国有部门可用于下一步经济增长的资源只有 $N(1+g^n-d)$ 的部分，而不再是 $N(1+g^n)$[1]。

问题在于，公式（6）中所反映的收入转移和资源配置关系，最终也会影响到公式（2）中所反映的产出与增长的关系。这是因为：收入一方面是企业经济增长的动机，另一方面也是经济增长的源泉，因为较高的收入（经济剩余）是较高的投资率的源泉。因此，经济增长率 g 事实上是 d 的函数，特别可以认为是前期 d 函数，即：

$$g_t^n(d) = f(d_t, d_{t-1}, d_{t-2}, \cdots)$$

当 d 还不太大，从而还存在 $d < g^n$ 时，非国有部门还可以成长，经济就还会成长，体制结构也在向好的方向转化；但若国企不改革，政府不改革，补贴越来越多，坏债越来越多，出现 $d > g^n$，这时就会发生非国有部门的萎缩，体制结构

---

[1] 这里 d 不出现在公式的分子中，因为对国有部门来说，d 只是被浪费掉了，并不构成增长的源泉，虽然更详细的分析将表明，对国有部门的补贴，事实上也会多少对该部门的增长率产生影响。

就会发生逆转，经济风险就会加大。

因此，在分析长期问题时，公式（6）意义更加重要，因为公式（2）事实上是由它决定的。体现在 d 中的收入转移，是两大部门之间经济关系中的一个至关重要的组成部分。由 d 我们可以看出，国有部门不改革，社会对国有部门的补贴就难以减少，还会不断增加，不仅本身是一种资源的浪费，还阻碍着非国有部门的成长和整个经济的增长。

在这里，"综合补贴"的概念是重要的，因为在 $\sum D_i$ 的各个构成部分之间可能存在相互替代关系。对于一个民营企业来说，如果说税赋重了，但可以得到更多的贷款，它的日子还好过；如果贷款贷不到，但税赋轻了，它也还能扩大生产；但如果同时税赋也重了，贷款又更加难以得到，它一定难以增长，甚至发生萎缩。由此推断，1998 年的情况特别值得警惕。在这一年，正式的税收增加1000 亿元，按实际值（物价在下降）财政收入相当于增加了 14.4%，几乎是经济增长率 7.8% 的两倍；地方上乱摊派、乱收费的问题仍未见好转（如果不是恶化的话）；而与此同时，对中小民营企业的贷款融资渠道更少了（樊纲，1999）。结果是在 1998 年非国有中小企业投资增长率为零，乡镇企业大量减员，增长率大大下降。这里显然有宏观波动的因素（总需求还未扩大），不完全是体制方面的问题。但这是一个相当危险的征兆。

3. 增长停顿或危机的可能性

对于公式（6）来说，我们已不能确定它在 $t \to \infty$ 时，是否能有 $J \to 0$，当 $d > 0$，$g^n(d)$ 可能小于 g^s（这种对"改革基本假定"的破坏，表明：向国有企业优惠倾斜补贴，是反改革）。这时，经济的体制结构 J 就不再趋于 0，而是趋于无穷大：

$$J_t = J_0 \frac{(1 + g^s)^t}{[1 + g^n(d)]^t} \xrightarrow[t \to \infty]{} \infty \tag{7}$$

而这就是我们所说的增长停顿或发生危机的可能性所在——经济结构趋于恶化，体制效率下降，增长率也会停顿下来。

在现实中，这不是不可能发生的。国有部门中各种反对改革的势力过于强大，而本身的状况又不断恶化，要想维持其生存，就势必利用自己对资源分配的垄断地位、利用国家强权，将大量非国有部门生产出的收入用各种方式转移到国有部门，使非国有部门越来越难以增长，整个经济的增长率也就会慢下来，最后各种矛盾暴露，经济陷入危机。

当非国有部门还较弱小的时候，少量的收入转移就可能导致其无法增长

（俄罗斯在未实行私有化前、私人部门很难成长）。但即使非国有部门已经很大，剩余收入量也较大，如果国有部门吃掉的补贴更大，这种情况同样可能发生。这就是为什么恶性膨胀的国有部门（企业、银行、各级政府）开销、苛捐杂税、各种贪污腐败等问题潜在危害性极大的原因——当这些东西还没吃光作为非国有部门增长的动力和源泉的剩余收入时，我们还能不断增长，而一旦将"剩余"全部吃光，甚至"吃得更深"，吃到了"必要收入"，经济增长就会停止，社会就会陷入危机。

这种"危机的可能性"的政策含义自然是"改革的紧迫性"——旧体制不改，它就会继续吞噬资源；只有尽可能积极而及时地加快改革，防止收入转移的恶性膨胀，才能使经济结构的改善和经济增长持续下去。

4. 国有企业的状况与综合赋税率的高低

显然，国有部门需要的补贴越多，d 值越高，非国有部门增长越困难。同时我们也应该看到国有部门状况和国企改革与 d 值相互关系的其他一些方面，以解释一些经济现象。

（1）在改革之初，也就是在非国有经济开始发展的时候，中国国有部门的情况还没有十分恶化，利润率还较高，本身还能有较高的增长。也就是说，从总体上看那时国有部门还不需要补贴。甚至，出于其他方面的考虑（如就业、农村收入提高等），政府还可以对非国有企业实行税收减免（$d < 0$）。这与俄罗斯的情况有很大的不同。在那里，国有经济发展了 70 多年，矛盾积累，由高额补贴引起的高额通货膨胀可以使非国有经济的任何"剩余"都被挖走，使其难以在不彻底改革国有部门的条件下有所成长。这就是说：在改革之初，较好的国有部门状况有利于非国有部门的成长。

（2）国有企业改革，一部分国企改制，不仅使 g^n 加大，而且因国有部门所需补贴减少而使 d 缩小，也使非国有经济今后能更好地发展。所以说，国有企业的改革越快，反之可以使非国有经济发展越快，经济增长速度也可以越快。

5. 如何判断"增长"或"危机"的趋势

公式（2）和公式（7）分析的是两种极端的可能，现实中的情况是处于某种中间状态。但理论抽象的好处就在于它可以使我们抓住要点，对现实进行分析。上面的理论可以使我们对两大现实问题进行判断与分析：第一，经济是否在走向危机，或者，近期内是否会出现危机？第二，要想保持经济增长，并使体制实现过渡，我们需要在哪些环节上做文章？

如果我们能够在统计上测量出 d，我们就可能对经济结构变动的趋势进行较为精确的分析。但是显然，d 在实际中是很难度量的，特别是因为它在经济中会和其他许多经济因素混在一起决定着一些实际的统计指标。因此，我们事实上必须间接地观察它的影响。比如，我们可以通过银行坏债占 GDP 的比重来间接地判断 d 的变化趋势；实际上，控制这个比重的增大，在目前就意味着控制 d 的加大，对此笔者已在另一篇文章中有所分析（樊纲，1999B）。

建立在本文分析基础上的一个观察经济变动趋势的简单方法就是观察经济的体制结构指数 J。经济结构指数 J，事实上有两方面的含义：当 $J \to 0$（国有部门越来越小）时，不仅表明经济体制过度在向前推进，也表明经济增长在持续进行，因为它表明资源配置在趋于合理，效率较高、增长率较快的非国有经济在进一步成长。J 值变小的速度越快，经济在近期发生危机的可能性越小。

反之，若 $J \to \infty$，即国有部门比重在提高，或者，虽然 J 值仍在变小，但其变小的速度在下降，则说明改革发生一定程度的停滞，收入转移在加大，非国有经济增长的动机与资源在萎缩，经济增长速度也将下降，危机的可能性增大。

至少到 1997 年底，我们看到非国有经济每年在工业产值中的比重都在上升。最近几年至少在 2 个百分点以上；这反映出其增长率大大快于国有企业。这可以解释为什么尽管国有企业问题重重，但经济整体还在持续增长，并且短期内从国内体制的角度看，没有发生经济危机的危险。[①]

对于今后的情况，我们也应密切注意 J 的变化趋势。比如 1998 年非国有企业中的中小企业投资活动因信贷萎缩增长有所放慢，全年投资为 -3.8。而与此同时，1998 年政府投资有所扩大，当然这些投资主要用于全社会都可利用的基础设施建设，并没有更多地用于建新厂，但国有部门更新改造投资还是有了较大的增加。这可能导致今后一两年内 J 值下降速度的放慢。从一定意义上说，这可能使经济增长率下降，经济风险也可能加大。

四、小结：改革与增长

现在我们可以把以上分析的基本逻辑线条概括如下：

经济的持续增长取决于改进资源的配置，使其从利用效率较低的部门体制下释放出来，转移到利用效率较高的体制中去。

而这种资源配置的改进，在转轨经济中就表现为非国有部门在经济结构中比

---

① 有许多原因可以导致经济陷入危机。我们这里只是指特定的因素。

重加大而国有部门的相对缩小。

这两个部门效率的差别，最终体现为其增长率的差别；非国有部门较高的增长率 g^n，支撑着国民经济整体的增长，并使国有部门的问题造成相对较小的危害。正因如此，经济的体制结构（J）对于经济的持续增长，意义重大。

非国有经济的发展，不仅支撑了整个经济的增长，而且改善着国有企业改革的条件与环境，使改革的阻力逐步缩小；在这一过程中，由于非国有经济的发展由小到大，因而国有企业也必然是小企业改革的条件最先形成。

国企改制（破产、拍卖、合资、股份制改造、股份合作制等）和国企职工的离职、下岗，意味着"资源的释放"，并且使公式（2）中的 g^n 更大而 g^s 更小，从而加快着体制结构 J 的改变。

同时，国企的改革，由于使今后对国有部门的补贴减少而使 d 减小；银行业、金融业的改革以及银企关系的改革，能使反映在 d 中的银行坏债增量的增长速度缩小，从而使社会对国有部门的补贴缩小。

政府改革因能使（用于维持庞大政府）"税费捐贿"减少而使 d 减小，从而也使非国有部门对国有部门的收入转移减少，即使 d 减小。

所有这些改革，都起到减轻非国有部门收入转移负担的作用，起到减少对国有部门补贴即优化资源配置效率的作用，使经济的体制结构（J）向更有效率的方向转化。这是中国这样的转轨经济得以持续增长，在增长中平和地、痛苦较小地完成体制转轨的根本保证。

由此可以推论：判断经济是否在今后一段时间内能否持续增长——或者它的反命题——经济是否会在不久的将来陷入危机、增长停顿下来，就要密切注视体制结构 J 的变动速率，以及决定它的各主要经济变量的变动情况。

就目前情况来看，最近一两年 d 值可能增大。这是因为，在宏观经济处于低谷时，国有部门财务状况更加困难，各种收入与支出都具有刚性，因此一方面社会对它的补贴可能有所加大，同时不变的补贴，对于较低的平均增长率来说，也会加重非国有部门的负担，从而使 J 值有所增大。这说明整个经济的风险有所加大，并会影响近期的增长（g^n 会因 d 的增大而下降）。

但是，就目前 J 值的变动情况来看，仍然在趋于缩小。只要目前改革的势头继续保持下去，同时通过扩张性的宏观政策，消除经济波动的负面影响，在可以预见到的将来（3~5 年），中国经济尚不会因体制结构的恶化而出现危机或崩溃，经济增长还会持续下去。

至于长期经济的可持续性，从体制方面来说，则取决于本文中所涉及的各方面改革能否及时地深入下去。

参考文献

［1］樊纲：《中国渐进改革的政治经济学》，上海远东出版社 1996 年版。

［2］樊纲：《克服信贷萎缩与银行体系改革》，载于《经济研究》1999 年第 1 期。

［3］樊纲：《论国家综合负债——兼论如何处理银行不良资产》，载于《经济研究》1999 年第 5 期。

［4］黄益平：《制度转型与长期增长》，载于《经济研究》1997 年第 1 期。

［5］李实：《中国经济转轨中劳动力流动模型》，载于《经济研究》1997 年第 1 期。

［6］林青松、杜鹰：《中国工业改革与效率——国有企业与非国有企业比较研究》，云南人民出版社 1997 年版。

［7］吴晓灵：《中国国有经济债务重组研究报告》，中国金融出版社 1997 年版。

［8］中国经济改革研究基金会：《现实的选择——国有小企业改革实践的初步总结》，上海远东出版社 1997 年版。

［9］Byrd, William A. & Lin, Qingsong, 1990, *China's Rural Industry：Structure, Development, and Reform*, Oxford University Press.

［10］FAN, Gang, 1994, "Incremental Changes and Dual-track Transition：Understanding the Case of Chian", *Economic Policy*, Great Britain, December.

［11］FAN Gang, and Wing T. Woo, 1996, "State Enterprise Reform as a Source of Macro-econmic Instability：The Case of China", （Fan and Woo）*Asian Economic Journal*, Vol. 10 No. 3. November 1996, pp. 207 – 224.

［12］Sach, Jeffrey and Wing Thye Woo, 1994, "Structural Factors in the Economic Reforms of China, Eastern Europe and the Former Soviet Union", *Economic Policy*, April.

平行推进：体制的"不协调成本"与改革最优路径的理论与政策*

樊 纲

自亚洲金融危机爆发以后，在处理一些发展中国家和体制转轨经济中出现的所谓"金融市场过早自由化"问题时，"循序渐进"（sequencing）这个概念开始频繁出现在经济讨论中。这对于纠正过去转轨政策讨论中的许多重大谬误有积极意义，因为那些在过去长期一味鼓吹"越快开放就越好"的国际货币基金组织的官员、跨国公司的经济学家以及许多西方学者，现在不得不承认他们以前不谈任何前提条件地鼓吹发展中国家或转轨经济要全面、迅速地开放市场，是荒谬的。由此引起的理论讨论，引导了人们去更多地关注体制转轨的路径问题或方式问题的研究。但同时，"循序渐进"这个概念又会引起误导，因为它可能不是一个确切地描述制度变革的现实与本质的概念，也不是一个有用的改革政策的分析工具。

在这篇文章里，我们将提出另一个概念框架，即"平行推进"（parallel partial progression，PPP），来分析制度变革的路径，以便能够：

（1）对不同的国家和地区的体制转轨过程的实践做更为准确的理解与分析，特别是对实际发生的事情做出更科学的解释；

（2）为体制转轨经济和发展中国家的制度变革提供更为有用的政策研究工具。

---

* 本文与美国戴维斯加州大学经济系教授胡永泰合作，发表于《经济研究》2005 年第 1 期，原标题为《"循序渐进"还是"平行推进"？——论体制的"不协调成本"与体制转轨最优路径的理论与政策》。

1. "循序渐进"（sequencing）概念的缺陷

"循序渐进"理论的基本内容是：改革政策 B 应当在改革 A 完成以后才能实行，B 体制的实现以 A 体制的形成为前提条件。它可以表示为：

循序渐进：A→B→C→……

图 1　循序渐进

这一理论相对于以前的无条件改革观点，其优点主要是它对一种体制改革的前提条件的重视，确认了一种体制的有效性与其他体制之间存在一定的依赖关系。而这一理论之所以在最近开始受到重视，现实原因是亚洲一些国家，在许多体制如公司制度、金融监管、政府改革、法律体系建设等许多方面都还很不足的情况下，就搞了"金融开放"，结果因"金融早熟"而导致了金融危机，经济衰退。

但"循序渐进"的概念，仍然不能用来全面地分析各种体制之间的相互关系。它不能反映各种制度之间相互依存、相互制约的关系和制度变迁过程中各种制度必须相互协调或相互兼容的基本要求。问题在于：如果 A 体制没有形成，B 体制不能有效，但是，另一方面，如果 B 不能建立与发展起来，A 也不可能有效动作和发展——体制之间的形成、发展和成熟，往往是互为条件、相互依存，而不是单方向的依存关系。比如，没有企业改革，金融体制不可能充分改革；但没有金融体制的改革与发展，企业改革也难充分展开。没有产权改革，使"所有权约束"发挥作用，法律体系很难完善，但反过来说，没有法治的建设，所有权也不能充分发挥作用。就金融监管与金融开放的关系而言，金融监管制度的发展与完善，是重要的条件，但如果没有金融开放，没有国际金融资本的进入，监管制度也不可能最终完善起来，因为人们都无法知道在开放的条件下哪些东西要进行监管。不开始放开部分金融市场并允许一些国外金融机构进入这个市场博弈，所谓的金融监管也就绝不会真正的建立。没有游戏者的参与，你也就绝不可能建立起真正有效的监管游戏者的监管框架。

同时，就这个概念的解释力而言，它也无法对体制改革的实际情况做出充分合理的说明。比如，中国正在进行的渐进式改革，其实不是等 A 改好了，再开始改 B，也就是说，并不是一个"循序"的过程。举例而言，理论界曾有争论是先放开价格（A），还是先改企业（B），而现实是价格改革和企业改革（包括发展非国有企业）是同时一步一步部分地展开，在逐步放开价格（双轨价格制）的同时，逐步展开企业的改革，并没有等到一个搞完了再搞另一个。另一个曾有

187

的争论是先改企业（A），还是先发展资本市场。但在现实中，是搞了"上市公司 30% 的股份可以由私人持有"，一方面是搞了部分的企业改革，另一方面是部分地开始发展资本市场，现实中也很难想象中国可以没有资本市场的发展就可以完成企业改革，也很难设想要等到企业都改好了再来发展资本市场。有人说中国没有向世界开放其金融市场。但事实并非这样。中国只是没有彻底地开放其金融市场，但已经部分地进行了开放。比如中国已经从 1997 年实现了人民币经常账户的可兑换；并在近些年渐渐增加了可以在国内部分地区经营部分金融业务（如外币）的国外金融机构的数量（所有申请者中的部分）。加入 WTO 后，可以想象在未来的改革开放中中国将继续这种渐进式变迁，尽管这部分会有不同程度的加大，在资本市场上，也可以通过先允许少数国外证券公司进入中国市场，再逐步地扩大国外证券投资的规模的办法来开放其证券市场。

"循序渐进"这个概念在一定意义也是消极的政策建议，因为它要人们去推迟某些改革来"等待"其他一些改革的完成。但是，根据制度和制度变迁的性质，任何以建立新制度为目的的改革都可能要经历很长的时间。如果你要等到这项改革完成以后再去开始其他制度的改革，在这个漫长的"等待"过程中，第一，那些没有改的旧体制，还会继续损害经济效率，阻碍资源的有效配置。比如，人们通常都认为社会保障体制的改革是国有企业改革的一个前提条件。但是，建立一个新的充分有效的社会保障体制是一个长期的过程，如果要等到社会保障改革完全成功之后再来改革国有企业，恐怕是太迟了，国有企业在这过程中还会继续产生出越来越大的问题。第二，同样重要的是，在这漫长的"等待"过程中，那些没有开始改革的旧体制，就会成为成长中的新体制的障碍或"瓶颈"，各种体制之间的"相互协调性"就会受到破坏，整体体系就会是没有效率的，甚至会引起某种混乱或导致经济危机。

"循序渐进的路径"可能无法实现，还因为很难有一个事先设定好的检验标志来检验以前的步骤有没有完成，以及下一步该怎么做。改革和开放的过程是如此复杂并且有着如此多的方面，以至于一个特定方面的单独"标志"是没有多大意义的。而且，如果我们要等待所有方面都达到这个"标志"，会使得整个过程慢得无法前进。

循序渐进战略在现实中其实也是不可能实行的，因为很难有任何完美计划好了的改革过程能被称作"循序渐进"。现实生活中的体制转轨通常充满了变化带来的各种利益冲突和混乱。政治家实际上能采取的最好的办法，就是在力所能及的范围内，尽可能地推进所有能够推进的改革，并适当照顾到各种体制之间的协调性问题。

结论当然不是说"循序渐进"的概念一无是处。在对待某一方面、某一种具体体制的改革进程中，技术上先做什么、再做什么的顺序当然是重要的问题。但是在考虑一个制度体系整体改革的过程时，关键的问题就不在于顺序，而在于协调。

2. "不协调成本"：改革进程最优化的理论分析

现实中，体制转轨可以采用任何路径，形成任何状态。它可以是迅速平稳，在增长中实现改革，也可以是大混乱、社会革命，导致经济衰退。体制转轨路径可能完全与经济逻辑无关的因素所决定。但是，从经济学的角度来看，我们仍然需要以平稳过渡为目标，需要提出经济学的政策建议，以便尽可能地实现改革过程的福利最大化。

（1）各种体制改革进程（速度）之间的差异性：基于事实的三个假定。

为此，我们首先假定存在一个以社会福利最大化为自己行为目标的政府，在体制改革的问题上，它需要进行的理性选择，就是制定一个能使社会福利最大化的改革战略。现在我们就来分析一下，就体制改革这个问题而言，它都要思考哪些问题，权衡哪些利弊。

首先，我们假定社会是为了福利的增进而进行改革。这一点的重要性不仅在于没有它我们甚至无法做经济分析，而且在于，这是经济学者向政府决策者建议"加紧改革步伐"的理论基础：你是为了人民的福利最大化吗？如果是，请加紧改革，能做什么做什么，越快越好！

但是，第二个假定是，体制改革不仅是破坏旧体制，还要建立新体制，是一个长期过程，需要一定的时间。对于一些诸如私有产权、法治、金融监管等最基本的制度的建立（事实上的，而不只是纸面上的），更是如此。例如，要建立一个能够快速公正的处理商业纠纷，执行合同义务，监督破产企业的重组的清晰可预期的法律制度，需要有足够的十分专业化的人力资本的积累。而这种专业化人力资本的积累是一个"干中学"的过程，按其本性来说是很耗费时间的。法律制度的成熟只能通过法律案件数量的增多来实现。我们应当提醒政策制定者和大众，尤其是国际组织和跨国公司的经济学家，一个有序运行的市场体制必备的最基本的条件是需要时间逐步成熟起来的，从发达国家"拷贝"过来的法律条款，并不等于就是建立起了新制度，真正的新制度是在实践过程当中、在一个相当长的时期内逐步形成的。从这个意义上说，"大爆炸"（big bang）式的一步到位的改革是不存在的。改革从客观上来说，就是一个渐进的过程，从本质上说，不是因为不能在一夜之间破坏旧体制，而是因为不能在一夜之间建立起新体制。

　　而且，我们可以假定，每一个具体的体制都是在一个逐步成长、发展、完善的过程中形成的，我们甚至可以大致地对每一种体制的状态，给出一个相对的数量指标，说完整地建立起了一种体制，是"100%的新体制"，在此之前，在体制逐步改革与成长的过程中，出现的则是"20%的新体制""50%的新体制"，等等，这可以是一个连续的区间，走完这一区间，就是完成了改革的全过程。

　　也正是在以上两点假设的基础上，所谓激进与渐进改革方式的争论，是没有意义的——作为改革的主观政策取向来说，只要以社会福利最大化为目的，改革总是越快越好，越"激进"越好（在充分考虑本文分析的协调性的前提下）；但是，作为一个客观的过程来说，体制改革只能是渐进的，因为它不可能是一个一步到位的事件。

　　真正值得研究的问题在于：在各方面的体制改革进程之间，如何保持一定的协调一致，以实现平稳过渡。

　　要研究这个问题，我们假定，一个经济体系（system），是由多种不同的体制（institutions）构成的。而且，我们的第三个假定是：不同的体制的"成长速度"可能发生差异，从而产生各种体制之间的不协调问题。

　　"体制之间的相互协调"（coherence）问题的基本点，就在于不同体制因素的改变速度或新体制的"成长速度"之间会存在差异。这可以有两个原因（或两者同时发生，组合在一起，对此本文不多做研究）。第一个原因是体制本身的成长过程不同。有的体制改革从技术上说复杂性较小，需要的时间较短，有的体制改革则更为复杂，新体制的成长需要的条件较多，过程较长。比如说，价格改革可能只要宣布价格放开就可以完成，第二天人们就可以自由定价；但是企业改革或产权改革需要的时间要长得多。建立一个资本市场容易，有几个月的时间，设定一些股市交易规则就可以实现，但要完成企业改革，使资本市场上的行为主体都能以利润为动机、都面临严格的所有制约束，所需的时间则要长得多。开放一个金融市场容易，但要使得在这个市场上运作的主体具有自我约束的机制，银行借贷不存在"裙带主义"，信用能得到严格的法律保护，则要依赖于一系列其他体制的发展和建立，所需的时间就会长得多。在一定意义上，建立起一种市场交易机制容易，但要建立起完善的法律体制和法治社会，所需的时间会长得多，等等。

　　第二个原因是政策失误，也就是说由于改革政策制定上存在问题，有些领域的改革没有及时展开，产生"滞后"，而在另一些领域可能急于求成，导致"超前"。而这种不协调情况的产生，又可能由于两种原因，一是由于利益冲突导致有些领域的改革迟迟不能展开或受某些利益的驱使而操之过急。这当中意识形态方面的冲突或思想解放程度的差异，也是起作用的因素之一。比如，在有的国家中，人们较容易接受经济改革，但不太容易接受政治改革；有的国家中，则可能不进行政治改革，经济改革就不能展开。在有的领域，改革所涉及的既得利益较少，特别是较少涉及决策者本身的利益，改革就容易进行；而在另一些领域，如果较多地涉及了决策者的既得利益，涉及当权者权利的再分配，改革就容易"滞后"。二是由于缺乏明确而正确的改革目标，缺乏对问题的正确而系统的理解，因此并不知道某些改革的重要性，甚至不知道问题的根本出在哪里，哪些是真正需要改革的，结果就容易出现混乱。在有的情况下，由于领导层有较清晰的改革目的和较强的政治魄力，能够及时打破利益僵局，改革就容易展开，而在另一些场合，由于领导层本身缺乏改革的决心和明确的目的，改革自然就容易滞后，等等。总之，这些是改革决策者本身所造成的不同体制改革速度的差异。

（2）不协调成本（incoherence cost）。

科尔奈最早在体制转轨的研究中提出了"体制之间的相互协调"（coherence）的问题（Kornai，1992）。一个经济体系中各种体制之间的相互兼容和相互协调，是一个稳定的体系性的重要保证，也是这个体制有效运行的基本保证。各体制之间相互不协调，就会出现混乱，从而破坏效率，使经济增长率下降。我们称这种由体制间不协调所引起的无效率为混乱的效率损失（efficiency loss of chaos），或称为不协调成本（incoherence cost）。事实上，这种"不协调"在社会科学中是一个普遍被讨论的问题。政治学称其为社会冲突（social conflict），而社会学家称其为认知无序（cognitive dissonance）。

这种不协调成本对体制转轨问题的研究具有特别的重要意义。一个较为完整地建立起来的体制，这种成本也会存在（因此这个概念具有一般性），但其规模可能不大，不构成专门研究的对象。传统的计划经济，本身可能是具备内在的协调性的（科尔奈，1992）。计划经济的问题是其他成本太高（如信息成本、代理人成本等），导致效率低下，最终要进行改革，向市场经济转轨，但它本身可以是在运行中具备协调性的。而较为完整的市场经济，也具有内在的协调性。而在计划经济向市场经济的体制转轨过程中，由于上一小节中所分析的原因，各种具体体制之间却会发生不协调的问题，可能会产生很大的问题，不协调成本也就会特别的显著，人们对"混乱"的担心就会特别大，甚至可能成为阻碍人们进行改革的一个重要因素——人们会因惧怕发生混乱而不愿、不敢展开改革。改革之所以被一拖再拖，有时不是因为人们看不到改革的必要和可能带来的好处，而是因为惧怕改革在短期内可能造成的混乱或不稳定。

由于多数的体制改革和新体制建设是需要时间的，因此，从一种协调的体系

（计划经济）向另一种协调的体系（市场经济）的"飞跃"是不可能的。因此，在理论上，我们排除整个体制一步到位或"完美的大爆炸"发生的可能性。同时，由于前面分析的各种原因，不同体制改革的速度可能也是不同的，所以我们也排除体制转轨过程"完美地始终协调一致"的现实性（尽管我们在后面会用这种情况作为参照系，以便于理论分析）。也就是说，不协调成本总会发生。

因此，人们在面对体制转轨时所要权衡的一个重要关系，是改革红利（pay-off），即改革所带来的效率改进，与改革过程中所发生的不协调成本之间的关系。而对于一个以社会福利最大化为目的的政府来说，它要解决的，其实就是以下基本问题：怎样以最小的"混乱"（从一般的"不协调"，到经济衰退、危机或是发生革命、政府倒台，或是全都发生），最快地实现体制转轨的目的（假定这个目的是明确的和正确的），以实现效率的最大化？

我们设想一个经济体系（或某个特定的问题）有 n 个需要改革的体制方面，并将这 n 个方面表示为：

$(x_1, x_2, x_3, \cdots, x_n)$

$x_i = 0$ 表示 i 方面尚未改革（仍处于中央计划体制）

$x_i = 1$ 表示 i 方面已经改革（已实现市场体制）

$0 < x_i < 1$ 表示 i 方面部分改革

我们构建一个福利指数 W，定义为：

$$W = \alpha \left\{ \sum_{i=1}^{n} x_i \right\} - \beta \left\{ \sum_{i=1}^{n} \sum_{j=1}^{n} (x_i - x_j)^2 \right\}$$

这里，α = 收益系数

β = 冲突系数

改革战略与政策制度的基本问题就是，如何最大化上述函数 W，其文字表述是：社会福利增量 = 改革带来的收益 - 因改革而发生的不协调成本。

在本文附录中，我们用模拟模型的方法，对不协调成本如何决定最优改革进程问题进行了的理论说明。下面，我们则通过平等推进的概念和对一些不协调情况的分析，做一些进一步的论证。

3. "平行推进"的改革战略

以上对体制转轨过程中不协调成本的分析，表明各方面体制改革互为条件的性质和相互协调的必要。这一问题，显然是"循序渐进"的概念所不能涵盖的。为了更为全面的分析问题，并用更全面的理论概念作为政策建议的工具，这里提出平行推进概念（parallel partial progress，PPP）。其基本内容可以概括如下：

——由于一个体系内的各种体制都是互为条件的，因此应该尽可能早地开始改革经济体系的各个方面，或改革体系中的各种制度，无须等待其他体制改好了再改"这一个"，因为体制 A 的改革可能是体制 B 改革成功的条件，而 B 的改革又同时是 A 的改革成功的前提，等等。

——由于许多体制改革不能在短时间内一跃完成，人们在改革的过程中事实上能做的只是在所有领域都做部分的改革，例如在第一个五年里改革 A 的 20%，改革 B 的 25%，改革 C 的 15%，等等。

——在这个过程中，理想的状态就在于保持各项不同改革之间的相互协调与相互促进，避免出现因某一方面改革滞后而形成的体制"瓶颈"，或因某一领域改革过于超前而产生导致混乱，产生过大的不协调成本。

理想化的（完美的）平行推进如图 2 所示。

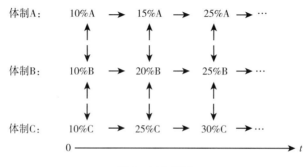

图 2　平行推进

图 2 中横坐标 t 代表时间，是指改革开始后的一系列时点；竖的箭头表示体制之间的相互依存与相互协调。图 2 中的所有数字都是随机假设的，并无真实意义，但它们要表示的是在改革开始后的各个阶段上各种体制之间的改革相互协调，从而使不协调成本最小。请注意，各种体制在改革过程中的"相互适应的改革进度"可能是不同的，而不一定都按照同样的比例进行。例如，15% 的体制 A 的改革，可能与 20% 的体制 B 的改革相互协调。

各种体制的"部分改革"的例子有：

——在企业改革方面，先发展非国有企业，非国有企业在工业产值中所占的比重从最初的 1%，1992 年的 50%，再到 2001 年的 78%；随着非国有企业的发展，改革国有企业的条件逐步成熟，小企业最先开始改革，到 2001 年，县市级的小型国有企业已有 70%~80% 实现改制或退出；等等；

——在价格改革方面，从最初的部分开放农贸市场，到后来的价格双轨制，到 1992 年价格基本放开，市场定价的比重逐步提高；同时逐步部分放开要素价格，2002 年后又开始试行利率自由浮动；

——资本市场方面，先是只有国有企业可以上市，只有 30% 的股份可以交易并由私人持有，然后是加大非国有企业上市的比重，最后会进行国有股减持，提高私人持股的比重；

——在对外开放方面，先是部分开放外国直接投资，然后逐步提高允许外资持股的比重；逐步加大外资银行、金融公司在华投资的比重，逐步扩大地域范围，等等。

所谓平行推进，就是指以上这些步骤同时逐步展开，而不是等一个体制的改革搞完再搞另一个体制。应当注意的是，"部分改革"不同于所谓"一步走完再走一步"的循序渐进方式，一个领域的部分改革不是另一个领域部分改革的前提步骤。例如，小型国有企业的民营化不是一步，而是整个国有企业改革的一部分，大中型国有企业的改革也可以同时进行，而且并不需要等到小型国有企业的民营化完成以后才能开始，它们可以同时进行，只是在体制转轨动态过程的开始阶段小型国有企业的民营化与私有部门的成长更为协调。同样地，金融部门的改革也是这样。民营金融机构的发展不能看作是其他金融机构改革的前提步骤。最重要的是，制度变迁在许多方面都不是"一步"进行的，而是以一种渐进的方式发展和成熟的。例如，私有部门一年一年的成长，市场机制也因此在许多领域一年一年、一点一点的成熟。这是一个演进的过程，而不是一个顺序的展开。

平行推进的含义，就在于在各个领域内同时进行着部分的改革，尽可能地相互协调，相互促进，而不是相互阻碍。在现实中，没有价格改革、资本市场改革和对外开放，就不可能有非国有经济的发展和国有企业改革的逐步展开；没有企业改革和企业行为的改变，没有金融市场的发展，价格改革也不可能最后完成，价格信号也不可能完全反映资源配置的效率；没有企业改革和对外开放的逐步展开，金融市场的改革也不可能取得进展，等等。而且，更重要的是，在下面所要分析的两类"不协调"情况时，我们会看到，如果不能"平行推进"各个领域中的"部分改革"，就可能产生混乱，影响整个体制的效率。

4. 两类不协调："瓶颈"与"早熟"

相对于改革的最优路径，我们可以定义两类不协调的情况，"瓶颈"和"早熟"。

（1）不协调之一："瓶颈"。

"瓶颈"意味着在一个或更多的领域中出现了改革滞后，导致这些改革过慢的体制成为整个体系有效运行和进一步改革的制约因素。这是因为未能在所需的"正常时间"里足够快地在某一领域中推进改革，以致这个领域成了限制其他改革的"短线"。自然的，整个体制转轨过程的进展会因此而放慢，导致效率损失，而且还可能出现因体制不协调而产生的混乱。这可以用图 3 表示。

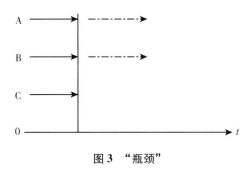

图 3　"瓶颈"

注：图中虚线表示的是因"瓶颈"存在而不能正常发挥作用体制。

以中国的改革进程为例，部分的是由于缺乏明确的体制转轨目标，部分地是因为既得利益集团势力太大，中国现在面临两个主要的改革"瓶颈"：金融改革和政治改革。

中国的金融体制可以说是目前在经济领域里问题最多、最大部门，包括银行体系和资本市场。而基本的问题，就是没有及时跟随其他体制领域一起，实行部分的改革，特别是没有像产业领域中那样，及时地发展民营金融机构，结果，时至今日，整个金融体制依旧是国有部门垄断，市场竞争严重不足，占制造业产出值 70% 以上的非国有制造企业只享用不到 30% 的金融资源。这样导致的结果是很显然的：由国有企业欠下的大量坏债与民营企业融资困难并存，大量的居民储蓄无法转化为投资，导致通货紧缩，经济效率大大下降，整个体制转轨的过程也受这种"瓶颈"的阻碍。假如中国能在产业部门中非国有企业增长的同时就开始部分地发展非国有的小型金融机构（平行推进），今天中国的局面将很不一样。

政治改革的问题也相类似。没有哪个国家需要等到经济改革完成以后再来进行政治改革，反之亦然。而当今中国制约经济发展和经济体制改革的许多问题，其实都与政治体制改革的滞后有关，如政府审批过多的问题，中央与地方利益冲突的问题，农民负担过重的问题，公司治理结构难以改善的问题，产权改革过慢与产权保护不足的问题，法治不健全的问题，腐败问题，等等，都是如此，都是由于在 20 多年的时间里，在经济领域的改革方面做了许多事情，而在政治改革方面做得太少、太慢。为了防止出现大规模的混乱，政治改革同样不能以激进的方式企图一蹴而就，但是如果中国能从一开始就以更快的速度以部分改革的方式，在经济改革的同时逐步平等推进各方面的政治体制改革，今天已经改革了的经济体制就会更有效率，经济改革也可以以更快的速度展开，以取得更大的效益。

（2）不协调之二："过激"（over‐shooting）或"早熟"（pre‐mature）。

这是指一些领域的改革进行得过快（"早熟"），以至于与其他以"正常步骤"推进的改革不相协调。这类不协调的问题在于它会导致一些过度混乱和无秩序甚至危机，而这些也会放慢整个体制转轨的过程。这类不协调可以用图 4 表示。

图 4　早熟

亚洲金融危机就是一个这类问题的例子，一些东南亚国家饱受此害。它们在没有充分的国内改革（不只是建立一些监管）的基础上就对国际开放了金融市场，将它们自己暴露在国际金融市场的风险面前，导致了金融危机。俄罗斯在 20 世纪 90 年代初所发生的危机在一定意义上也是这类问题。

值得注意的是，以往一些人在谈论不协调时，经常将过激式不协调，定义为"瓶颈"式不协调，也就是把过度混乱归因于其他领域的改革进行得太慢了、没有赶上最快的。从以上的两个图示中，我们也可以看到，这的确是容易混淆的问题——曲线都是有长有短，如何论证这个问题是因为某个曲线太长，还是因为某些曲线太短？这里的关键显然在于如何定义各种改革的正常进程。如果其他的改革必须要有一定的时间才能展开，不能如我们所希望的那样很快完成，那么应该怪罪的显然是"早熟"的"长线"，而不是相反。例如，有人批评东南亚国家发生危机是因为它们"内部自身的问题"，是它们国内的经济、政治和金融监管问题，导致它们遭受国际金融危机。那些问题确实存在。但有哪个发展中国家不存在这些问题，为何不是所有的发展中国家都遭受同样的金融危机呢？为什么要在国内那些问题没有改善的时候就完全开放金融呢？即使其他领域改革太慢是由于政策失误（迟迟不改、拒绝改，等等），真正要问的问题也是：在其他领域改革还无法取得进展的时候，为什么要这么早搞金融完全开放（而不是部分开放、平等推进）？

5. 政策结论：作为实际改革政策建议的平行推进

像一切理论概念一样，平行推进的体制转轨路径也有些理想因素在内。它可能只是一些经济领域的实践的近似描述。但它是思考实际的改革政策的有用方法。这一概念最关键的实际意义可归结为两个短语："不要在任何领域等待"和"尽量保持彼此的协调"。也就是：

——在所有的制度领域尽可能早地开始推进改革；

——但不要指望任一项改革能在短时间内完成；

——在体制转轨的任一个阶段，改革者都须防止不协调的发生，并努力避免"瓶颈"和"过激"，以达到最大可能的协调，这将最小化体制转轨所需的总时间。

平行推进方式是"半吊子"的改革吗？当然可以这样说。但只要你不能一夜之间就完成整个体制转轨，在整个漫长的过程中所有的体制就一定都是处在"半吊子"的转轨形态（体制间的相互制约）。只有目标不明确，把"半吊子"的市场经济当成目标模式，才会发生真正意义上的"半吊子"改革。如果改革目标是完整的，这种平等推进过程当中发生的体制不完整，就是正常的，是过渡性的。

体制转轨的平行推进方式会在这一过程中产生不公平的竞争和寻租活动，因为它在某种程度上仍是一个政府管理的过程，而且作为一种渐进变化在过程初期只能有少数竞争者进入市场。这当然是可以观察到的问题。但天下没有免费的午餐。问题不在于这是否是一个十全十美的方案。经济学的问题只在于：这种方案是否比其他供选方案的净收益更大（时间更短，成本更低）？

平行推进减少经济收益吗？例如，开放过程的放慢会减少利用国际市场的好处吗？较慢的金融开放进程可能会减少一国利用外国投资的数量（包括短期借贷和证券投资），但同时它却降低了过度开放"不协调"所带来的风险。一些国家之所以会发生危机就是因为有太多的外国资本流入。从净值来看，平行推进可能是更有利的。

平行推进并不意味着改革会更慢。它可以避免导致整个过程中断的危机和挫折，因此会节约时间。在任何情况下，改革和开放都需要有勇气、决心、政治愿望和明晰的目标，不能尽最大可能在各个领域（同时）大力推进改革，才是"太慢"的根本原因，而无论采取哪种改革政策。迅速变化的世界需要一个发展中国家能尽可能快地跟上，要更快的做好自己的事情。因此，政策建议永远都是：在充分顾及协调性的前提下，尽可能快地在所有领域推进改革。

参考文献

［1］樊纲：《中国渐进改革的政治经济学》，上海远东出版社 1996 年版。

［2］樊纲：《克服信贷萎缩与银行体系改革》，载于《经济研究》1999 年第 1 期。

［3］樊纲：《论国家综合负债——兼论如何处理银行不良资产》，载于《经济研究》1999 年第 5 期。

［4］黄益平：《制度转型与长期增长》，载于《经济研究》1997 年第 1 期。

［5］中国经济改革研究基金会：《现实的选择——国有小企业改革实践的初步总结》，上海远东出版社 1997 年版。

［6］FAN, Gang（1994），"Incremental changes and dual – track transition：understanding the case of China", *Economic Policy*, Great Britain, December.

［7］FAN, Gang, and Wing T. Woo, 1996, "State Enterprise Reform as a Source of Macroeconomic Instability：The Case of China," （Fan and Woo）*Asian Economic Journal*, Vol 10 No. 3. November 1996, pp. 207 – 224.

［8］Sach, Jeffrey and Wing Thye Woo（1994），"Structural Factors in the Economic Reforms of China, Eastern Europe and the Former Soviet Union," *Economic Policy*, April.

附录：优化改革进程的模拟模型

我们通过以下的一个模拟模型，将以上的讨论形式化。

我们设想一个经济体系（或某个特定的问题）有 n 个需要改革的体制方面，并将这 n 个方面表示为：

$(x_1, x_2, x_3, \cdots, x_n)$

$x_i = 0$ 表示 i 方面尚未改革（仍处于中央计划体制）

$x_i = 1$ 表示 i 方面已经改革（已实现市场体制）

$0 < x_i < 1$ 表示 i 方面部分改革

我们构建一个福利指数 W，定义为：

$$W = \alpha \left\{ \sum_{i=1}^{n} x_i \right\} - \beta \left\{ \sum_{i=1}^{n} \sum_{j=1}^{n} (x_i - x_j)^2 \right\}$$

这里，α = 收益系数

β = 冲突系数

改革战略与政策制度的基本问题就是，如何最大化以下函数：

社会福利 = 改革带来的收益 - 制度不协调带来的冲突成本

我们排除以下两种可能：

（1）完美的大爆炸，这种状态下所有 x_i 的值都同时从 0 跳到 1（否则完美的大爆炸就是唯一的解）。

（2）完美的平行推进，这种状态下所有 x_i 的值都能平行的以相同的比例增长（否则中央计划体系就不会如我们所见的那样存在广泛的协调失败）。

为方便讨论，我们来考虑一个 $n=4$ 的情形。

（1）"循序渐进"的情形（每一方面都充分改革），我们有：

当经济处于完全的中央计划模式时，$W=0$；

当经济完成 1 个方面的改革时，则有 $W=\alpha-6\beta$；

当经济完成 2 个方面的改革时，则有 $W=2\alpha-8\beta$；

当经济完成 3 个方面的改革时，则有 $W=3\alpha-6\beta$；

当经济完成 4 个方面的改革时，则有 $W=4\alpha$。

从附表 A 部分我们可以看到，循序渐进的改革可能会因为各项改革之间的不协调带来的巨大冲突成本而使得改革的净收益为负。也就是说，循序渐进的改革甚至可能无法开始。

（2）"平行推进"的情形，我们假定这种情形下在每一阶段只能提高 1/3 的两个 x_i 的值。每一阶段的一个最优的改革次序是：

起初：$(0, 0, 0, 0)$

第 1 阶段：$(1/3, 1/3, 0, 0)$

第 2 阶段：$(1/3, 1/3, 1/3, 1/3)$

第 3 阶段：$(2/3, 2/3, 1/3, 1/3)$

第 4 阶段：$(2/3, 2/3, 2/3, 2/3)$

第 5 阶段：$(1, 1, 2/3, 2/3)$

第 6 阶段：$(1, 1, 1, 1)$

不管"平行推进"的改革会采用哪种最优次序，都有以下福利含义：

0 阶段，$W=0$

第 1 阶段，$W=(2/3)\alpha-(8/9)\beta$

第 2 阶段，$W=(4/3)\alpha$

第 3 阶段，$W=2\alpha-(8/9)\beta$

第 4 阶段，$W=(8/3)\alpha$

第 5 阶段，$W=(10/3)\alpha-(8/9)\beta$

第 6 阶段，$W=4\alpha$

附表 B 部分显示，因为相互依赖的各项改革之间会产生冲突成本，所以重要的不是优化次序而是优化步调。

附表　　　　　　　　不同改革战略的福利结果（一个四元经济的情形）

收益系数	1	1.5	2	2.5	3	3.5	4	4.5	5	5.5
A 循序渐进改革										
冲突系数	0.5									
0 方面	0	0	0	0	0	0	0	0	0	0
1 方面	−2.0	−1.5	−1.0	−0.5	0	0.5	1	1.5	2	2.5
2 方面	−2.0	−1.0	0	1	2	3	4	5	6	7
3 方面	0	1.5	3	4.5	6	7.5	9	10.5	12	13.5
4 方面	4	6	8	10	12	14	16	18	20	22
冲突系数	2									
0 方面	0	0	0	0	0	0	0	0	0	0
1 方面	−11	−10.5	−10.0	−9.5	−9.0	−8.5	−8.0	−7.5	−7.0	−6.5
2 方面	−14.0	−13.0	−12.0	−11.0	−10.0	−9.0	−8.0	−7.0	−6	−5
3 方面	−9.0	−7.5	−6.0	−4.5	−3.0	−1.5	0	1.5	3	4.5
4 方面	4	6	8	10	12	14	16	18	20	22
冲突系数	3									
0 方面	0	0	0	0	0	0	0	0	0	0
1 方面	−17.0	−16.5	−16.0	−15.5	−15.0	−14.5	−14.0	−13.5	−13.0	−12.5
2 方面	−22	−21	−20	−19	−18	−17	−16	−15	−14	13
3 方面	−15	−13.5	−12	−10.5	−9	−7.5	−6	−4.5	−3	1.5
4 方面	4	6	8	10	12	14	16	18	20	22
B 平行推进改革										
冲突系数	0.5									
0 阶段	0	0	0	0	0	0	0	0	0	0
1 阶段	0.22	0.56	0.89	1.22	1.56	1.89	2.22	2.56	2.89	3.22
2 阶段	1.33	2	2.67	3.33	4	4.67	5.33	6	6.67	7.33
3 阶段	1.56	2.56	3.56	4.56	5.56	6.56	7.56	8.56	9.56	10.56
4 阶段	2.67	4	5.33	6.67	8	9.33	10.67	12	13.33	14.67
5 阶段	2.89	4.56	6.22	7.89	9.56	11.22	12.89	14.56	16.22	17.89
6 阶段	4	6	8	10	12	14	16	18	20	22
冲突系数	2									
0 阶段	0	0	0	0	0	0	0	0	0	0
1 阶段	−1.11	−0.78	−0.44	−0.11	0.22	0.56	0.89	1.22	1.56	1.89
2 阶段	1.33	2	2.67	3.33	4	4.67	5.33	6	6.67	7.33
3 阶段	0.22	1.22	2.22	3.22	4.22	5.22	6.22	7.22	8.22	9.22

续表

收益系数	1	1.5	2	2.5	3	3.5	4	4.5	5	5.5
4 阶段	2.67	4	5.33	6.67	8	9.33	10.67	12	13.33	14.67
5 阶段	1.56	3.22	4.89	6.56	8.22	9.89	11.56	13.22	14.89	16.56
6 阶段	4	6	8	10	12	14	16	18	20	22
冲突系数	3									
0 阶段	0	0	0	0	0	0	0	0	0	0
1 阶段	−2	−1.67	−1.33	−1	−0.67	−0.33	0	0.33	0.67	1
2 阶段	1.33	2	2.67	3.33	4	4.67	5.33	6	6.67	7.33
3 阶段	−0.67	0.33	1.33	2.33	3.33	4.33	5.33	6.33	7.33	8.33
4 阶段	2.67	4	5.33	6.67	8	9.33	10.67	12	13.33	14.67
5 阶段	0.67	2.33	4	5.67	7.33	9	10.67	12.33	14	15.67
6 阶段	4	6	8	10	12	14	16	18	20	22

"过渡性杂种":最优改革方式的理论与实践*

樊 纲

前言

经过 25 年的改革和制度转型,中国已不再是一个中央计划型经济,但又还远未成为高效率的市场经济体制。从微观层面上讲也是如此,因为许多企业仍然在改革和重组。在中国经济的转型过程中,产生了不少被经济学家认为是奇怪的"物种"。"乡镇企业"和"股份合作制企业"正是其中的两个典型,引起了经济学家和政策研究者广泛的争论。一方面,有人认为它们代表了"第三条道路"的模式,既不是资本主义的也不是社会主义的。中国政府把这种模式定义为"社会主义市场经济",本身也引起理论上概念的混淆。另一方面,更多的人认为任何不同于经济学教科书上的模式不可能有效率地运作。他们认为,"不彻底的转型是最糟糕的转型"。其中一些人甚至不屑于研究这种现象,当被问及他们对此的观点时仅以"我不理解"一句带过。他们等待着在这些陌生的物种"垮掉"之时庆祝"经典理论"的胜利。

正当这些讨论还没有得出最后定论,乡镇企业的实际情况又发生变化了:几乎所有的乡镇企业都被民营化了。同时,其他的部门也在以"股份合作制企业"的形式进行民营化。那些"不理解"中国经济的人或许感到了某种庆幸心理,因为这些转型确实是以教科书式的私有制形式作为了结局。但是,他们所期望的

---

　* 本文与澳门大学经济系陈瑜合作,原标题为《"过渡性杂种":中国乡镇企业的发展及制度转型》,载于《中国经济学季刊》2005 年第 4 期。

中国经济及那些特殊物种的崩溃并没有发生。而且更重要的是，这种"不彻底"的转型被证明为一条可行的转型道路。

这正是我们研究中国的乡镇企业和它的转型问题的意义所在。乡镇企业这种现象所蕴含的理论和政策含义的重要性在于，它可能是中国第一类成功地完成"渐进转型"的制度形式：从刚开始的公有制（集体所有）形式，经过许多阶段变化，最后成为典型的非公有制形式。

既然几乎所有的乡镇企业已转变成如教科书里描述的民营企业，为什么还要"不嫌麻烦"地"回过头去"研究其转变的过程？因为我们认为现代经济学应当包括更多的制度和制度转型的内容。这对于进一步研究那些制度背景不符合标准经济学教科书所假设的条件的经济体是十分重要的。首先，应当理解"过渡"的特殊含义。目前我们所提到的"过渡"是20世纪80年代末所定义的，专指从计划经济转型为市场经济。也就是说，经济转型的起点是计划经济和国有的产权。这种经济转型过程完全不同于几个世纪前西方国家的发展过程，它们从私人手工业发展成私有制经济，从农村庄园主经济发展到的现代工业体系。其次，研究经济转型需要弄清楚，任何一种制度的改革是如何起步的，又是如何依赖于或受制于其他制度的。在经济决策过程中，制度（包括思想意识）及制度组成部分之间的相互影响（内生或外生的）起到了怎样的作用？我们如何把"最优"和"均衡"这些概念和现实经济转型联系起来？一种"次优"状态能否通过内生的推动力转化为"最优"状态？这些问题目前为止尚未被经济学家充分研究。简而言之，从纯学术的角度而言，对像乡镇企业这样的"新生物种"的关注也许会为制度经济学增添新的研究内容，并且可能有助于将制度经济学纳入现代经济学的一般理论框架之中。

关于中国转型过程中非公有制经济的发展情况已经有了大量的文献。这些研究涉及中国转型的许多方面，然而并没有从全局和动态的角度看待这次转型。例如，李（Li，1996）提出，含糊不清的产权安排是企业家和政府在面对不完善的市场时的内生性选择：当市场环境是高度不确定的，政府有能力提供帮助，企业家和政府就会共同作为企业名义上的所有者。在他的模型里，市场的不完善性被设定为外生。白、李和王（Bai，Li and Wang，2003）的研究表明，中国的非公有制经济被置于不平等和不利的运作环境中，特别是在市场准入、银行信贷和法律保护方面。我们同意以上的看法，但我们在本文中更想表述的观点是，不仅企业产权的安排是内生的，市场的不完美性、整个制度环境的公平程度也是内生的，而且这些因素互相作用，相互决定。

然而在现阶段，我们仅建立几个有用的假说，希望能够引发学术界的相互交流，从而推进对转型经济更深入的研究。缺乏充足的数据是做实证研究面临的一个重大困难，做乡镇企业的研究时这更是一个难题。国家统计局并没有关于乡镇企业的系统的统计数据。作为乡镇企业上级主管部门的国家农业部也仅仅能够提供乡镇企业整体变化的少量资料。实际上，通过与各级政府中数据搜集人员的交流，我们发现，所需数据的缺乏恰恰反映了对制度转型理论的研究的缺乏。这使得如果现在对此进行深入的经验研究，即使不是完全不可能的，也是相当困难的。

因此，在本文中，我们试图通过对一些统计数据和案例的分析建立假说。尽管还是一份初期的研究，我们希望本文中的观点是具有前瞻性的，而且有深刻的政策含义：如果乡镇企业能够顺利转型，成为真正的市场体系中的一员，那么其他的"不彻底的改革"或"教科书以外的制度"——我们称之为"过渡性杂种"——或许也会找到出路。

本文分为以下几个部分：第一部分主要为分析乡镇企业转型构造一个理论框架。我们指出，"过渡性杂种"是特定条件下制度变化的最优途径，然后详细阐述了它转型过程中的动态性。这里我们研究了两种主要的转型推动力：一种是在成长过程中表现出的"次优"状态下的"残余低效率"；另一种则是这种制度安排及其相关条件或约束之间动态性的相互作用。在第二部分，我们分析可视为制度安排的乡镇企业的发展与政府政策环境的变化之间的宏观性关系，并且具体研究乡镇企业的转型过程。文章最后就中国经济转型的前景提出一些前瞻性的结论。

一、理论假设和分析框架："过渡性杂种"

1. "过渡性杂种"的含义

我们假设"过渡"是指从一种"初始制度"（如计划经济）转型到"目标制度"（如市场经济）。我们在这里不打算讨论应该采用什么样的目标制度的问题，而是假设目标已经确立①。所以，"过渡性杂种"被定义为转型过程中"处于两种制度之间的有条件的最优制度"，而：

---

① 实际上，这种过渡应该被定义有一定清晰的目标，而且这种制度的转换应该被称为"制度的演进"。然而，我们今天现实生活中的过渡，正如我们在某些国家能够看到的那样（例如中国），在改革的一开始就没有清晰的目标，而领导者和大众把其他国家的体制当作一种潜在的目标模式，或者至少参照其他国家的实践。

（1）无论大众或政策的制定者自己是否清楚地知道目标制度是什么，这种转型既不同于初始制度（如计划经济体制），也不同于目标制度（如一种完全的市场经济制度，它能够完美地运行，并拥有现代经济教科书所描述的私有企业一切必备条件）。

（2）这种过渡时期的制度也不仅是两种不同制度中某些组成部分的一个简单组合。也就是说，它是一个既不同于初始制度也不同于目标制度的全新产物。

（3）它的目标是至少使一部分经济实体获益并且至少部分地提高经济效率，而不损害其他经济体的利益。

（4）这种过渡，在制度转换的动态作用之下，会进化成更新的过渡性"物种"。

限制制度演变的条件：

- 在新制度赖以生存或运转的环境中，存在着没有改变或者改变很少的旧制度或某些旧制度的组成部分。

- 政府的政策或行为没有受到正式制度或规则的制约，而且十分灵活多变。

- 某些政府的经济官员仍然受一些旧的非正式制度的限制，如意识形态、社会准则、行为方式等，这也会对新制度形成障碍。请注意这些非正式制度比正式制度更难改变，所以当正式制度改变时这些非正式制度也许还很盛行。

- 一些新制度和改革目标的信息，以及人们对漫长而痛苦的过渡时期的预期（但我们在本文中除了在讨论"改革目标"的问题时，一般假定信息完善）。

- 自然禀赋、技术进步等，也能够加速或阻碍制度的变化（但在本文我们对此不作讨论）。

2. 为什么是"杂种"

一种制度向最优模式的完全过渡，也许不会像某些人期望的那样迅速。因为过渡是有条件的，同时也受到未准备过渡的一些旧制度或政策的限制。

为了理解制度的转型，我们需要了解经济制度的如下特征：

（1）任何制度或制度的组成部分必须和其他制度或其组成部分相互配合运行，这样才能产生效果，提高效率。

（2）任何改革或者任何制度的变化都需要花费时间，其中某些变革（如崭新制度的建立）可能需要花费很长的时间。

（3）一些制度的变化会快于或慢于其他制度，甚至在其他制度开始变化时保持原样。

以上条件促成了"杂种"的形成，而且实际上意味着任何一种制度都以其他制度为条件。

我们可以把中国农村工业的民营化作为例子来讨论一种制度的条件问题。20世纪80年代早期，在实现中国农村的工业化目标过程中，为什么先前的集体企业没有发生民营化从而发展成为现代化的民营企业？为什么人们"不嫌麻烦"组建了到后来仍然是私有化了的集体性质的乡镇企业？这是因为当时的条件对于现代民营企业的有效运作来讲还不够成熟，或者不存在。这些"条件"包括：

（1）宪法。那时尚未存在对私有财产权的任何宪法保护。

（2）法律体系。（尽管我们也许可以在一夜之间草拟一部好的宪法），当时尚且没有企业法或其他的法律框架被制定或实施（这也许要花费几代人的时间），以保障企业的有效运行（在这种条件下，民营企业也许不能雇用工人）。

（3）金融市场。没有银行（不夸张地说，在20世纪80年代早期真正的商业银行并不存在），没有其他金融机构或金融市场配合民营企业的运行。国有银行只贷款给国有企业和集体企业。从广义上来说，当时还不存在民营企业的要素市场。

（4）税收政策。某些税收优惠政策只有集体企业享有而排斥民营企业。集体企业享有的其中一项税收优惠政策是，在企业创建之初2～3年内免税，而在接下来的3年中享受减税政策。

（5）市场准入制度。大多数的市场和行业都不允许民营企业进入，从而缺乏适合民营企业竞争和成长的市场环境。

（6）意识形态歧视。20世纪80年代早期，私有权不能被当时的中国政府和大多数群众接受。意识形态被当时仍然从旧体制中受益的既得利益集团所利用。

（7）政府的政策。就中国而言，政治上和意识形态上的制约，以及某些经济、金融和财政等方面的限制，被反映在了对待民营企业民营化程度和发展方向的"政府政策"上。

等等。

在上述经济、金融、政治和意识形态等条件约束下，乡镇企业可能是在特定的过渡时期最佳或最优的解决途径，即首先以脱离以前的制度为出发点而开始的过渡。这种"脱离"体现在乡镇企业的下述特点之中：

• 即使一些地区的乡镇企业（例如江苏省）最初是集体所有制并且受到地方政府的控制，一些创立企业的经营者（即使只有一个人）仍然开始逐渐拥有对企业更多更独立的控制权，这种控制权在后来逐步演变为私有权。

• 在其他地方（例如浙江省）的许多情况下，创办乡镇企业的个人拥有企业的实际控制权。企业实际上也许是在民营企业的机制下运作，但却在"集体所有"的名义下获得正常运转所需的一切必要的金融和政策环境。

正是上述这些特点，使得乡镇企业成为"杂种"。在一开始，许多乡镇企业便不同于以前的集体公社制度。但另一方面，同那种具有明晰的所有权、私有权被法律有效的保护，以及在竞争性市场环境下运作的教科书式的民营企业相比，乡镇企业又是截然不同的。但是，也许正是这种杂种才能从旧的体制中"脱离"出来。教科书中所描述的那种理想的市场经济制度不能作为我们当时的选择，因为在那个时期，必要的条件还不具备。那时的人们甚至不能拥有可用于投资的私有资产，人们只能从一些家庭作坊开始进行原始的资本积累（它们中的许多也是在乡镇企业的名义下运作的）。由于当时的政治氛围并不接受"公有财产的再分配"或民营化的概念，人们不可能成立民营企业。

3. 为什么是"过渡性的"

有人认为乡镇企业是一种定型的企业形式了。然而历史事实表明，乡镇企业并非是一成不变的，它们会根据自身的逻辑和动态特征，一步一步地随时间变化。"过渡性杂种"最有趣和最重要的特征并不是因为它们是"杂种"，而是因为它们是"过渡性的"。

推动一个"杂种"转变的因素主要有两种：

（1）"残余的无效率"（remaining inefficiency）是继续转变的内生动力。人们创造出"杂种"是为了提高效率，因为"杂种"比原来的旧体制更优越，或者是一种新的"杂种"比转变过程中的前期"杂种"更优越。可是同时，"杂种"始终是"杂种"。它的不完美性（正如我们经济学者所知道的那样）可能会在企业发展的后续阶段逐步暴露出来，从而激励人们探求进一步的改变。

（2）从外部环境来看，如果一种"杂种"是符合一系列既定条件的最优选择，那么当既定条件发生改变时，不均衡和次优的情况就会出现，成为推动"杂种"继续演变的动力。

这两种因素还会共同作用，产生连锁反应。正如我们在前面指出的，制度和体制最重要的特点正是各种制度条件之间的相互作用。一种制度转变成一个"杂种"后，还会因其本身的"残余的无效率"而进一步变化，而这变化可能为其他制度的变化提供了条件，会引起其他制度的变化，然后变化了的其他制度又会再反过来影响最初变化的制度，为它提供更进一步变化的条件，引起它的更进一步变化，以此类推下去。

当乡镇企业逐步发展成为大企业时，人们会发现它们在公司治理（corporate governance）方面存在的一些由于产权不清而引起的问题（尽管即使当时最优秀的企业家也可能对这个学术名词感到陌生），例如：短期行为、过多的政府干预、地方社区的资源浪费等。这些就是"残余的无效率"。创办企业的企业家因此会有意图要与地方政府和集体之间重新定义或重新划分企业的所有权和财产权，以使企业更市场化地运作。因此，乡镇企业会进一步变化，即向更高阶段的"杂种"演进，以提高效率。

与此同时我们看到，整个经济的其他方面也进行着各种改革。市场机制越来越活跃，价格逐步变得由供求决定，金融体制也开始对非公有制企业放松限制，国有企业开始改革，更多的行业允许私人进入和鼓励竞争，同时对私有财产权的法律保护也得到了改善。政府政策变得鼓励民营企业的发展，比如税收的歧视开始减少。民营企业开始逐渐被政府和大众所接受。这样乡镇企业就会进一步变化。

可以说，乡镇企业的发展为其他制度的改变创造了更好的条件（樊，2001；樊和陈，2002），而其他制度的改变反过来又为乡镇企业的进一步发展创造了条件。正是乡镇企业以及整个非公有制经济的发展，体现出市场经济的效率，为后来的国有企业改革和金融体制改革提供了有利条件。也正是乡镇企业以及整个非公有制经济在经济发展和制度转型过程中所起到的积极作用，说服了政府和广大的群众，改善了他们对私有权和民营企业的政策和态度。而所有这些又反过来为乡镇企业的进一步发展创造了条件。

下文将以乡镇企业为例子更详细地探讨上述关系。我们再一次强调，我们的重点不是在于讨论乡镇企业本身，而是在于对制度转型的理解。我们列举乡镇企业成功转型的例子，并不是想说明渐进式的改革一定优于其他方式的改革（在其他一些条件下，其他方式的改革有可能更有效），我们只是想表明这种所谓的"不彻底的"改革方式也许正是我们的出路，因而不应该被大家所忽视。

二、"过渡性杂种"：乡镇企业的转型

我们把乡镇企业视为"过渡性杂种"的典型，主要是从宏观层面上看它发展过程中的各个阶段，以及它与整个制度环境的转型之间的联系，特别是它与政府政策的变化之间的关系。

我们给出表1，总结自1978年以来中国中央政府的政策演进和改革目标的形成过程。把这些政策变化和改革目标同现实相比较，我们将探讨政策环境的变化同乡镇企业的发展之间的关系（这种关系可推至整个非公有制经济）。这种关系是相互的。政府对乡镇企业的政策可能直到乡镇企业做出某种贡献的时候才能

发生变化。同时，乡镇企业也只有在政策环境发生好的变化之后获得长足发展。

表1　　　　　　　　　　　　　1978年以来政府对改革目标的表述的演变过程

时间	改革目标的表述
1978～1984.10	一些市场要素作为补充的计划经济
1984.10～1987.10	有计划的商品经济
1987.10～1989.6	政府调节市场，市场调节企业
1989.6～1991	计划和市场机制的有机结合
1992	社会主义也能采用股份制和证券市场 社会主义市场经济
1994	国有企业的公司制和产权改革
1997	发展公有制为主体的多种所有制形式；抓大放小
1999	宪法修正案：平等发展和保护私有制；国有企业从竞争性行业退出；所有制形式多样化；合作制和混合所有制；国有企业经理股权激励
2001.7	"三个代表"；允许个体企业主和私营企业家加入中国共产党；进一步发展多种所有制形式
2004.3	宪法修正案：保护私有财产权；平等对待私有制和公有制

资料来源：中共中央文件。

我们用图1来说明乡镇企业转型路径。主要特征包括：X轴代表时间，Y轴代表经济效率水平。"目标情况"指民营企业，对应的是最高效率（这些假设基于现有文献）。

每个箭头的末端连接一个方框，代表一个发展阶段。下文将详细介绍每个阶段的情况。在每个阶段，当前水平同目标水平之间存在效率上的差距。因此，我们说这些过渡形式，或者所有的过渡期的"杂种"，都不是"最优"的。

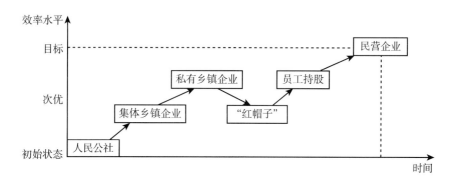

图1　中国乡镇企业的转型路径

然而，每一种"杂种"都是在给定包括政策环境在内的其他制度条件下最好的形式，并且在所处的特定时间点上不可能再改进，即它们是各阶段的"约束下的最优"（从总体上看的"次优"）。因此，路径上的点是约束下的最优点，路径以下的点都次于约束下的最优点，因为它们代表了所处的特定时间点上效率的损失。而路径以上的点是在特定时间点上给定的制度约束下不可能达到的点。因此，这条路经可以命名为"过渡边界"，类似于"生产可能性边界"（PPF）。

表1和图1要说明的是，乡镇企业发展的情况同政府的政策环境息息相关。乡镇企业在图1中的位置受约束于整个制度和政策环境（见表1）。对非公有制经济有利的制度和政策环境有利于乡镇企业发展；同时，乡镇企业的发展推动了政策向有利于非公有制经济发展的方向转变，也推动了市场导向型制度的建立。反过来，有利于市场的制度环境促进了乡镇企业的进一步发展。

为进一步详细说明，我们以下将乡镇企业25年来的发展历程分为5个阶段进行阐述。所区分的5个阶段，并不是说在每个阶段上只有某一特定类型的乡镇企业在发展，而只是以这时新出现的企业形态作为这一阶段的特征值。毕竟，每一阶段上新出现的企业形态，表明新的外部环境已经形成，这种形态是这一阶段特殊的新条件的集中反映。

阶段0：1978年以前——人民公社

乡镇企业的前身是农村公社。所有财产公有，管理高度集中，实行的收入平均分配的体制（大锅饭）不能激发个人的积极性，因而效率低下。20世纪70年代后期，为实现农业机械化而成立了一些公社所有的小厂，主要从事制造农业机械和维修农具等与农业相关的生产活动。

随着70年代末和80年代初的农业改革，公社体系被家庭联产承包责任制所代替。这项改革将大量的农村劳动力从田间释放出来，也促使人们去创造新的劳动机会。这就是在70年代末和80年代初发展农村工业和乡镇企业的背景。

阶段1：1978～1983年——集体所有制乡镇企业

越来越多的农民开始寻找新的工作机会，但因为受户籍制度的限制，农民进城相当困难。很大程度上讲，在农村建立工业企业是许多农民唯一的出路。然而，发展私有或个体所有农村工业企业在那时是受制度约束的。虽然公社制度被废除了，许多制度性政府政策以及普遍的态度仍然反对发展私有或个体形式的企业，称之为"无政府主义"和"歪风"。因此，建立私有公司是不被接受的。

然而，包括各级政府官员在内的许多人，意识到有必要鼓励个人创业以促进经济增长和创造就业机会，特别是在农村地区。

从个体企业主的角度来讲，当时实现创办企业的最优方式是成立一个在自己管理下的集体所有制企业，而不是民营企业。通过这种方式，他们能得到地方政府的支持和合作，并且不用为监管、融资、财政、立法和政治或"社会规范"等障碍付出巨大的成本。

结果就是，大多数实际由农村个体企业家创办的乡镇企业注册为集体所有制。对于这样的"集体所有制"乡镇企业，政府可以干预；个人，包括经理在内，不享有给予个人的工资和奖金以外的利润分配（当然作为企业实际创办和经营者的经理可能另外从对现金的控制权中得到某些好处），企业利润扣除工资和奖金后的"剩余"（利润）全部归集体社区所有。但是，经理拥有企业运作和资源分配的实际控制权，这同先前的公社相比是一个明显进步。总之，80 年代早期典型的乡镇企业由私人创办并处于私人的实际控制之下，然而却的确是由地方社区获得"剩余"（利润）的集体所有制。这种乡镇企业以江苏省为典型，也就是所说的"江苏模式"（乡镇企业）。

阶段 2：1984～1988 年——民营的乡镇企业

乡镇企业的迅速成长，使它们很快成为推动农村工业化和经济增长的重要力量。加上经济领域内非公有制企业（主要是港台和大陆的合资企业）的良好业绩，政府的政策开始在各个方面对非公有或私有经济友善起来，开始在政策上鼓励多种形式所有制的发展。1984 年，中国政府提出要"建立有计划的商品经济"的目标。1987 年再次提出要鼓励乡镇企业的发展。同一年，"政府调节市场，市场调节企业"的改革目标也被提出，意味着政府在管理企业事务方面的作用在逐渐减少。由于得到了政府的认可，乡镇企业更大胆地发展起来。更多的个体企业出现了（尤其是在广东和浙江）。一些从前的集体所有制企业开始向更具有民营化本质的股份制企业转变。从 1984 年至 1986 年，个体乡镇企业在全部乡镇企业个数中的比例从 54% 增长到 81%（中国乡镇企业年鉴）。

在这个阶段，"私有的乡镇企业"虽然实际上是被个人控制的，但因为它们以"集体所有"的名义登记注册，仍然不是真正的民营企业。如此看来，它们似乎和真正的集体所有的乡镇企业没什么不同。然而，二者在筹资和利润分配上确实不一样：就真正的集体所有的乡镇企业而言，地方社区得到剩余利润；但私有乡镇企业则是由企业管理者按照规定或者与地方社区事先签好合同，在缴纳一次性"管理费用"之后，获得全部"剩余"。或许是由于这种财务上的安排，私有乡镇企业也较少受到政府的直接干预。

福建省和浙江省是私有乡镇企业普遍存在的地区，这也正是"浙江模式"的含义。

阶段3：1989~1991年——保护民营企业的一种方式："红帽子"

随着各种类型乡镇企业的发展，大量的民营企业涌现出来。这些企业能够享有完整的私有产权，包括对利润的各种权利和独立的经营权。这样的私有经济虽然总体规模上还很小，但在一些沿海地区却十分活跃，成为了地方发展的支柱。

然而，1989年之后，政治和意识形态的环境发生了巨大的变化。中央政府称之为对改革政策的"再调整"。同时对"私有成分"的态度也开始严厉起来。民营企业受到了最严重的负面影响，面临着被清除出市场的可能性。民营企业的数量停止了上升并开始有所下降。

但是，企业希望生存，而地方政府也希望挽救当地依靠民营企业成长而发展的经济。特别是像浙江、广东和福建等东南沿海各省，情况尤其如此。在新的政策条件下，他们应该怎样做才能避免民营企业倒闭这种最坏的情况发生呢？由此，人们发明了所谓的"红帽子"来解决这个问题。也就是，原来的民营企业以集体企业的名义登记注册，向地方政府缴纳行政管理费，并向地方集体交纳一定的资金。

虽然承担了较高的成本，但民营企业得以继续生存和发展。根据我们的观察，民营企业的增长速度虽有所下降，但是其工业总产值在1989~1990年这段时期仍然持续增长（乡镇企业年鉴），同时在全国工业总产值中的份额也在增加。这也许部分地归功于民营企业和讲求实效的地方官员所达成的"最佳折中方案"。

所谓"红帽子"的民营企业与真正的民营企业具有同样的特征，因为它们虽然以集体企业的名义登记注册，但在经营和资金上却是私人控制。这也正是有些人并不对二者加以区分的原因。然而，我们却以它们最初和新增的不同特征来区分二者：就民营企业而言，它们最初就是以集体企业的名义登记注册的；但"红帽子"的民营企业却是随着政策环境（外部条件）的变化而改变，它们最初是民营企业，然后重新以集体企业的名义登记注册，以后再变为民营企业。通过戴上"红帽子"，民营企业以较小的成本，在不利于企业发展的环境中保持了发展。

阶段4：1992~1998年——员工持股企业

乡镇企业的持续增长与国有企业的不良业绩形成了鲜明的对比，表明了乡镇企业对整个国民经济持续增长的不可或缺的重要作用。这促使中央政府在1992年以一种更加官方的方式重新确立了对非公有制经济的支持。邓小平南方谈话之后，中央领导层颁布了一些新的政策，阐明了非公有制经济将继续成为公有制经济的重要补充，不论是国有、集体企业还是个体、私营和外资企业以及它们之间的自发重组与合作，都应该长期发展。于是，在1994年，中央政府公布了制度转型时期新的改革目标：社会主义市场经济，既包括公有制经济，也包括乡镇企业和私营经济等非公有制经济。实际上，集体所有制和私有制经济因为政治上的考虑，被含糊地统称为民营经济。

在这种新型的更宽松的环境下，乡镇企业发展得更为迅速，实际产出增长率在1992年和1993年破纪录地分别达到45%和62%。乡镇企业在工业总产出中的比重从1992年的38%增长到1999年的60%。

在新的条件下，出现了两种情况。第一种情况，原来那些"红帽子"乡镇企业开始想办法摘掉"红帽子"。许多地方政府开始进行一系列工作重新划分企业类型，将民营企业的"红帽子"摘掉。

第二种情况从制度变迁的角度来讲具有更大的意义。公有制和私有制之间的一种新的过渡性"中间品种"被广泛应用，特别是在以前的集体所有制乡镇企业中，它叫作"股份合作制"。这种类型的企业把企业财产的一部分重新界定，划分成股份，然后把这些股份在员工之间大致相等地重新分配。个人可以增加资本投资但不能控股。不同于普通的股份制企业，一小部分人拥有了绝大部分股权后就拥有了决定权，在员工持股企业中无论一个人拥有多少股权，在决策时只有一票的权利。后者实际上保证了作为一个整体的集体，是企业的决策者。这种类型的企业被称为典型的早期员工持股企业。

但是事实上，在员工持股企业的实际制度安排上有着重大的变化。有一些员工持股企业实际上就是普通的股份制企业，这些企业由在该企业工作的少数个人所有并进行投资，但他们仍然把企业注册为员工持股企业，使企业以集体所有制企业或者至少是以非民营企业的身份存在。实际上，员工持股企业在某种程度上正是受到早期"红帽子"乡镇企业实践的启发。少数村民以员工持股企业而不是民营企业的名义注册企业，但这些企业比传统的集体所有制企业有着更清晰的产权界定和更好的经济产出。于是，人们意识到同样的制度安排也适用于改革集体所有的乡镇企业而不会带来更多的政治和经济方面的麻烦。

最有趣的是，政府不但接受了员工持股企业的实践形式，并且正式确认了它是不同于"集体"企业和"私有"企业的一种特殊形式的法人企业。这意味着，在员工持股企业的实践中，人们可以宣称企业不是集体所有的，因为集体所有制导致产权界定的不清晰；也不是私有的，因为民营企业的招牌还是会给企业带来负面影响。

从经济理论的定义看，员工持股企业是一种民营企业，其财产权界定的比传统的乡镇企业更为清晰。但是，员工持股企业的股份不能交易和流通；这些股份起初被平均分配，而员工的决策权不是由其拥有的股份所决定，而是由其在企业中的地位所决定，这些事实表明员工持股企业的私有权是不完整的，其公司治理结构也不同于完全的民营企业。这些复杂的情况表明，员工持股企业仍然是在某些限制条件下的"过渡性杂种"。

阶段 5：1998 ~ 2003 年——进一步民营化

任何"过渡性杂种"在绩效方面始终是次优的，始终是不完美的，这使得人们寻求进一步的改进。员工持股企业就是这样的例子。从根本上说，员工持股企业在很多方面还是一个劳动者所有的企业。由于它是股份制的，员工会对资本和利润有一个更好的理解，但是劳动（工资）和资本（利润）之间的冲突仍会导致各种短期行为，因为在这种制度安排下（没有主要的股东，每人一票表决权），企业的长远发展，如资本积累，会受影响。这种劳动者所有权也为企业的管理带来了困难，此时的经理人员也许会处于一种弱势地位，因为他们所管理的人都是企业的"所有者"。所以，乡镇企业并没有像早期阶段那样苗壮成长，反而倒闭的数量增加了。在 1996 年，亏损的乡镇企业达到 197 万，占全部乡镇企业总数的 8.4%。乡镇企业员工数量从 1996 年的 13500 万人减少到 12500 万人，减少了 7%。乡镇企业的价值增加速度从 1995 年的 33.6%，减少到 1998 年的 17.5%（樊和陈，2002）。正是这些问题激励着人们进行下一个阶段的转型——进一步的民营化。

新的阶段仅以一件事为特征：管理层持有大部分的股份或者买下企业的全部产权，这导致了员工持股企业的股权的集中。这种情况发生在一些员工持股企业，这些企业遇到了运作上的困难需要进一步重组。在这种情况下，卖掉员工持有的股份是一个较好的选择，否则可能破产和失业，后果更糟。在市场竞争条件下，伴随着企业改革所产生的困难，人们开始意识到正是企业的投资者（在这个例子中是管理层）在承担企业的风险，也应该得到利润的回报。这有助于减少"意识形态领域的约束"，因而也加速了由企业管理层买下企业全部产权的民营化进程。随着有更多成功的例子，这种私人买断企业变得更易为大家所接受，地方政府甚至开始制定政策来鼓励这种行为。例如，江苏省政府发布了一个政令，要求省内的所有乡镇企业在两年之内完成这种管理层收购的企业重组。

在创立员工持股企业的过程中，地方集体可能还会保留少量股份，作为其对企业"历史性贡献"的一种形式的认可。但是在许多情况下，这些少量的股份最终也卖给了企业。当出现上述情况时，我们可以肯定地说，作为一种"过渡性杂种"的乡镇企业已经完成了整个过渡过程并达到了最终目标。

而乡镇企业的民营化同整个制度和政策环境息息相关。1999 年《宪法修正案》提出了私有制应该被平等对待和保护。许多国有企业也变型为各种形式的股份公司（包括股份合作制）。2001 年中央提出了欢迎民营企业家加入中国共产党。2004 年的《宪法修正案》明确宣布"给予私有权充分的保障和平等的权利"。这些变化很大程度上是由民营企业家们推动的，他们要求支持民营经济发展的制度变迁，而且因为民营经济表现越来越好，他们的要求也越来越显得合理和可行。

然而，整体上来讲中国的制度变迁还远没有完成。这是指当前民营经济所处的制度和政策环境与真正的市场经济体制的要求还差得很远。因此，新生的民营企业的行为仍可能不同于教科书式的民营企业。但是我们相信其各种类型的"杂种"会继续进化，将来都完成其过渡过程。

结语

本文以乡镇企业为例，试图分析一种特定制度的转型过程，展示了乡镇企业是如何通过不同的阶段完成了从集体制公社到教科书式的民营企业的转变。

可以说，中国经济的所有其他方面或者中国经济的总体，都是一定程度上的过渡期"杂种"。乡镇企业所发生的转变将来也会发生在它们身上。这就是为什么作为第一个完成过渡的乡镇企业这种制度，能够用来说明其他制度的转型过程和转型理论。

当然，我们并不能假定其他制度都能像乡镇企业一样顺利完成过渡。由于其他领域存在不同的问题、风险、困难及冲突，改革可能被中止，过渡可能在某个阶段陷入僵局。但我们庆幸至少有乡镇企业这个完成过渡的例子给了人们希望：那些看上去不那么完美的东西，其实是最优的体制转轨形式。

第五部分

评　论

"过渡经济学理论"获第七届中国经济理论创新奖 *

新华网

经 208 位学界权威人士记名投票评选，以林毅夫研究组（由林毅夫、蔡昉、李周组成）、张军、樊纲为主要贡献人的"过渡经济学理论"，日前获得第七届中国经济理论创新奖。

据介绍，"过渡经济学理论"为改革开放以来我国经济研究领域具有代表性的理论之一，研究目标是社会主义国家从计划经济体制转变为市场经济体制转型过程中的相关问题。该理论重点研究社会主义经济体制变迁过程中的不同方式或路径对改革成本和绩效的影响，探索如何选择低成本的改革方式或路径，并研究如何解决改革引发的利益矛盾和收益分配等问题。这些问题也是当前我国改革发展中面临的重大问题。以林毅夫研究组、张军、樊纲为代表的经济学家对"过渡经济学理论"的形成和完善，以及减少经济转轨过程中的成本等做出了贡献。

设立中国经济理论创新奖，旨在推动我国经济理论创新和发展。该奖每年（或每两年）评选出一个经一段时间检验的原创性经济理论，是我国第一个由经济学界以记名投票并公开计票的方式进行评选的经济学大奖，其间要经过公开征集候选经济理论、两轮评审专家投票等程序。获奖理论可获得由泰康人寿提供的100 万元奖金，这也是目前国内奖励金额最高的经济学奖项。

据了解，该奖由董辅礽经济科学发展基金会联合北京大学经济学院、中国人民大学经济学院、武汉大学经济与管理学院、上海交通大学安泰经济与管理学院和清华大学经济管理学院组织，共有 208 位经济学家、著名大学经济院校和国内

---

* 新华网北京 2015 年 11 月 16 日电。

研究机构负责人、主要经济和学术媒体负责人参与投票。

2008 年,以杜润生为主要贡献人的"农村家庭联产承包责任制理论"获得首届中国经济理论创新奖。其后,一批著名经济学家贡献的"国有企业股份制改革理论""整体改革理论""价格双轨制""中国经济结构调整理论""财政信贷综合平衡理论"等理论先后获奖。

中国经济理论界的最高奖揭晓 "过渡经济学理论"获奖*

中央电视台财经频道

主持人：中国经济理论界的最高奖——中国经济理论创新奖，今天揭晓。以林毅夫研究组、张军、樊纲为代表的过渡经济学理论高票当选第七届中国经济理论创新奖。

这次获奖的过渡经济学理论对于当下的经济有着怎样的现实意义。我们也采访了这几位获奖的经济学家，我们来听一听，他们对于经济形势的解读。

旁白：这一次获奖的过渡经济学理论，是改革开放以来中国经济改革和发展最具代表性的经济理论之一，重点研究社会主义经济体制变迁过程中不同方式或路径对改革成本和绩效的影响。如何能够选择低成本的改革方式和路径，以及改革引发的利益矛盾和收益分配等问题，这也正是当前社会主义市场经济改革中面对的重大问题。对当前的中国经济具有现实意义。这次获奖的经济学家认为，当前经济的下滑，是外部性和周期性的。

林毅夫：但是对这样的经济增长速度的下滑，也必须对症才能下药。既然它的产生主要是外部性的、周期性的，在这种状况下，必须采取一些缓冲的措施，必要的积极的财政政策、必要的宽松的货币政策，维持一个中高速的增长，这样对我们完全有可能，而且对我们深化改革来讲，也会有帮助。

樊纲：有一个经济周期的问题，经济过热了，投资过多了，必然导致大量的产能过剩，产能过剩就是债务问题，债务问题就是企业要倒闭、要兼并重组的问题，就是我们现在面临的问题。在分析上要区分长期和短期的问题，在政策上要

＊ 中央电视台财经频道《经济信息联播》2015 年 11 月 8 日报道。

把握短期的宏观调控，和长期的制度变革不冲突，不能借口现在的经济不景气，停止改革或延缓改革，那都不是理由。改革必须长期坚持，必须在任何时候都推进改革。

张军：所谓深水区的改革，现在已经变成中国未来经济结构转型的一个非常重要的环节。过渡经济理论需要在这个经验的基础上，能够推进中国经济学家，对中国经济改革，特别是包括金融转型在内的这些领域改革的深入研究。

过渡经济学研究什么[*]

陈莎莎

中国经济发展无论是体量、改革的力度和难度，以及取得的成绩和积累的经验，都是经济学理论研究中独一无二的、世界级的素材。过渡经济学属于新制度经济学中制度变迁理论的一个分支，中国经济学界多位研究学者，通过交易费用、产权和公共选择等分析范式，以中国经济改革和发展的经验为基础，对体制转变的一般过程进行理论分析和理论创新，对实际改革的方式和政策提出建议与意见。

经 208 位学界权威人士记名投票评选，以林毅夫研究组（由林毅夫、蔡昉、李周组成）、张军、樊纲为主要贡献人的过渡经济学理论，日前获得第七届中国经济理论创新奖。

据组委会介绍，过渡经济学理论的研究目标是社会主义国家从计划经济体制，转变为市场经济体制转型过程中的相关问题，"重点研究社会主义经济体制变迁过程中，不同方式或路径对改革成本和绩效的影响"，"选择改革成本最低的改革道路，就是过渡经济学的主要关注"。

那么，过渡经济学研究方法上有何特点？业界对其是如何评价的？该理论研究的团队成员对当下改革又有何谏言呢？

方向和方法是什么？

过渡经济学理论并非新名词，也不是此次获奖经济学家发明的理论，而是长期系列课题的总称或经济学流派。世界范围来看，过渡经济学是伴随 20 世纪 80 年代末以来社会主义国家计划经济的消解、市场经济逐步形成这一过程而发展起来的一门经济学科，试图理解和解释近二十年来世界范围内兴起并正在进行的经

---

 * 《国际金融报》2015 年 11 月 30 日第 7 版。

济体制变迁。

中国自改革开放伊始就确立了实践与实验的方法论原则，但在相当长的一段时间里缺乏相应的经济学理论。在当下的转型关键期，过渡经济学的实用性显得更加重要。组委会表示，中国现在正面临经济改革的转型期，经济下行的压力较大，在这个特殊的时期，过渡经济学理论以中国经济改革的试验为基础，对体制转变的一般过程进行理论分析和创新，并对实际改革的方式和政策提出建议与意见。

在投票前的候选理论介绍中，组委会表示，"中国的制度经济学（尤其是过渡经济学）的主要特点，注意到存在着改革成本，不同的改革道路和方式的改革成本不同，因而选择改革成本最低的改革道路，就是过渡经济学的主要关注"。

该理论的原创性和重要性在于：重在研究过渡的形态和过程，这是其不同于以往经济学理论的特点。这一特点既根植于中国传统哲学和马克思主义哲学的一贯方法，也根植于转型过程中各种利益和矛盾关系相辅相成的复杂性现实；多种研究方法和工具综合运用是其另一特点。新古典、交易费用、产权与契约、博弈与非对称信息、案例式实证等方法都在过渡经济学发展过程中得到了体现。

强调理论的现实应用性是其第三个特点。过渡经济学不仅关注制度变革的经济绩效和演进路径，而且更为关注改革中的利益矛盾和分配关系等问题。

业内对此有何看法？

值得注意的是，多位经济学家为过渡经济学做出重大贡献，除林毅夫研究组（林毅夫、蔡昉、李周）外，张军、胡汝银、冒天启、盛洪、樊纲，也是代表性的贡献人。

例如，樊纲1996年出版的专著《中国渐进改革的政治经济学》是国内最早的一部专门研究体制转轨的理论专著，初步建立起了转轨经济学的理论框架。2000年开始，樊纲陆续发表了《论体制转轨的动态过程——非国有部门的成长与国有部门的改革》（2000）等转轨经济学学术论文，从理论上说明了发展新体制是体制转轨的最重要的内容。

东方证券公司首席经济学家邵宇赞赏过渡经济学的多角度综合研究方法。他在接受《国际金融报》记者采访时分析，中国经济的问题在于，不仅有经济转型的压力，还有经济的周期性、全球经济迅速变化等原因，而如今中国经济正变得更加复杂，因此，各种方法结合起来研究，才会得出更客观的结论，过渡经济学是其中最重要的方法。

"在中国经济现行比较复杂的时期，过渡经济学理论针对这个时代的经济状态，提出了中国改革转型时期的思想，所以这是比较重要的理论发现，比较恰当、形象，能反映出当代经济出现的问题，并能够以较小的成本解决一些现实的经济问题。"上海国际金融学院院长陆红军在接受《国际金融报》记者采访时表示。

能解决当下问题吗？

对于当下的改革方向和路径，该理论研究团队成员也有自己的观点。

樊纲近日在论坛公开表示："我说很多改革都可以借鉴中国经验，中国改革经验是什么？——新人新办法、老人老办法。"

樊纲强调，改革的重点不应放在对旧制度的修补，而应着力发展新制度。"只要大力发展新制度，旧制度最后可以趋向于无穷小，慢慢就淘汰了"。

林毅夫提醒，应该注意协调好改革的力度，对于短期长期都能增加需求的改革，"当然可以提前来做，比如对企业的减税、从一胎变成两胎的政策，这样短期都会增加投资和消费，长期来说对经济也会有增长，这个要确实加大力度来做；但对于有些结构性的措施，短期是抑制消费，也可能增加风险，那么这个结构性改革措施就应该审时度势。并不是说不应该改，而是要做好准备再来改，而且要找比较好的时间点来改。"

林毅夫在与经济学研究界交流的内部演讲中表示，"到底什么因素导致中国经济从 2010 年第一季度开始到现在持续这么长时间的下滑？有两个非常盛行的看法：一种说，因为 2008 年国际经济危机的 4 万亿元政府投资产生了后遗症；另一个看法是因为中国经济体制机制结构性增长方式造成的，是中国的内部造成的问题。"

林毅夫不否认这两个原因的存在，但这不是全部，因为不具备这两个原因的其他经济体下滑得比我们更厉害，"其他新兴经济体、高收入经济体都往下拉，而且下滑比我们还深，那总不能说是因为中国的体制机制问题造成经济增长速度下滑。"

林毅夫认为，目前中国经济下滑，国内结构性改革只是原因之一，经济发展的天然的周期性、国际经济环境的恶化也不容忽视，不能把这些客观因素都归结为结构性改革造成的，如果找不准原因，措施也会有偏差。"不能把外部性、周期性的因素都说成是自己的问题，这样的话，政策才会比较客观、比较理性。"

第六部分

中国经济理论创新奖

中国经济理论创新奖简介

中国经济理论创新奖是一项旨在推动经济科学创新与进步，鼓励原始创新成果，促进中国经济改革和发展的理论研究的学术性、公益性专门奖项。

中国经济理论创新奖每年评选一届，主要奖励已经经实践检验的关于中国经济的重大经济理论，奖金额为一百万元人民币，是国内目前参与评审经济学家最多、影响最广泛的社会科学类奖项。

中国经济理论创新奖由董辅礽经济科学发展基金会、北京大学经济学院、中国人民大学经济学院、武汉大学经济与管理学院、上海交通大学安泰经济与管理学院、清华大学经济管理学院（按参与先后排序）主办，成立了由厉以宁、江平、刘国光、刘鸿儒、吴敬琏、萧灼基等著名学者和主办单位负责人组成的中国经济理论创新奖组织委员会。

"中国经济理论创新奖"评选采取专家推荐、广泛参与、公开评选的方式进行。这是第一个由经济学家广泛参与、民主推选、200多位重要的经济学家最后评审投票表决，公开评选出来的经济学大奖。

2008年首届中国经济理论创新奖经公开征集参选理论后，148位评审专家参加两轮投票，评选出"农村家庭联产承包责任制理论"为获奖理论，杜润生及中国农村发展研究组为理论主要贡献人。2009年第二届中国经济理论创新奖经公开征集参选理论后，158位评审专家参加两轮投票，评选出"国有企业股份制改革理论"为获奖理论，厉以宁为主要贡献人。2010年第三届中国经济理论创新奖经公开征集参选理论后，192位评审专家参加两轮投票，评选出"整体改革理论"为获奖理论，吴敬琏、周小川、郭树清等为主要贡献人。2011年第四届中国经济理论创新奖经公开征集参选理论后，202位评审专家参加两轮投票，评选出"价格双轨制理论"为获奖理论，华生研究组、田源、张维迎等为主要贡献人。2012年第五届中国经济理论创新奖经公开征集参选理论后，194位评审专家参加两轮投票，评选出"中国经济结构调整理论"为获奖理论，马建堂、周叔莲、江小涓等为主要贡献人。2013年第六届中国经济理论创新奖经公开征集参选理论后，189 位评审专家参加两轮投票，评选出"财政信贷综合平衡理论"为获奖理论，黄达为主要贡献人。在经济学界和社会上引起广泛的关注和热烈的反响。

中国经济理论创新奖章程

(2013 年 6 月 13 日通过)

第一章　总　则

第一条　为推动经济科学的创新与进步，鼓励原始创新性成果的涌现，促进中国经济改革和发展的理论性研究，特设立"中国经济理论创新奖"。

"中国经济理论创新奖"由董辅礽经济科学发展基金会、北京大学经济学院、中国人民大学经济学院、武汉大学经济与管理学院、上海交通大学安泰经济与管理学院、清华大学经济管理学院六家单位（按参加先后排序）共同主办。

第二条　"中国经济理论创新奖"组织委员会（简称"组委会"）由主办单位代表和其他有关人士组成，秘书处设在董辅礽经济科学发展基金会，由董辅礽经济科学发展基金会负责具体实施工作。

第三条　"中国经济理论创新奖"每年（或每两年）评选一次，设"中国经济理论创新奖"一项，最多获奖人数不超过 3 人（或组），奖金总额为人民币一百万元。

第二章　奖励的原则

第四条　"中国经济理论创新奖"奖励给坚持中国特色社会主义、遵守宪法、热爱祖国、在中国经济理论研究方面作出重大原始创新性成果的主要贡献人。该项成果需在中国经历十年以上理论验证或实践检验，并对中国经济发展或改革产生了重大的影响。

第五条　"中国经济理论创新奖"将遵循公众参与、经济学界民主投票产生的原则；遵循公开、公正、透明的原则；遵循尊重历史、学术严谨、实事求是的原则。

第三章　奖励范围和评选程序

第六条　候选理论的征集。通过公开渠道，广泛征集候选理论。候选理论或其代表作应是已经以文字形式公开或内部发表，发表时间原则上不早于改革开放开始的 1978 年，不晚于评奖年份前 10 年，即 2008 年度评奖的候选理论发表时间截止到 1998 年底，2009 年度评奖的候选理论发表时间截止到 1999 年底，2010 年度评奖的候选理论发表时间截止到 2000 年底，往后依次类推。申请和推荐候选理论需完整填写《中国经济理论创新奖候选理论申请表》与《中国经济理论创新奖候选理论推荐表》，并提供申请人和推荐人的真实身份和姓名。

第七条　"中国经济理论创新奖"组织委员会将申请和推荐的理论以及相关意见在网上和其他媒体公布，公众可对网上公布的候选理论发表评论。

第八条　全国主要经济研究机构、国家重点高校财经类院系、重要学术刊物和媒体负责人、国际著名中国经济研究机构以及其他重要经济专家至少 100 名专家、学者为受邀评审专家。由评审专家投票决定最终获奖者。

第九条　评审专家投票结果的第一名为本年度获奖理论。

第十条　"中国经济理论创新奖"组委会将聘请公证机构对评选计票全过程和结果进行公证。

第四章　奖项其他规定

第十一条　若某项候选理论成果由一人（或组）以上分别做出了重大原始创新性贡献，申请和被推荐者可以超过一人（或组）。

第十二条　若申请和推荐的理论贡献人为一人以上时，应分别说明各人在该课题中所做出的主要贡献。

第十三条　奖项只授予在世经济学家，每人终身只可获奖一次。每届评奖如有其他补充标准，须提前公开说明，评奖的具体细则由"中国经济理论创新奖"组委会或执行委员会发布。

第五章　颁奖

第十四条　组委会将邀请获奖者参加颁奖的有关活动，包括出席颁奖仪式、接受中国经济理论创新奖奖金、证书及其他有关活动等。

第六章　附则

第十五条　本章程经主办单位 2008 年 4 月 9 日协商通过，经多次修订，本章程由"中国经济理论创新奖"组委会负责解释和修订。

董辅礽经济科学发展基金会

北京大学经济学院

中国人民大学经济学院

武汉大学经济与管理学院

上海交通大学安泰经济与管理学院

清华大学经济管理学院

（按参加先后排序）

二〇一三年六月十三日

中国经济理论创新奖（2015）评奖实施细则

（2015 年 6 月 15 日通过）

2015 年 6 月 15 日，根据《中国经济理论创新奖章程》，本着公正、公平和公开的原则，结合实际情况，中国经济理论创新奖组委会制定并通过"中国经济理论创新奖（2015）评奖实施细则"。

一、奖励对象

"中国经济理论创新奖"奖励给坚持中国特色社会主义、遵守宪法、热爱祖国、在中国经济理论研究方面做出重大原始创新性成果的主要贡献人。该项成果需在中国经历十年以上经济和社会实践的检验，并对中国改革与发展产生了重大的影响，即该成果应该是在 2006 年 1 月 1 日前发表的经济研究成果。

2015 年度设"中国经济理论创新奖"一项，最多获奖人数不超过 3 人（或组）。

二、评奖具体程序及时间安排

1. 奖项启动、评选和颁奖：

2015 年 6 月 15 日至 2015 年 11 月 7 日

2. 候选理论推荐或自荐：

2015 年 6 月 15 日至 2015 年 8 月 15 日

中国经济理论创新奖的候选理论可通过下列任何一种方式产生：

（1）机构推荐

（2）个人推荐（须两名以上推荐人）

（3）本人自荐（须两名以上推荐人填写推荐意见）

如果本人自荐（须两名以上推荐人），请填写《中国经济理论创新奖自荐申请表》，如果机构推荐或个人推荐，请填写《中国经济理论创新奖推荐申请表》。无论自荐或推荐方式，都需要提供理论相关的论文、专著、专利和鉴定评审成果等，以及相应的证明材料，并且装订成册。若是论文，需同时复印该杂志的封面和目录及论文全文；若是专著，请提供样书。

（4）如推荐或自荐的候选理论为单一贡献人，同一单一贡献人每年只能有一项理论参加评选，如超过一个，由该贡献人自主决定参加评选的理论。

（5）申请和推荐候选理论贡献人可以是个人，也可以是研究组，研究组以该组排位第一的成员命名，可列出该组3名以内（含3名）的成员。

（6）在上一年度第一轮投票得票率在10％以上的未获奖参选理论，继续作为本年度候选理论。

（7）在历届评选第一轮投票中得票率在10％以下的未获奖参选理论，经理论贡献人同意后，可以继续作为本年度候选理论。

以上所有表格及材料请用A4纸打（复）印，一式三份于2015年8月15日前寄送至中国经济理论创新奖组委会，并请用E－mail形式将《中国经济理论创新奖自荐申请表》或《中国经济理论创新奖推荐申请表》发送至cetia@dfrfund.org.cn。所有材料以寄出的邮戳日期为准，逾期将不予受理。

《中国经济理论创新奖章程》《中国经济理论创新奖（2015）评奖实施细则》《中国经济理论创新奖候选理论提出办法》《中国经济理论创新奖自荐申请表》《中国经济理论创新奖推荐申请表》请登录新浪财经"中国经济理论创新奖"评奖网页或董辅礽经济科学基金会网站（www.dfrfund.org.cn）查询或下载。

中国经济理论创新奖组委会联系方式：

联系人：中国经济理论创新奖组委会秘书处

地址：北京市东城区礼士胡同54号

电话：010－66428855－533或511

传真：010－65270301

电子邮箱：cetia@dfrfund.org.cn

3. 候选理论公示

2015 年 6 月 15 日至 2013 年 8 月 20 日

4. 评审专家第一轮投票

第一轮：对理论进行投票，选出进入第二轮的理论。不少于 100 位评审专家对所有符合发表时间范围要求、参选理论材料规范的推荐理论进行记名投票，对理论的主要贡献人不进行表决但可以补充主要贡献人提名。每一表决票可以选择最多赞成 2 个理论，按照得票多少，排名前 2 位的理论进入第二轮投票。

第一轮评审专家投票时间为 2015 年 8 月 21 日起至 9 月 14 日止，9 月 15 日在公证机构的公证下，进行第一轮投票的计票工作并当场宣布投票结果。

第一轮投票结束后，征询得票数排名前两位理论贡献人候选人意见：如有贡献人候选人同意该理论进入第二轮评选、并在当选后接受本奖项的，则正式进入第二轮评选；如所有贡献人候选人放弃评选，则按照得票多少，依次递补。

征询候选理论贡献人候选人意见时间为 2015 年 9 月 16 日起至 9 月 17 日止。

5. 评审专家第二轮投票

第二轮：既对理论进行投票，也对相应的主要贡献人进行投票。每一表决票只选择一个理论及相应的最多可选择 3 个主要贡献人。

2015 年 9 月 18 日至 10 月 10 日，评审专家进行第二轮投票，对第一轮投票产生的前 2 名候选理论及其主要贡献人的候选人进行投票表决，每一表决票只能选择赞成一个理论，同一理论的主要贡献人最多可选择 3 人（或组）。

主要贡献人获奖的基本标准为：

如有三人（或组）得票数量分别占该理论所有主要贡献候选人赞成票的比例超过 25%，这三人（或组）共同获奖，获奖排序按照得票数量排序，奖金按照各自得票数占三人得票总数的比例分配。

如两人（或组）得票数量分别占该理论所有主要贡献候选人赞成票的比例超过 25%，第二名得票占前两名得票总数的比例不低于 40% 方可成为共同获奖者，否则只是第一名得奖。

如只有一人（或组）得票数量占该理论所有主要贡献候选人赞成票的比例超过 25%，第二名得票占前两名得票总数的比例不低于 40%，第三名得票占前三名得票总数的比例不低于 25%，方可成为共同获奖者，否则只是第一名获奖或前两名获奖。

如所有候选人得票比例都低于 25%，得票第一者为当然获奖者，得票第二名者得票占前两名得票总数的比例不低于 40% 方可成为共同获奖者，否则只是第一名得奖。

多人获奖的奖金按照其各自得票占所有获奖者得票总数的比例分配。

同时，现场公布每个主要贡献人候选人得票数占该理论得票数的比例。

第二轮投票在公证机构公证下于 2015 年 10 月 11 日进行计票，但暂时不对外公布。

6. 评奖结果公布

2015 年 10 月 15 日，在拜访获奖人后，正式公布最终获奖者。

7. 颁奖

2015 年 11 月，举行颁奖典礼，颁奖。

三、附则

1. 本实施细则由中国经济理论创新奖组委会负责修订、解释。
2. 本实施细则经组委会修订之日起施行。

中国经济理论创新奖组委会

2015 年 6 月 15 日

中国经济理论创新奖（2015）评选流程图

（2015 年 6 月 15 日至 11 月 14 日）

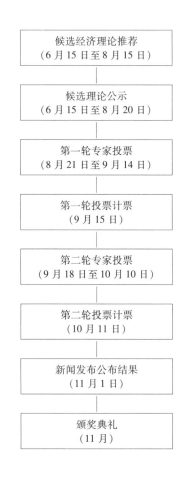

候选经济理论推荐
（6 月 15 日至 8 月 15 日）

候选理论公示
（6 月 15 日至 8 月 20 日）

第一轮专家投票
（8 月 21 日至 9 月 14 日）

第一轮投票计票
（9 月 15 日）

第二轮专家投票
（9 月 18 日至 10 月 10 日）

第二轮投票计票
（10 月 11 日）

新闻发布公布结果
（11 月 1 日）

颁奖典礼
（11 月）

中国经济理论创新奖评审专家邀请名单

（2015 年评审专家共 285 人，共 208 名专家参与投票）

研究机构负责人（48 人）

蔡 昉	中国社会科学院副院长
陈东琪	国家发改委宏观经济研究院副院长
迟福林	中国（海南）改革发展研究院院长、中国经济体制改革研究会副会长
楚序平	国务院国资委研究中心主任
樊 纲	国民经济研究所所长
房维中	中国宏观经济学会会长
高培勇	中国社会科学院财经战略研究院院长
葛延风	国务院发展研究中心社会发展研究部部长
侯永志	国务院发展研究中心战略和区域经济研究部部长
胡必亮	北京师范大学经济与资源管理研究院院长
华 生	武汉大学董辅礽经济社会发展研究院国家发展研究所
黄群慧	中国社会科学院工业经济研究所所长
黄少安	山东大学经济研究院院长
李稻葵	清华大学中国与世界经济研究中心主任
李 平	中国社会科学院数量经济与技术经济研究所所长
李 实	北京师范大学收入分配研究院执行院长
李 伟	国务院发展研究中心主任
李 周	中国社会科学院农村发展研究所所长
刘传江	武汉大学人口·资源·环境经济研究中心副主任
刘纪鹏	中国政法大学资本研究中心主任
刘尚希	财政部财政科学研究所所长
隆国强	国务院发展研究中心副主任
陆 磊	中国人民银行研究局局长

吕　薇	国务院发展研究中心技术经济研究部部长
马　骏	国务院发展研究中心企业研究所所长
宁吉喆	国务院研究室主任
逄锦聚	南开大学政治经济学研究中心主任、国务院学位委员会学科评议组召集人
裴长洪	中国社会科学院经济研究所所长
彭　森	中国经济体制改革研究会会长
秦　虹	国家住房和城乡建设部政策研究中心主任
任兴洲	国务院发展研究中心市场经济研究所所长
桑百川	对外经济贸易大学国际经济研究院院长
盛　洪	天则经济研究所所长
宋　宁	武汉大学董辅礽经济社会发展研究院金融研究所所长
宋　立	国家发改委经济研究所所长
王国刚	中国社会科学院金融所所长
王建军	中国证券监督管理委员会研究中心主任、北京证券期货研究院院长
吴晓求	中国人民大学金融与证券研究所所长
姚　洋	北京大学国家发展研究院院长、《经济学季刊》主编
叶兴庆	国务院发展研究中心农村经济研究部部长
余　斌	国务院发展研究中心宏观经济研究部部长
臧旭恒	山东大学产业经济研究所所长
张车伟	中国社会科学院人口与劳动经济研究所所长
张承惠	国务院发展研究中心金融研究所所长
张宇燕	中国社会科学院世界经济与政治所所长
赵昌文	国务院发展研究中心产业经济研究部部长
赵晋平	国务院发展研究中心对外经济研究部部长
邹东涛	中央财经大学中国发展和改革研究院院长

财经院校负责人（53人）

蔡洪滨	北京大学光华管理学院院长
陈继勇	武汉大学经济与管理学院教授
冯根福	西安交通大学经济与金融学院院长
冯学钢	华东师范大学商学院院长
伏润民	云南财经大学副校长
葛建军	贵州财经大学副校长
郭爱君	兰州大学经济学院院长
郭　沛	中国农业大学经济管理学院院长
郭庆旺	中国人民大学财政金融学院院长

何志毅　　闽江学院新华都商学院执行院长

洪永淼　　厦门大学经济学院院长

黄登仕　　西南交通大学经济管理学院院长

黄晓勇　　中国社会科学院研究生院院长

霍佳震　　同济大学经济与管理学院院长

焦方义　　黑龙江大学经济与工商管理学院院长

景普秋　　山西财经大学经济学院院长

赖德胜　　北京师范大学经济与工商管理学院院长

李长英　　山东大学经济学院院长

李俊江　　吉林大学经济学院院长

李　涛　　中央财经大学经济学院院长

李维安　　天津财经大学校长

梁　琪　　南开大学经济学院院长

刘少波　　暨南大学经济学院院长

陆长平　　江西财经大学经济学院院长

陆雄文　　复旦大学管理学院院长

毛基业　　中国人民大学商学院执行院长

茆训诚　　上海师范大学商学院院长

钱颖一　　清华大学经济管理学院院长

邱立成　　天津商业大学副校长

曲振涛　　哈尔滨商业大学校长

任保平　　西北大学经济管理学院院长

沈坤荣　　南京大学商学院执行院长

史晋川　　浙江大学经济学院院长

宋丙涛　　河南大学经济学院院长

孙祁祥　　北京大学经济学院院长

田国强　　上海财经大学经济学院院长

王广谦　　中央财经大学校长

王稼琼　　首都经济贸易大学校长

王金营　　河北大学经济学院院长

吴晓灵　　清华大学五道口金融学院院长

夏春玉　　东北财经大学校长

谢丹阳　　武汉大学经济与管理学院院长

谢　地　　辽宁大学经济学院院长

徐长生　　华中科技大学经济学院院长

徐信忠　　中山大学岭南学院院长

张　军　　复旦大学经济学院院长
张亚斌　　湖南大学经济与贸易学院院长
张　宇　　中国人民大学经济学院院长
张宗益　　西南财经大学校长
赵林度　　东南大学经济管理学院院长
周　林　　上海交通大学安泰经济管理学院院长
朱方明　　四川大学经济学院常务副院长
邹进文　　中南财经政法大学经济学院院长

独立评审专家（169 人）

艾洪德　　大连政协副主席、东北财经大学原校长
巴曙松　　中国银行业协会首席经济学家
白重恩　　清华大学经济管理学院副院长
保育钧　　中国民私营经济研究会原会长
蔡继明　　清华大学社会科学学院教授
曹凤岐　　北京大学光华管理学院教授，北京大学金融与证券研究中心主任
曹玉书　　中国宏观经济研究会副会长
曹远征　　中银国际控股有限公司首席经济学家
常修泽　　国家发改委经济研究所原常务副所长
陈　淮　　中国社会科学院研究生院城乡建设经济系主任
陈东升　　董辅礽经济科学发展基金会会长、泰康人寿保险股份有限公司董事长
陈富良　　江西财经大学经济学院教授
陈共炎　　中国证券业协会会长
陈俊宏　　人民日报副原总编辑
陈小洪　　国务院发展研究中心研究员
陈永杰　　中国国际经济交流中心研究员
陈雨露　　中国人民大学校长
陈宗胜　　南开大学政治经济学研究中心副主任、天津市政协经济委员会副主任
程建国　　中国金融出版社质量总监
戴园晨　　中国社会科学院经济所研究员
杜厚文　　中国人民大学经济学院教授
范恒山　　国家发展改革委员会副秘书长
冯邦彦　　暨南大学经济学院教授
高明华　　北京师范大学经济与工商管理学院教授
高尚全　　中国经济体制改革研究会名誉会长
高新才　　兰州大学经济学院教授

龚六堂	北京大学光华管理学院副院长
辜胜阻	全国人大财政经济委员会副主任委员、民建中央副主席
谷书堂	南开大学经济研究所名誉所长
谷源洋	中国社会科学院荣誉学部委员、世界经济与政治研究所原所长
顾海良	教育部社会科学委员会副主任
郭　敏	对外经济贸易大学金融学院教授
郭树清	山东省省长、中国证监会原主席
韩　俊	中央财经领导小组办公室副主任
何炼成	西北大学经济管理学院名誉院长
洪银兴	南京大学原党委书记
胡逎武	中国人民大学经济学院教授
胡培兆	厦门大学经济学院教授
黄　达	中国人民大学财政金融学院教授
黄桂田	北京大学校长助理
黄继忠	辽宁大学经济学院教授
黄文夫	中国经济报刊协会副会长、全国工商联研究室原巡视员
黄有光	Monash University（蒙纳士大学）教授
纪志宏	中国人民银行金融市场司司长
贾建民	西南交通大学经济管理学院原院长、教授
贾　康	全国政协经济委员会委员，财政部财政科学研究所研究员
江　平	中国政法大学终身教授
金　碚	中国社会科学院学部委员、工业经济研究所原所长
孔泾源	中国经济体制改革研究会常务理事、国家发改委综合改革司原司长
赖明勇	长沙理工大学校长
李保民	国务院国资委研究中心原主任、国资委监事会专职监事
李泊溪	国务院发展研究中心研究员
李成勋	中国社会科学院研究员
李晓西	北京师范大学经济与资源管理研究院名誉院长
厉以宁	北京大学光华管理学院名誉院长
林　晨	中国证券报原社长兼总编辑
林　岗	中国人民大学原副校长
林木西	辽宁大学经济学院教授
林义相	中国证券业协会副会长、天相投资顾问有限公司董事长
林毅夫	北京大学国家发展研究院名誉院长
刘　鹤	中央财经领导小组办公室主任、国家发展和改革委员会副主任
刘鸿儒	中国证监会首任主席

刘诗白　　西南财经大学名誉校长

刘世锦　　国务院发展研究中心副主任

刘树成　　中国社会科学院学部委员、经济学部副主任

刘　伟　　北京大学副校长

刘迎秋　　中国社科院民营经济研究中心主任

刘元春　　中国人民大学科研处处长

刘洲伟　　新金融联盟秘书长、《21 世纪经济报道》原总编

楼继伟　　财政部部长、党组书记、中央机构编制委员会委员

卢　建　　国务院研究室工业交通司原司长

卢　迈　　中国发展研究基金会秘书长

卢中原　　国务院发展研究中心原副主任

吕　政　　中国社会科学院工业经济研究所原所长

马建堂　　国家行政学院党委委员、常务副院长

马晓河　　国家发改委宏观经济研究院副院长、产业经济研究所原所长

毛振华　　董辅礽经济科学发展基金会理事长、中国人民大学经济研究所所长

冒天启　　中国社会科学院经济研究所研究员

聂庆平　　中国证券金融股份有限公司总经理

石小敏　　中国经济体制改革研究会副会长

舒　元　　中山大学国际商学院教授

宋国青　　北京大学国家发展研究院（中国经济研究中心）教授

宋晓梧　　中国经济体制改革研究会顾问

谭崇台　　武汉大学资深教授

汤　敏　　友成企业家扶贫基金会常务副理事长

唐宗焜　　中国社会科学院经济研究所研究员、经济研究杂志原主编

田　源　　中国期货协会名誉会长、武汉大学大纽约地区校友会会长

万典武　　商业部经济研究所原所长

万广华　　云南财经大学教授、亚洲开发银行主任经济学家

汪　戎　　云南财经大学原党委书记

汪丁丁　　北京大学中国经济研究中心教授

汪同三　　中国社会科学院数量经济与技术经济研究所原所长

王东京　　中共中央党校副校长

王红领　　中国社会科学院经济研究所研究员

王　建　　中国宏观经济学会副会长、秘书长

王晋斌　　中国人民大学经济学院副院长

王洛林　　中国社会科学院特邀顾问、浙江大学经济学院名誉院长

王梦奎　　国务院发展研究中心原主任

王秋石	江西财经大学校长助理、原经济学院院长
王小鲁	国民经济研究所副所长
王新奎	上海市人民政府参事室主任、上海对外贸易学院原院长
王秀清	中国农业大学经济管理学院教授
王一鸣	国家发改委副秘书长
王一鸣	原青年论坛杂志社社长
王振中	中国社会科学院经济研究所研究员
王忠明	全国工商联副秘书长
卫兴华	中国人民大学经济学院教授
魏加宁	国务院发展研究中心宏观经济部巡视员
魏 杰	清华大学经济管理学院教授
魏礼群	中国国际经济交流中心常务副理事长、国务院研究室原主任
文建东	武汉大学经济与管理学院经济系主任
乌家培	国家信息中心专家委员会顾问、中国信息协会副会长
吴敬琏	国务院发展研究中心研究员，市场经济研究所名誉所长
吴明瑜	国务院发展研究中心原副主任
吴树青	北京大学原校长
吴太昌	中国社会科学院经济研究所原所长、《经济研究》主编
伍新木	武汉大学经济与管理学院教授
夏 斌	国务院发展研究中心金融研究所名誉所长
谢伏瞻	河南省省长、国务院研究室原主任
谢明干	国务院发展研究中心世界发展研究所研究员
谢 平	中国投资有限责任公司副总经理
辛 贤	中国农业大学党委常委、副校长
徐滇庆	加拿大西安大略大学休伦学院终身教授，北京大学中国经济研究中心兼职教授
徐康宁	东南大学经济管理学院教授
许小年	中欧国际工商学院教授
薛求知	复旦大学管理学院教授
薛永应	中国社会科学院经济研究所研究员
阎 勤	宁波市政府发展研究中心主任
杨启先	中国经济体制改革研究会原副会长
杨瑞龙	中国人民大学经济学院教授
杨圣明	中国社会科学院学术委员会委员、原财贸经济研究所所长
杨云龙	北京大学经济研究所常务副所长
杨再平	中国银行业协会专职副会长
姚景源	国务院参事室特约研究员

叶辅靖　　国家发改委对外经济研究所原副所长

叶永刚　　武汉大学经济与管理学院教授

伊志宏　　中国人民大学副校长

易　纲　　中央财经领导小组办公室副主任、中国人民银行副行长、国家外汇管理局局长

尹中卿　　全国人大财政经济委员会副主任委员

余大章　　天则经济研究所研究员、学术部主任

袁绪程　　中国经济体制改革研究会常务理事、副秘书长

袁志刚　　复旦大学经济学院教授

曾国安　　武汉大学经济与管理学院副院长

张嘉兴　　天津财经大学原校长

张　杰　　证券日报社原社长兼总编辑

张敬国　　泰康人寿资产泰康资产董事总经理

张军扩　　国务院发展研究中心副主任

张来明　　国务院发展研究中心副主任

张　平　　中国社会科学院经济研究所副所长

张曙光　　中国社会科学院经济研究所研究员、天则经济研究所学术委员会主席

张维迎　　北京大学市场与网络经济研究中心主任

张晓山　　中国社会科学院学部委员、农业发展研究所原所长

张耀铭　　新华文摘原总编辑

张永生　　国务院发展研究中心战略和区域经济研究部副部长

张玉台　　十一届全国政协教科文卫体委员会主任、国务院发展研究中心原主任

张卓元　　中国社会科学院学部委员、经济研究所原所长

赵　晓　　北京科技大学东凌经济管理学院教授

赵人伟　　中国社会科学院经济研究所原所长

赵锡军　　中国人民大学财政金融学院副院长

郑功成　　中国人民大学劳动人事学院教授

郑新立　　中国国际经济交流中心副理事长、中共中央政策研究室原副主任

周其仁　　北京大学国家发展研究院原院长

周叔莲　　中国社会科学院工业经济研究所原所长

周小川　　中国人民银行行长

周振华　　上海市政协常委、上海市经济学会会长

朱德通　　上海师范大学商学院原院长、教授

朱　玲　　中国社会科学院学部委员、中国社会科学院经济研究所研究员

朱善利　　北京大学光华管理学院教授

朱之鑫　　国家发改委宏观经济研究院院长

财经媒体负责人（15人）

白　林	新华社总编室副主任
包月阳	中国发展出版社社长
蒋东生	《管理世界》编委会副主任、首都经贸大学教授
焦新望	经济观察报社长、总编辑
李向军	光明日报理论部主任
王　诚	经济研究副主编，中国社会科学院经济研究所研究员
魏革军	中国金融出版社社长兼主编
吴晨光	搜狐执行总编辑
吴锦才	中国证券报社长兼总编辑
徐如俊	经济日报社社长
许建康	中国社会科学杂志社哲学社会科学部副主任
杨燕青	第一财经日报副总编辑
喻　阳	新华文摘总编辑
周　亮	新华社国内经济室主任
周　学	经济学动态编辑部主任

中国经济理论创新奖 (2015)
主办单位简介

董辅礽经济科学发展基金会

董辅礽经济科学发展基金会全称"北京市董辅礽经济科学发展基金会"，前身为1996年成立的董辅礽经济科学奖励基金。根据国务院颁布的《基金会管理条例》，于2004年12月31日正式注册为独立法人机构——北京市董辅礽经济科学发展基金会，是以"推动经济科学的创新与进步"为宗旨的非公募基金会，业务主管单位是北京市社会科学界联合会，登记证号：0020005，组织机构代码：76990322－5。原始基金数额200万元人民币。基金会法定代表人为理事长毛振华。

基金会的业务范围包括了评奖教、学、研成果，资助、组织学术活动，开展教育培训、考察交流、出版等活动，以及其他推动经济科学创新与进步的公益事业。

从董辅礽经济科学奖励基金开始，基金会（包括奖励基金期间）已经持续运行了十五年，开展了多项经济学公益活动，累计公益支出几百万元，取得了良好的社会效果。基金会资助了多个经济研究和学术交流项目，编辑出版了多部经济学术著作或论文集，并在高等学府设立奖励，奖励在经济学研究与教育中取得突出成绩的优秀经济学人才逾四百人次，其中不少人已经成为经济学界的优秀学者或经济界的栋梁。

自董辅礽经济科学发展基金会成立（包括奖励基金期间）以来，基金会得到了社会各界的支持，获得了关心支持中国经济科学建设和发展的机构和个人的大量捐赠，基金会持续十五年规范运作，积累了丰富的社会资源和管理经验，财力也大幅提升，成为国内财力最雄厚的经济学基金之一。

　　基金会与北京大学经济学院、中国人民大学经济学院、武汉大学经济与管理学院、上海交通大学安泰经济与管理学院、清华大学经济管理学院联合组织设立的"中国经济理论创新奖"和"中国经济学家年度论坛"，是基金会永久性学术公益项目。

北京大学经济学院简介

北京大学经济学院成立于1985年，是1952年我国高校院系调整以后北京大学设立的第一个学院，其前身是1912年严复先生任国立北京大学校长之后创建的经济学门（系），更早则可以追溯至1902年京师大学堂设立的商学科。她是中国高等院校中建立最早的专门的经济系科。

北京大学经济学院的学科构建，实现了理论经济学与应用经济学、经济史论与现代经济学的高度融合。不仅原有的学术传统与优势学科得以保持领先地位，而且在创新精神的引领下，一批适应中国与世界经济发展和制度变迁的新兴学科也逐步建立并得到快速发展。学院现有经济学、国际经济与贸易、金融学、风险管理与保险学、财政学、资源、环境与产业经济学等7个系，有政治经济学、西方经济学、金融学、经济史、经济思想史、世界经济、财政学、人口资源与环境经济学、风险管理与保险学等9个硕士、博士学位授权点，及金融硕士、税务硕士、保险硕士、国际商务硕士4个专业硕士学位授权点，同时还有国内最早设立的经济学博士后流动站。

北京大学经济学院是国家教育部确定的"国家经济学基础人才培养基地"和"全国人才培养模式创新实验区"。其悠久的历史、深厚的学术底蕴、重要的学术地位、不断创新的人才培养模式，吸引着来自全国乃至世界各地的优秀学子。

北京大学经济学院拥有雄厚的师资队伍和科研力量。学院现有全职教师、兼职教授、在站博士后研究人员200余人。拥有经济研究所、外国经济学说研究中心、市场经济研究中心、国际经济研究所、中国金融研究中心、中国信用研究中心、中国国民经济核算与经济增长研究中心、中国保险与社会保障研究中心、中国都市经济研究基地、产业与文化研究所、金融与产业发展研究中心、经济与人类发展研究中心、中国公共财政研究中心、信用与法律研究所、金融创新与发展研究中心、中国精算发展研究中心、社会经济史研究所等17个校级、院级科研机构，承担着大量的重要科研项目，其中包括国家社会科学基金项目、国家自然科学基金项目、教育部社会科学研究重大课题攻关项目、省部委和国内国际著名机构委托的研究项目，研究成果对我国的经济改革与社会发展产生着重大的影响和推动作用。

中国人民大学经济学院简介

中国人民大学经济学院成立于 1998 年，其最早历史可以溯源至 1939 年陕北公学设立的政治经济学研究室。1950 年中国人民大学正式命名组建后，成立经济系和经济计划系，此后调整为政治经济学系和计划统计系，1957 年世界经济教研室成立。1978 年人民大学复校，先后组建了政治经济学系、计划统计系、经济信息管理系、经济学研究所、经济学系、计划经济学系、国际经济系、国民经济管理系等，这些都是经济学院组成部分的前身。目前，经济学院下设经济学系、国际经济系、国民经济管理系、能源经济系、区域与城市经济学研究所、经济学研究所，有 4 个本科专业，1 个双学位实验班，15 个硕士专业，13 个博士专业，2 个博士后流动站。经济学院是新中国经济学科的重要奠基者和开拓者之一，70 多年来始终走在中国经济学教育研究的前列。现任院长为张宇教授。

经济学院实力雄厚，享誉全国。拥有理论经济学、应用经济学 2 个国家重点一级学科，政治经济学、西方经济学、国民经济学和区域经济学 4 个国家重点二级学科，世界经济学为北京市重点的二级学科。在 2004 年、2008 年和 2012 年连续三轮国家重点一级学科评估中，理论经济学、应用经济学名列全国第一。学院有国家百家重点人文社会科学研究基地中国经济改革与发展研究院和国家经济学基础人才培养基地，是 2011 中国特色社会主义经济建设协同创新中心和全国中国特色社会主义政治经济学研究中心。作为中国经济学教育与研究的旗舰，这里创造出大批高质量、具有重大影响的优秀科研成果，在宣传和研究马克思主义经济理论、引进与研究外国经济思想和现代西方经济理论以及创建中国经济学学科体系、探索改革开放的理论与政策、培养经济学理论和实践人才等方面，始终保持在国内的领先地位。

经济学院群英荟萃，名师云集。现有教授 59 人，副教授 53 人，海外一流大学博士占比超过 30%，5 位诺贝尔经济学奖得主受聘名誉教授。经济学院是中国最知名的培养政学商精英的摇篮，是有志于学习和从事经济管理事业的中国学子的最好家园。在校学生规模逾 2000 人，其中本科生约 1000 余人，硕士生 500 余人，博士生近 300 人，海外学生约 130 人。

经济学院结纳四海，贯通中西。与欧、美、日、澳等全球 30 余个国家的 50 多所知名学府建立了合作伙伴关系，还与国内政府部门、知名企业、金融及研究机构有着良好的合作。学院创办的中国宏观经济论坛、政治经济学大讲堂、世界经济论坛、国民经济管理论坛、区域经济学学科建设年会、中小企业国际合作案例中心、中俄高级经济论坛、"一带一路"经济论坛、大宏观·全国论坛，获得了良好的社会反响。

武汉大学经济与管理学院简介

武汉大学经济与管理学院是学校办学规模最大的学院，也是学校综合实力领先、社会影响较大的学院之一。

学院办学历史悠久，学术积淀深厚。其前身可追溯到1893年清末湖广总督张之洞创办自强学堂时设立的商务门，其实体根基源自1916年设立的国立武昌商业专门学校。1928年国立武汉大学设经济学系。1981年经济学系与经济管理系分设，1999年经济学院、管理学院和旅游学院合并为商学院。2001年原武汉大学商学院、原武汉水利电力大学经济管理学院与原武汉测绘科技大学经济管理、市场营销教研室合并组建新武汉大学商学院，2005年更名为经济与管理学院。

学院学科门类齐全，专业优势突出。学科涵盖经济与管理两大门类，拥有4个一级学科：理论经济学、应用经济学、工商管理、管理科学与工程，4个一级学科全部具有一级学科博士学位授予权并都设有博士后科研流动站。理论经济学一级学科、金融学二级学科是国家级重点学科；全部学科为湖北省优势或重点学科。经济发展研究中心是教育部人文社会科学研究百所重点研究基地之一。

学院师资力量雄厚，梯队结构合理。现有专任教师298人，教授100人，副教授107人，助理教授38人，其中武汉大学人文社科资深教授1人，长江学者4人，国家杰出青年基金获得者1人，国家"千人计划"入选者1人，"百千万人才工程"入选者3人，"跨世纪优秀人才"3人，"新世纪优秀人才"20人。专任教师中具有博士学位的占89%，56%的教师年龄在45岁以下。学院师资队伍建设正朝着年龄合理、结构优化、整体水平不断提高的目标迈进。

学院组织机构健全，办学条件良好。现设10个学系、2个实体研究所及若干学术研究中心（所），内设7个行政管理办公室。学院图书分馆藏书16万余册，经济与管理实验教学中心是国家级实验教学示范中心，《经济评论》是国家社科基金资助的6家高校经济学中文核心期刊之一。学院是国家13个经济学基础人才培养基地之一，先后通过AMBA、EQUIS国际认证，正在进行AACSB国际认证。30000平方米的办公大楼，为学院的教学与科研提供了现代化的办学条件。

学院办学规模宏大，优秀人才辈出。现有在读学生12000余人，其中全日制本科生 3800 余人，研究生 3000 余人，其中外国留学生 270 余人，港澳台学生 250 余人，双学位学生 5000 余人。学院始终以博习会通、传承文化、培育精英、经世致用为己任，始终把人才培养质量放在首位。学生在国内外学术科技及文体竞赛中屡获佳绩，每年近 40% 学生出国深造，历届毕业生德智双彰，涌现出大批政界、学界、商界杰出人才。

学院始终坚持"尊重学者、崇尚学术、培育精英、追求卓越"的办学理念，按照"教学立院、科研强院、民主办院、改革兴院、制度治院、开放活院"的办院方略和"管理学科与经济学科并重、应用研究与理论研究并重、教学与科研并重、质量与效益并重"的办院方针，努力实现聚一流师资、建一流学科、育一流人才、出一流成果、创一流管理，为建成"国内领先、国际知名"的高水平研究型学院而努力奋斗！

上海交通大学安泰经济与管理学院简介

上海交通大学安泰经济与管理学院的前身可追溯到 1903 年的"南洋公学高等商务学堂",具有光荣的历史和传统。自 1984 年恢复建院以来,学院致力于培养具有国际竞争力的经济和管理人才,推崇在科学研究和学术思想方面的创新,以及服务社会经济发展和企业成长,经过30 多年的努力,学院已经建设成为一所国内领先、国际知名的现代化商学院,是国内第一家通过 AMBA、EQUIS、AACSB 三大权威认证的商学院。

清华大学经济管理学院简介

成立于 1984 年的清华大学经济管理学院（以下简称"清华经管学院"），以"创造知识，培育领袖，贡献中国，影响世界"为使命，在人才培养、科学研究、社会影响、国际交流等方面保持国内领先水平，并为建设世界一流的经济管理学院而努力。

清华经管学院的源流可以追溯到 1926 年成立的经济学系，朱彬元担任系主任。1928 年起陈岱孙担任经济学系系主任，直至 1952 年的院系调整，经济学系并入其他院校。1979 年，为适应改革开放的需要，清华大学设立经济管理工程系，董新保、傅家骥担任正、副系主任。1984 年，清华经管学院正式成立，朱镕基担任首任院长。

清华经管学院现有会计系、经济系、金融系、创新创业与战略系、领导力与组织管理系、管理科学与工程系、市场营销系 7 个系，覆盖管理科学与工程、工商管理、理论经济学、应用经济学 4 个一级学科。全国工商管理专业学位研究生教育指导委员会秘书处设在清华经管学院。

2007 年至 2008 年，清华经管学院先后获得国际商学院联合会（AACSB）管理教育认证、AACSB 会计教育认证、欧洲管理发展基金会（EFMD）的 EQUIS 认证，成为中国内地率先获得 AACSB 和 EQUIS 两大全球管理教育顶级认证的商学院。

清华经管学院共有全职教师 159 人，其中 3 位教授是国家"千人计划"教授，9 位教授获聘教育部"长江学者特聘教授"，8 位教授是国家杰出青年科学基金获得者。

清华经管学院有在校学生 4000 余人，分别在本科、博士、硕士、MBA、EMBA 等学位项目中学习。除此以外，清华大学其他院系在经管学院攻读本科经济学和管理学第二学位的本科学生约有 1600 余人。学院还拥有博士后流动站。

清华经管学院的国际化办学理念和优秀的办学环境吸引了来自世界各国的留学生，清华经管学院还与 100 多所海外知名院校签署了学生交换协议，每年可以为学生提供到海外院校交换学习的机会。

2013 年 4 月，清华经管学院联合清华大学 14 个院系创办"清华 x – lab"（清华 x – 空间），成为清华大学创意创新创业的教育平台。

中国经济理论创新奖(2015)
主要支持机构

奖金提供单位

全程赞助单位

后　记

　　2015 年 11 月 4 日，第七届中国经济学家年度论坛暨中国经济理论创新奖（2015）颁奖典礼在深圳大梅沙喜来登隆重举行。2016 年是中国经济理论创新奖评奖轮空年度，11 月 4 日，组委会在大梅沙举办中国经济学家年度论坛（2016）。

　　设立中国经济理论创新奖，旨在推动经济科学的创新与进步，鼓励原始创新性成果的涌现，促进中国经济改革和发展的理论型研究，这是我们几家主办机构的共识。我们力争将"中国经济理论创新奖"办成一个规则公开、过程民主、结果公正的奖项，持续推动中国经济学的发展。本届创新奖的评选，扩大了参与专家的范围，加强了学界的团结，大大提升了创新奖在经济学界的地位。

　　每届的评奖，是中国经济学界对既有并经一段时间检验的经济学成就的肯定和致礼。一年一度的中国经济学家年度论坛，则是中国经济学界本年度重要成果和观点的思想碰撞、智慧汇集。我们以文献来记录这一过程，以文献来记录中国经济学界的思想成就。从 2008 年开始，每届活动编辑一卷《中国经济学家年度论坛暨中国经济理论创新奖》，作为年刊，记录当届的评奖及获奖结果，并收录本年度最有代表性的经济学观点和论述。

　　呈现在读者面前的是第七卷，记录了第七届中国经济理论创新奖和中国经济学家年度论坛（2015），以及中国经济学家年度论坛（2016）成果，汇集了诸多中国一线经济学家的思考和智慧。

　　七届中国经济学家年度论坛暨中国经济理论创新奖得到了 于光远 、张培刚 、厉以宁、成思危 、刘国光、刘鸿儒、江平、吴敬琏、萧灼基等著名学者和专家的关怀和支持，在各主办单位领导和组委会、执委会成员毛振华、华生、刘伟、刘迎秋、孙祁祥、杨云龙、杨瑞龙、何志毅、陈东升、谢丹阳、钱颖一、王忠明、王晋斌、白重恩、成德宁、刘宁、关敬如、孙秋鹏、杨再平、沈晓冰、陈东、宫晓冬、郭敏、章政（按姓氏笔画排序）等无私承担了大量工作，付出了辛勤劳动，使七届活动获得巨大成功，为推动中国经济学发展做出了贡献。

本书由董辅礽经济科学发展基金会编，由毛振华、华生、关敬如共同拟定编写原则和大纲，主编华生，执行主编关敬如，编辑贺园。经济科学出版社对于本书的出版给予了大力支持，尤其是赵蕾女士做了大量认真、细致的工作，这里一并表示感谢。

本书因为是论坛讲演、评奖资料的汇编，内容比较庞杂，可能存在表述口语化等不足之处，还请经济学界同仁和广大读者谅解，并不吝赐教。

董辅礽经济科学发展基金会

2017 年 9 月 18 日

图书在版编目（CIP）数据

中国经济学家年度论坛暨中国经济理论创新奖．2015～2016／
董辅礽经济科学发展基金会编 ．—北京：经济科学出版社，
2017.11

ISBN 978－7－5141－8611－6

Ⅰ.①中… Ⅱ.①董… Ⅲ.①经济学－文集 Ⅳ. F0－53

中国版本图书馆 CIP 数据核字（2017）第 262726 号

责任编辑：赵　蕾
责任校对：王肖楠
责任印制：李　鹏

中国经济学家年度论坛暨中国经济理论创新奖 2015～2016
董辅礽经济科学发展基金会／编
经济科学出版社出版、发行　新华书店经销
社址：北京市海淀区阜成路甲 28 号　邮编：100142
总编部电话：010－88191217　发行部电话：010－88191540
网址：www. esp. com. cn
电子邮件：esp@ esp. com. cn
天猫网店：经济科学出版社旗舰店
网址：http://jjkxcbs. tmall. com
北京季蜂印刷有限公司印装
787×1092　16 开　16.5 印张　320000 字
2017 年 11 月第 1 版　2017 年 11 月第 1 次印刷
ISBN 978－7－5141－8611－6　定价：68.00 元
（图书出现印装问题，本社负责调换。电话：010－88191510）
（版权所有　翻印必究　举报电话：010－88191586
电子邮箱：dbts@ esp. com. cn）